EDITORIAL

Ξ Simon Braun/Katharina Rahlf

»ICH WILL RAUS, DU SAU«/»ICH WILL HIER RAUS – – – ICH AUCH!«, eingeritzt in marode Wände, abblätternde Tünche.

Ein Türspion, von außen süffisant mit »Fernsehnraum [sic]« beschriftet.

Zwei Perspektiven auf denselben Ort: eine Gefängniszelle. Was hier am Beispiel der Zentralen Untersuchungshaftanstalt des Ministeriums für Staatssicherheit in Berlin-Hohenschönhausen so lapidar vor die Kamera tritt, fokussiert die Quintessenz sämtlicher Gefängnisse: Die einen befinden sich »drinnen«, möchten raus, dürfen es nicht, werden beobachtet; die anderen blicken von »draußen« auf die Insass:innen, kontrollierend, auch voyeuristisch – und wenn ihnen das Gesehene genügt, schieben sie kurzerhand die Klappe vors Guckloch.

Gefängnis und Gesellschaft: Das ist eine komplexe, auf paradoxe Weise durch Nähe und Distanz gekennzeichnete Beziehung. Haftanstalten schließen ihre Insass:innen räumlich und sozial von der Gesellschaft ab, zugleich kommt ihnen eine zentrale Rolle bei der Aufrechterhaltung gesellschaftlicher Ordnung zu.

Mit diesem Thema verbinden sich jedenfalls zahlreiche politik-, sozial-, medien- und geschichtswissenschaftliche Facetten und Fragen. Welche Funktionen erfüllen Gefängnisse, was ist der Sinn von Strafen und auf welche Weise spiegeln sich in ihnen Staat und Gesellschaft? Sodann: Wie haben sich die Praktiken des Einsperrens im geschichtlichen Verlauf gewandelt?

Entsprechend vielfältig sind die Perspektiven der Beiträge dieses Heftes: In der Retrospektive geht es etwa um die wechselvolle Geschichte des Wiener Zucht- und Arbeitshauses sowie um die Frage, ob das Gefängnis im 19. Jahrhundert nurmehr einen Ort weiblicher Unterdrückung oder gar der feministischen Emanzipation darstellte. Ebenso weitet sich der Blick über Europa hinaus: auf die repressive Gefängnispolitik El Salvadors und die perfide Ökonomie des »Schuld-Wechsels« in Ruanda, mittels derer die Täter:innen von den Überlebenden des Tutsizids komplette Vergebung forderten.

Zum Charakter von Gefängnissen als »geschlossenen Gesellschaften« gehören auch Fragen zum soziodemografischen Profil der Häftlinge, zur

Notizen, Zelle 314. Ein Ausdruck eines Fotos, auf dem das Graffiti mit Bleistift hervorgehoben wurde. »Ich will raus du Sau« wurde sehr schnell und oberflächlich in die Tünche gekratzt.

Foto: Elizabeth Hook-Doering, 2024

Reintegration von Ex-Häftlingen in die Gesellschaft und zu Kontaktmöglichkeiten zwischen Gefängnis und Außenwelt.

Hier geht es um Prinzipen der Resozialisierung und Schuldübernahme sowie um sich selbst bestätigende Diagnosen, aber auch um die – mindestens extern beschränkten, mitunter rigide untersagten – Ausdrucksmöglichkeiten der Gefangenen. Ein Beitrag begleitet die Produktion einer Gefängniszeitung, ein anderer analysiert Graffiti – wie die eingangs zitierten – als Form widerständiger Kommunikation.

Ein weiterer wichtiger Aspekt ist die Thematisierung der Institution Gefängnis in Kunst und Kultur: Als Johnny Cash 1968 im Folsom State Prison vor 2.000 Insassen auftritt, gerät das Gefängnis nicht nur zur Bühne eines der legendärsten Konzerte der Musikgeschichte, festgehalten als Live-Album samt authentischer Geräuschkulisse – mit dem Song *Greystone Chapel* hat auch der Gefangene Glen Sherley, aus dessen Feder das Stück stammt, vermittels Cashs durchdringender Stimme einen Auftritt. Und last, but not least ist das Gefängnis eine populäre Filmlocation, wie der Streifzug durch knapp neunzig Jahre Hollywoodgeschichte zeigt. Dramatische Schicksale in karger Umgebung, oft unter brutalen Bedingungen eingesperrt, bieten seit jeher ideales Drehbuchmaterial.

Doch egal, ob als Anlass für *New Hollywood*-typische Sozialkritik oder, optimistischer gewendet, als erstaunliche Kraft- und Inspirationsquelle in Szene gesetzt: Das Gefängnis im Film ist ein von außen uneinsehbarer Raum, in dessen klaustrophobische Enge nur die Kameralinse einen Einblick gewährt – oder eben der Türspion.

INHALT

1 Editorial
Ξ Simon Braun / Katharina Rahlf

>> ANALYSE

7 Strafvollzug und Sicherungsverwahrung
Von der Individualisierung zur Resozialisierung – und wieder zurück
Ξ Christine Graebsch

17 Das Gefängnis als Ort bürgerlich-weiblicher Emanzipation?
Der Beruf der Gefängnisbeamtin zwischen Selbstbehauptung und Restriktion im Deutschen Kaiserreich
Ξ Mette Bartels

27 Worte für eine geschlossene Gesellschaft
Die Rolle von Gefangenenzeitungen am Beispiel von *HaftLeben*
Ξ Aaron Bielejewski

42 Eine Zwei-Klassen-Justiz für Politiker:innen?
Die *peculiar institution* des französischen Gerichtshofs der Republik
Ξ Simon Braun

51 Strafen statt Resozialisieren?
Einblicke in den Haftalltag Werner Pinzners und in die Machtverhältnisse der Justizvollzugsanstalt Fuhlsbüttel
Ξ Mona Rudolph

61 Wer hat Angst vorm Schwarzen Markt?
Drogenpolitische Menschenbilder im Wandel
Ξ Carlo Brauch

>> KOMMENTAR

71 Die Antisoziale Persönlichkeitsstörung
Eine Diagnose für die Unterschicht
Ξ Ina Witthohn

>> ANALYSE 79 **Gefängnispolitik und Repression in El Salvador**
Von der totalen Institution zur totalitären Versuchung
☰ Günther Maihold

>> WIEDERGELESEN 89 **»Tausche abgebüsste Haft gegen komplette Entschuldung«**
Aushandlungen um Schuld und Vergebung in Jean Hatzfelds
Une saison de machettes über den Genozid in Ruanda
☰ Anne D. Peiter

>> ABHANDLUNG 99 **Stimmen des Widerstands im Medium der Stille**
Ein erster Blick auf die Graffiti im ehemaligen Stasi-Untersuchungs-
gefängnis Berlin-Hohenschönhausen
☰ Elizabeth Hoak-Doering

114 **Unprofitable Ausbeutung?**
Das Wiener Zucht- und Arbeitshaus in der Frühen Neuzeit
☰ Teresa Petrik

>> WIEDERGEHÖRT 126 **Cash im Gefängnis**
Folsom State Prison, 13. Januar 1968
☰ Frank Decker

>> WIEDERGESEHEN 133 **X-MEN: Days of Future Past (1981)**
Eine Comicbook-Referenz der Fernsehserie HOLOCAUST (1978)
als jüdische Selbstermächtigung
☰ Andreas Neumann

144 **Gitter, die die Welt bedeuten**
Das Gefängnis im Film
☰ Robert Lorenz

PERSPEKTIVEN

>> ANALYSE 154 **Wem gehört Schwarz-Rot-Gold?**
Die deutsche Rechte und das demokratische »Erbe« von Vormärz und
Märzrevolution 1848/49
☰ Moritz Fischer

>> PORTRÄT 164 **Der Urvater der Remigration**
Henning Eichberg hat die Ideologie entwickelt, gegen die heute
Millionen Menschen auf die Straße gehen.
☰ Marc Latsch

SCHWERPUNKT:
GEFÄNGNIS UND GESELLSCHAFT

ANALYSE

STRAFVOLLZUG UND SICHERUNGSVERWAHRUNG

VON DER INDIVIDUALISIERUNG ZUR RESOZIALISIERUNG – UND WIEDER ZURÜCK

Ξ Christine Graebsch

Das Verhältnis zwischen Strafvollzug und Gesellschaft erscheint bei einem Blick in die Medien gespalten. Einsperrung und längere Strafen werden vehement gefordert, Sicherheit und Opferschutz sollen durch Gefängnisse gewährleistet werden. Dies vollzieht sich in einem politisch-publizistischen Verstärkerkreislauf, in dem der Rechtspopulismus stark vertreten ist. *Indes* wendet sich die Bevölkerung gegen Neubauten von Haftanstalten und Psychiatrien im Sinne von NIMBY-Protesten (»not in my backyard«): Einsperrung soll sein, aber bitte nicht hier. Eine ähnliche Diskrepanz zeigt sich in der extensiven Beschäftigung mit Kriminalitätsgeschichten im beliebten True-Crime-Genre bei gleichzeitigem Desinteresse an der Realität des Strafvollzugs. Dieses Muster findet sich im Übrigen auch in der juristischen Ausbildung, die in einer Vielzahl an Semestern strafrechtliche Tatbestände auf das Feinste filetiert, die Rechtsfolgen einer festgestellten Strafbarkeit aber systematisch ausblendet.

STRAFVOLLZUG UND GESELLSCHAFT: RECHT UND RECHTSWIRKLICHKEIT

Im Folgenden soll es allerdings um das Verhältnis von Strafvollzug und Gesellschaft gehen, wie es im Recht repräsentiert ist. Um ein Verständnis dafür zu erlangen, welche grundlegenden Weichenstellungen und Entwicklungslinien es dabei gibt, muss sich der Blick neben dem *law in the books* auch auf die Rechtswirklichkeit, das *law in action,* richten.

Daher soll es zunächst um die Funktion des Strafrechts für die Gesellschaft gehen, die in der Individualisierung sozialer Probleme besteht. Im Weiteren wird der Wandel des Verhältnisses zwischen (inhaftiertem)

Individuum und Gesellschaft in der verwirklichten Konzeption des Strafvollzugs am Beispiel der Sicherungsverwahrung dargelegt. Obwohl – oder gerade weil – es sich bei der Sicherungsverwahrung rechtlich nicht um eine Strafe handeln soll, eignet sich diese als paradigmatisches Beispiel.

STRAFRECHT ALS INDIVIDUALISIERUNG SOZIALER PROBLEME

Die Strafrechtswissenschaft schreibt dem Strafrecht eine Mehrzahl an Zwecken zu: Abschreckung der Allgemeinheit und der bestraften Person vor zukünftigen Straftaten, Normstabilisierung, Sicherung der Allgemeinheit durch Einschließung als gefährlich betrachteter Personen und Resozialisierung während des Strafvollzugs. Im Rechtsstaat sollen solche Zwecke an die Stelle des Vergeltungsgedankens treten, der

Einkerbungen in Tünche und Emaillefarbe, ca. 140 cm über dem Boden, Zelle 310.

Foto: Dirk Vogel, 2022.

Schuldausgleichsgedanke darf im Wesentlichen nur noch die Höhe der Strafe nach oben hin begrenzen.

Doch all diese explizierten Strafzwecke lassen sich aus kriminologischer Perspektive mittels Freiheitsstrafen nicht überzeugend erreichen. Freiheitsentziehende Sanktionen erweisen sich vielmehr empirisch als gleich wirksam und somit austauschbar für das Ziel der Rückfallvermeidung.[1] Die Strafrechtswissenschaft hält dennoch seit vielen Jahrzehnten an diesen Rechtfertigungslehren fest – umso mehr die Politik am strafrechtlichen Instrumentarium mit Fokussierung auf die Freiheitsstrafe. Kriminologisch nachgewiesenen Mängeln der Zweckdienlichkeit wird in der Strafrechtswissenschaft lediglich mit einer Vereinigungslehre begegnet. Dabei werden zur Begründung der Strafe alle genannten Zwecke gemeinsam herangezogen – als könnte die Kumulation von Zwecken, die je für sich genommen nicht erfüllbar sind, eine Rechtfertigung herbeiführen.

Dennoch schwillt der symbolische Gebrauch strafrechtlicher Gesetzesverschärfungen und die Schließung zuvor angeprangerter »Lücken« der Kriminalisierung stetig an und zeitigt für die Bestraften keineswegs nur symbolische, sondern auch höchst leidvolle Konsequenzen. Wenn aber die offiziellen Zwecke des Strafrechts überhaupt nicht in nennenswertem Ausmaß erreicht werden können, dies jedoch nicht weiter zu interessieren scheint, drängt sich die Frage auf, welche Zwecke Strafrecht und Freiheitsstrafe für die Gesellschaft stattdessen zu erreichen scheinen, um damit den expansiven Rückgriff auf dieses Mittel verstehbar werden lassen.

Die wesentliche gesellschaftliche Funktion des Strafrechts liegt in der Individualisierung sozialer Probleme.[2] Strafverfahren ermöglichen die Zuschreibung individueller Verantwortung bei gleichzeitiger Ausblendung struktureller Bedingungen. So werden die sozialökonomischen Ursachen für Armut strafrechtlich in das Individuum eingeschrieben.[3] Manchmal scheint die Absurdität dieses Individualisierungsansatzes auf, wenn auch bei Unglücksfällen oder terroristischen Anschlägen auf einen individualisierten Schuldigen oder – ausnahmsweise, wie im Fall von Beate Zschäpe, eine Schuldige – fokussiert wird, statt durch Rechts-, Wirtschafts- und Gesellschaftssystem gesetzte Bedingungen sowie institutionelle Akteur:innen genauer zu untersuchen. Individualisierung trägt *indes* zur gesellschaftlichen Beruhigung und der Vorstellung bei, es handele sich bei Täter:innen und Opfer um Einzelfallschicksale, die durch Aussonderung problematischer Individuen vermeidbar seien.

---

1 Zusammenfassend Christine M. Graebsch & Sven-Uwe Burkhardt, Vergleichsweise menschlich?, Wiesbaden 2015, S. 35–60.

2 Grundlegend Geoffrey de Lagasnerie, Verurteilen, Berlin 2017.

3 Näher Christine Graebsch, Strafvollzug und Armutsspirale. Ungleichheit vor dem Gesetz und nach dem Urteil, in: Bürgerrechte & Polizei/ CILIP, H. 3/2023, S. 32–40.

STRAFVOLLZUG MIT DEM ZIEL DER RESOZIALISIERUNG

Seit dem 1977 in Kraft getretenen Strafvollzugsgesetz (StVollzG-Bund) wird dem Gefängnis die ausschließliche Funktion zugeschrieben, nach einer Verurteilung ausschließlich dem Ziel der Resozialisierung zu dienen. Um Vergeltung und Abschreckung soll es ab dem Strafantritt nicht (mehr) gehen, vielmehr nur noch darum, dem Individuum zu einem Leben ohne Straftaten zu verhelfen. Nachdem mit der Verurteilung gesellschaftliche Probleme und gesellschaftliche Entlastung dem Individuum mittels Strafe aufgeladen wurden, soll der Strafantritt eine Zäsur darstellen. Ab diesem Zeitpunkt soll es nur noch darum gehen, die Rückkehr des Individuums in den Schoß der Gesellschaft vorzubereiten und umzusetzen.

Entgegen der weit verbreiteten Annahme, der Strafvollzug diene in erster Linie dem Schutz der Allgemeinheit durch Isolation der Verurteilten, war die Konzeption des Strafvollzugsgesetzes aus den 1970er-Jahren *indes* eine weitaus fortschrittlichere und dem Stand der Wissenschaft bis heute besser entsprechende: Die Gefangenen sollen peu à peu in die Gesellschaft außerhalb zurückgeführt werden, was einen offenen Strafvollzug voraussetzt, der es Gefangenen erlaubt, sich schrittweise zu erproben. Dafür sind insbesondere Vollzugslockerungen zentral, in denen Gefangene zunächst stunden-, dann tageweise nach draußen gelassen werden, dort möglicherweise einer Erwerbstätigkeit nachgehen und ihren Empfangsraum nach der Entlassung vorbereiten können. Nach der Konzeption des § 2 StVollzG-Bund war genau dies, also die Resozialisierung, der Weg, die Sicherheit der Allgemeinheit anzustreben.

In der Vollzugspraxis und in einigen nach der Föderalismusreform 2006 in Kraft getretenen Landesstrafvollzugsgesetzen hat sich hingegen eine andere Logik verfestigt, nach der Resozialisierung und Sicherheitsdenken gegeneinandergesetzt werden – und in aller Regel zugunsten des Sicherheitsdenkens aufgelöst. Statt eine Öffnung des Vollzugs als Weg zu Sicherheit durch Rückführung in die Gesellschaft zu verstehen, werden Vollzugslockerungen, offener Vollzug sowie Entlassungen, bevor diese unabdingbar sind, als Risiko für die Gesellschaft betrachtet. In Vollzugsbehörden, bei Gerichten und Sachverständigen macht sich eine nachdrückliche Ablehnung von Verantwortungsübernahme breit. Bemerkenswert ist, dass sich die Befürchtung, schuld zu sein, »wenn etwas passiert«, allein darauf bezieht, dem Sicherheitsgedanken unzureichend Rechnung getragen zu haben. Sie bezieht sich nicht darauf, durch unzureichende Resozialisierung, beispielsweise unzureichende Entlassungsvorbereitung, ein Risiko geschaffen zu haben. Passiert etwas nach der Entlassung, so greift wieder die alleinige Verantwortungszuschreibung an das tatbegehende Individuum.

PRE-CRIME UND SICHERHEITSORIENTIERUNG

Mitte der 1990er-Jahre begann sich die Kriminalpolitik verstärkt einem Sicherungsdenken zuzuwenden, das auf eine dauerhafte Absonderung als gefährlich deklarierter Individuen von der Gesellschaft abzielt. Dafür steht bis heute der Ausspruch des damaligen Bundeskanzlers Gerhard Schröder »Wegschließen – und zwar für immer«, den er 2001 auf Sexualstraftäter bezog – und damit eine menschenrechtliche Grenzverletzung beging. Denn auch zu lebenslanger Freiheitsstrafe Verurteilte haben das Recht auf ernsthafte Prüfung ihrer Entlassung nicht verwirkt, so dass niemals von vornherein feststehen darf, wer für immer weggesperrt bleiben soll.

Das schon fast vergessen geglaubte Instrument der Sicherungsverwahrung wurde in einem rasanten Gesetzgebungsprozess immer weiter ausgebaut. Es handelt sich dabei um eine Fortdauer der Freiheitsentziehung nach der vollständigen Verbüßung einer Freiheitsstrafe. Sie gründet auf einer angenommenen Gefährlichkeit der Person, weitere schwere Straftaten zu begehen, und endet erst, wenn das Gericht auf Grundlage von Sachverständigengutachten zu dem Ergebnis kommt, dass diese Gefährlichkeit nicht mehr fortbesteht.

Sicherungsverwahrung folgt einer auf den ersten Blick plausiblen Logik, der zufolge es sinnvoller ist, schwere Straftaten präventiv zu verhindern, als diese erst nach deren Begehung zu strafen. Wie problematisch dies *indes* ist, wird in der Kriminologie in Anlehnung an Philip K. Dicks Science-Fiction-Kurzgeschichte *Minority Report* diskutiert. Denn einmal eingesperrt, wird sich nicht mehr erweisen lassen, ob die Person ohne Einsperrung wirklich die von ihr erwarteten Straftaten begehen würde. Die daher auch selten mögliche Forschung dazu zeigt für die deutsche Sicherungsverwahrung, dass hundert Personen eingesperrt werden müssen, um vor etwa fünfzehn bis zwanzig »sicher« zu sein.[4] Dies bedeutet im Umkehrschluss, dass gut achtzig Prozent der Eingesperrten dort zu Unrecht sind, wenngleich man nicht wissen kann, bei wem dies der Fall ist. Durch die strafrechtliche Hintertür verwirken Verurteilte bestimmter Straftaten das Recht, nicht zu Unrecht als gefährlich prognostiziert zu werden. Man wird gezwungen, ein »Sonderopfer« (Bundesverfassungsgericht) für die Gesellschaft zu erbringen und wegen möglicher Gefährlichkeit eingesperrt, auch wenn man de facto nicht gefährlicher ist als andere Menschen.

4 Vgl. z.B. Michael Alex, Nachträgliche Sicherungsverwahrung – ein rechtsstaatliches und kriminalpolitisches Debakel, Holzkirchen 2013.

Seit Mitte der 1990er-Jahre wurden sukzessive Varianten von Sicherungsverwahrung eingeführt, die rückwirkend wirksam waren, also Personen betrafen, bei denen das verurteilende Gericht keine Sicherungsverwahrung angeordnet hatte. Nun sollte während des Strafvollzugs und auf Grundlage des dortigen Verhaltens festgestellt werden, wer auch nach verbüßter Strafe nicht entlassen werden durfte.[5]

SICHERUNGSVERWAHRUNG ALS THERAPIE

Das Verbot rückwirkender Verhängung oder Verschärfung von Strafen ist eine der zentralsten strafrechtlichen Garantien. Neben dem Grundgesetz (Art. 103 II GG) ist es auch in der Europäischen Menschenrechtskonvention verankert (Art. 7 I EMRK). Dennoch wurden rückwirkende Varianten von Sicherungsverwahrung in Deutschland bis hin zum Bundesverfassungsgericht für akzeptabel gehalten. Dies beruht auf der schlichten Begründung, es handele sich bei der Sicherungsverwahrung um keine Strafe, sondern um eine Maßregel der Besserung und Sicherung, für die das Rückwirkungsverbot nicht gelte (§ 2 VI StGB).

2009 schob der Europäische Gerichtshof für Menschenrechte (EGMR) dem einen Riegel vor. Er wies darauf hin, dass eine bloße Umbenennung aus Straßburger Sicht nichts am Strafcharakter der Sicherungsverwahrung ändere. Allerdings verhalf er der deutschen Gesetzgebung zugleich zu der Entdeckung von Art. 5 I e) EMRK. Danach kann eine Einsperrung auch völlig unabhängig von einer Straftat bei *persons of unsound mind* erfolgen. Obwohl die Sicherungsverwahrung offensichtlich nicht unabhängig von einer Straftat ist, in strafgerichtlichen Verfahren verhängt wird und im Strafrecht geregelt ist, bediente man sich fortan dieser Norm. Diejenigen rückwirkenden Varianten der Sicherungsverwahrung, die weiterhin galten, wurden an eine *psychische Störung* geknüpft, die jedoch keine echte Voraussetzung darstellt. Zum einen ist eine entsprechende Diagnose sehr niedrigschwellig, zum anderen verkündete das Bundesverfassungsgericht vorsichtshalber, es handle sich dabei gar nicht um einen psychiatrischen, sondern um einen Rechtsbegriff. Die Unterbringung in der Sicherungsverwahrung sollte nunmehr der Therapie von Gefährlichkeit dienen. Bei diesem Vorgehen handelt es sich um einen äußerst offensichtlichen Versuch der Umgehung menschenrechtlicher Vorgaben des EGMR. Dieser widerspricht auch grundlegend dem deutschen Sanktionensystem, in dem Personen, von denen aufgrund einer psychischen Erkrankung Straftaten drohen, nach § 63 StGB in der Forensischen Psychiatrie untergebracht werden. Die 1933 eingeführte Sicherungsverwahrung sollte hingegen

[5] Näher zum Ganzen und zur Kritik Christine Graebsch, Der Gesetzgeber als gefährlicher Wiederholungstäter, in: Henning-Ernst Müller u. a. (Hg.), Festschrift für Ulrich Eisenberg zum 70. Geburtstag, München 2009, S. 725–740.

ihrer Rechtsnatur nach den sogenannten *unverbesserlichen Gewohnheitsverbrechern* gelten – also Personen, die als gerade nicht mehr therapierbar angesehen werden.[6]

In einer Reihe hochkomplexer Regelungen formte der deutsche Staat das Recht der Sicherungsverwahrung somit in ein Therapieunterbringungsrecht um. Seither hängt eine Entlassung vom Therapieerfolg ab. Um diese Art der Einsperrung zu rechtfertigen, wird dessen Eintreten regelmäßig überprüft (§ 67e II StGB).

BEHANDLUNG UND VERANTWORTUNGSÜBERNAHME

Das Gericht muss außerdem prüfen, ob die Anstalt ausreichend therapeutische Angebote vorhält, damit die Gefangenen das Ziel einer Entlassung auch tatsächlich erreichen können (§ 67 II 2 iVm 66c I Nr. 1 StGB). In diesem Zusammenhang kann sich die Anstalt am besten über das Argument rechtfertigen, das inhaftierte Individuum sei (noch) nicht willens oder in der Lage, die sehr wohl vorhandenen optimalen Angebote zu nutzen. Dabei wird von Anstalten regelmäßig betont, dass es der untergebrachten Person an der notwendigen Übernahme von Verantwortung für ihre Tat fehle. Diese Argumentationsfigur wird in gerichtlichen Beschlüssen und oftmals auch von Sachverständigen übernommen, obwohl mangelnde Verantwortungsübernahme für eine Tat aus wissenschaftlicher Sicht keineswegs mit einer höheren Rückfallwahrscheinlichkeit einhergeht, sogar eher mit einer niedrigeren.[7] Diese Erkenntnis läuft nicht nur einer alltagspsychologischen Plausibilität zuwider, es fällt noch eine andere Diskrepanz auf.

Die professionellen Akteur:innen lehnen jedwede Verantwortungsübernahme für das Fehlschlagen von Prognosen ab, obwohl es in der Natur von Prognosen liegt, dass sie sich mit einer gewissen Wahrscheinlichkeit als falsch erweisen. Dabei können bei der Prognose zweierlei Arten von Fehlern unterlaufen: Im Fall einer falsch positiven Prognose ist die Person zu Unrecht eingesperrt, das heißt, sie würde auch ohne Einsperrung keine Tat begehen. Dieser Fehler ist systematisch nicht bemerkbar. Im Fall einer falsch negativen Prognose hingegen, wenn die für nicht gefährlich gehaltene Person eine Tat begeht, die von ihr nicht erwartet wurde, steht der Prognosefehler im Mittelpunkt der vor allem medialen Aufmerksamkeit. Dies mündet mit Blick auf fehlerhafte negative Prognosen in der bereits beschriebenen Übersicherung, das heißt, es werden im Zweifel lieber zu viele Menschen eingesperrt. Diese Haltung macht sich auch in der Ablehnung von Vollzugslockerungen nachdrücklich und zunehmend

6 Zum Ganzen Christine Graebsch, Die Gefährder des Rechtsstaats und die Europäische Menschenrechtskonvention, in: Inke Goeckenjan u. a. (Hg.), Für die Sache – Kriminalwissenschaften aus unabhängiger Perspektive, Berlin 2019, S. 312–325.

7 Vgl. z. B. Oliver Kliesch, Die dimensionale Erfassung des Leugnens – Einräumen von Straftaten als Defizit und Ressource in deliktorientierter Psychotherapie, in: Forensische Psychiatrie und Psychotherapie, H. 2/2016, S. 145–176.

bemerkbar. *Indes* sind diese doch eigentlich darauf angelegt, eine Möglichkeit zu schaffen, die eigene Prognose zu verbessern.

Indem professionelle Akteur:innen von den Eingesperrten beständig eine Verantwortungsübernahme für die Tat und auch für das Misslingen der eigenen Therapie verlangen, entlasten sie sich selbst auch noch von der Verantwortung für eine möglicherweise falsche positive Prognose. Denn wenn es an der mangelnden Verantwortungsübernahme der Eingesperrten selbst liegt, dass sie nicht entlassen werden können, müssen sich Anstaltspersonal und Gerichte nicht mit ihrer Weigerung auseinandersetzen, die Verantwortung für eine Entlassung mit stets verbleibendem Restrisiko zu übernehmen, ebenso wenig mit der Tatsache, dass auf diese Weise stets die ganz überwiegende Zahl der Eingesperrten dies zu Unrecht ist. Denn sogar die Verantwortung für diese höchst eigennützige Entscheidungspraxis wird über die den Eingesperrten vorgeworfene mangelnde Verantwortungsübernahme diesen selbst zu- und in die Individuen eingeschrieben.

RESOZIALISIERUNG UND RESPONSIBILISIERUNG

Mit dieser Responsibilisierung prägt eine extreme Form der Individualisierung den Vollzug. Responsibilisierende Resozialisierung erwartet von den Individuen maximale Selbststeuerung und fordert von ihnen die Übernahme vollständiger Eigenverantwortung für ihre Tat ebenso wie für das »Gelingen« ihrer Bestrafung, obwohl das Individuum über das Konzept der Resozialisierung doch eigentlich eine Verantwortungsentlastung erfahren sollte. Dieser paradigmatische Wandel betrifft neben der Sicherungsverwahrung tendenziell auch den Strafvollzug. Denn auch die Entlassung aus dem Strafvollzug enthält ein prognostisches Element, etwa in Bezug auf die Frage der Aussetzung der Reststrafe zur Bewährung, die regelmäßig zum Zweidrittelzeitpunkt geprüft werden muss, aber auch bei Lockerungen oder der Verlegung in den offenen Vollzug. Auch dort etablieren sich zunehmend Behandlungsprogramme, die die Verantwortungsübernahme in den Mittelpunkt stellen.[8] Die theoretische Konzeption von Resozialisierung hat sich von einem Angebot sozialer Hilfe zur Lösung von Problemen zu der Forderung, sich mit den vermeintlich ursächliche in der Person liegenden Defiziten auseinanderzusetzen, entwickelt.[9] Auch das aus den 1970er-Jahren stammende Gesetz ging zwar von »persönlichen Schwierigkeiten« aus und fokussierte damit individuelle Ursachen von Kriminalität statt gesellschaftliche und ökonomische. Allerdings *hatten* diese Gefangenen noch Schwierigkeiten, wohingegen die

8 Näher: Christine Graebsch, Behandlung von Gefangenen im Strafvollzug, in: Arbeitskreis HochschullehrerInnen Kriminologie/Straffälligenhilfe in der Sozialen Arbeit (Hg.), Kriminologie und Soziale Arbeit, Weinheim 2022, S. 227–238.

9 Vgl. Jochen Bung, Abbau der Defizite von Gefangenen oder Hilfe bei der Lösung ihrer Probleme? Eine kleine Komparatistik zu § 71 S. 1 StVollzG und Art. 74 BayStVollzG, in: Kritische Justiz, H. 3/2009, S. 292–303.

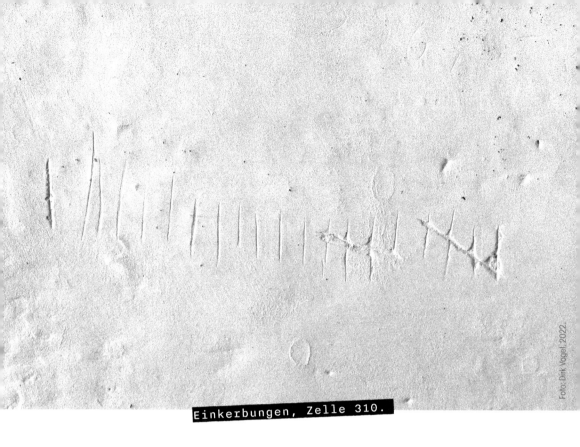

Einkerbungen, Zelle 310.

Schwierigkeiten mittlerweile *in* der Person selbst verortet werden, die als defizitär charakterisiert wird. Entsprechend greift der Vollzug nunmehr auf die Person, ihr artikuliertes Denken und Verhalten zu und fordert von den Gefangenen, selbst das gesellschaftlich unverbunden Individuelle ihres inkriminierten Tuns herauszuarbeiten und für allein tatsächlich zu erklären. Diese Praxis höhlt den ehemals fortschrittlichen Kern des Resozialisierungsprinzips aus und wirft das Individuum wieder auf sich zurück, statt den Rückweg in ein vergesellschaftetes Leben außerhalb des Vollzugs zu ebnen.

Zugegebenermaßen wurde das progressive Resozialisierungsziel nie entsprechend realisiert. Mit Blick auf die Rechtswirklichkeit auch der vergangenen Jahrzehnte lässt sich eher resümieren: »Resozialisierung muss als die große Lebenslüge unseres Strafvollzugssystems bezeichnet werden.«[10]

Mit dieser Lebenslüge setzt sich der Strafvollzug allerdings bis heute nicht auseinander, sondern zwingt stattdessen die Gefangenen immer weitergehender, ihre eigenen Lebenslügen aufzudecken und die Verantwortung für ihr eigenes Scheitern ebenso wie für das des Strafvollzugs zu übernehmen.

[10] Johannes Feest, Humanismus und Strafvollzug, in: ders. (Hg.), Definitionsmacht, Renitenz und Abolitionismus, S. 257–265, hier S. 259.

RESÜMEE: VON DER INDIVIDUALISIERUNG ZUR RESOZIALISIERUNG UND WIEDER ZURÜCK

Auf die mit dem strafgerichtlichen Urteil implementierte Individualisierung gesellschaftlicher Probleme soll entsprechend der rechtlichen Konzeption nach der Zäsur des Strafantritts ein schrittweiser Rückweg in die Gesellschaft außerhalb des Vollzugs erfolgen. Spätestens nach den jüngeren Umformungen des Strafvollzugs unter der Vorherrschaft eines auf (vermeintlich) gefährliche Individuen fokussierenden Sicherheitsdenkens findet eine solche schrittweise Wiedereingliederung aber meist nicht (mehr) statt. Während professionelle Akteur:innen strikt ablehnen, für die zu diesem Zweck notwendige Öffnung des Vollzugs Verantwortung zu übernehmen, verlangen sie von den Gefangenen umso nachdrücklicher eine Verantwortungsübernahme. Der Vollzug von Strafe und Sicherungsverwahrung ist damit ein wirkmächtiger Teil eines Systems der Einschreibung von Verantwortung in die gefangenen Individuen. Selbst das Scheitern von Therapie und Strafvollzug wird ihnen zugeschrieben, und für ihre Einsperrung sollen sie ebenfalls selbst verantwortlich sein – während die Gesellschaft außerhalb in jeder Hinsicht frei bleibt.

Prof. Dr. Christine Graebsch ist Juristin und Kriminologin, seit 2011 Hochschullehrerin für Recht der Sozialen Arbeit an der Fachhochschule Dortmund. Sie lehrt auch an den Universitäten Bremen und Hamburg über Strafvollzug und forscht zu diesem Thema. Sie leitet außerdem das Strafvollzugsarchiv, das eine schriftliche Korrespondenz mit Gefangenen bundesweit führt und sie zu ihren Rechten berät. Ausgewählte Fälle im Bereich Strafvollzug und Sicherungsverwahrung vertritt sie auch vor Gericht.

DAS GEFÄNGNIS ALS ORT BÜRGERLICH-WEIBLICHER EMANZIPATION?

DER BERUF DER GEFÄNGNISBEAMTIN ZWISCHEN SELBSTBEHAUPTUNG UND RESTRIKTION IM DEUTSCHEN KAISERREICH

☰ Mette Bartels

In diesem Beitrag wird aus einer geschichtswissenschaftlichen Perspektive der Leitfrage nachgegangen, ob das Gefängnis des ausgehenden 19. Jahrhunderts ein Ort der Emanzipation für bürgerliche Frauen gewesen ist.[1] Als die bürgerliche Frauenbewegung um 1900 deutlich an Fahrt aufnahm und sich zu einer starken gesellschaftlichen Kraft im Deutschen Kaiserreich entwickelte, avancierte insbesondere die sogenannte Frauenberufsfrage zu einem wichtigen Punkt auf der frauenbewegten Agenda; es ging darum, neue Berufsfelder für Frauen zugänglich zu machen. Hierbei rückte unter anderem das Gefängnis als Berufsort in den Aufmerksamkeitskreis der frauenbewegten Aktivistinnen. Frauen waren zwar seit geraumer Zeit in den Strafanstalten tätig, verrichteten dort als Aufseherinnen beziehungsweise Wärterinnen und Köchinnen ohne Ausbildung und Profession allerdings minder bezahlte Arbeiten, wohingegen die Stellen im gehobenen Anstaltsdienst einzig und allein Männern vorbehalten waren. Diese Berufsstrukturen und Zuständigkeitsbereiche versuchte die Frauenbewegung aufzubrechen: Es sollte der Beruf der Gefängnisbeamtin entstehen.

Welche Strategien wandten die Frauenrechtlerinnen an, um das Gefängnis zu einem professionalisierten Arbeitsort für Frauen zu machen? Welche Vorstellungen über Geschlechterbeziehungen und Klassenfragen standen hinter diesem Projekt? Wie wurde das Verhältnis zwischen zumeist proletarischen Häftlingen und bürgerlichen Gefängnisbeamtinnen gedacht? Welche Vorstellungen von Disziplinierung, Moral, Sexualität und Sittlichkeit spielten hierbei eine Rolle? Welche Konflikte und Turbulenzen entstanden mit männlichen Kollegen? Und zu guter Letzt: Konnte sich das Gefängnis zu einem attraktiven Berufsort für bürgerliche Frauen im ausgehenden 19. Jahrhundert entwickeln?

[1] Dieser Beitrag stellt einen Auszug aus meiner im April 2023 an der Universität Göttingen verteidigten Dissertation dar, die im Frühjahr 2024 im Campus Verlag publiziert wird: Mette Bartels, Garten, Gefängnis, Fotoatelier. Emanzipationsbestrebungen der bürgerlichen Frauenbewegung im Deutschen Kaiserreich, Frankfurt a. M. 2024.

FRAUENDIENST IM STRAFVOLLZUG[2]

Im Zuge der sogenannten Gefängnisreform zu Beginn des 19. Jahrhunderts setzten sich vermehrt Überlegungen und Forderungen nach einem geschlechtergetrennten Strafvollzug durch. In diesem Zusammenhang kam die Frage nach einer vorzugweisen Anstellung weiblichen Personals in den Frauenstrafanstalten und den Frauenabteilungen der Gefängnisse auf.[3] Die Intentionen der Gefängnisreform gründeten insbesondere auf den im Bürgertum verhafteten Vorstellungen einer Trieb- und Affektdisziplinierung. Bereits der bloße Gedanke einer körperlichen Nähe zum anderen Geschlecht, sprich vom männlichen Aufseher zur weiblichen Insassin, führe demnach zu einer ständigen sexuellen Spannung, die es tunlichst zu verhindern und zu unterdrücken gelte. Vor diesem Hintergrund setzte sich in den 1840er Jahren zuerst in Baden und kurze Zeit später in Preußen die Praxis durch, in den größeren Haftanstalten weibliche, zumeist aus der Arbeiterklasse stammende Gefängnisaufseherinnen anzustellen. Diese Positionen waren *indes* gering entlohnt und durch lange, kräftezehrende Arbeitszeiten gekennzeichnet; berufliche Aufstiegschancen existierten ebenso wenig wie Möglichkeiten einer Professionalisierung. Stellen im gehobenen Anstaltsdienst blieben dem männlichen Personal vorbehalten, das sich vorrangig aus ehemaligen Militärs, Juristen und staatlichen Verwaltungsbeamten rekrutierte.

Um 1900 trat die Frage der Frauenarbeit im Strafvollzug erneut auf den Plan. Praktiker und Theoretiker des Strafvollzugswesens sowie die Frauenbewegung, die sich zu einer starken zivilgesellschaftlichen Kraft im Kaiserreich entwickelt hatte, diskutierten die Zulassung von Frauen auf höhere Posten, wie Direktorin, Gefängnisbeamtin, Lehrerin, Werkführerin oder Ärztin.[4] Für die Schaffung dieser Stellen agierten die frauenbewegten Aktivistinnen sowohl theoretisch als auch praktisch. So wurde die Kommission zur Fürsorge für Gefangene und Strafentlassene ins Leben gerufen, welche regelmäßig Gesuche und Petitionen an die Regierungsebene stellte und darin die Berufung von bürgerlichen Frauen auf obere Beamtenpositionen des Anstaltsdiensts forderte.

Zudem betrieb die Frauenbewegung eine gezielte Presse- und Öffentlichkeitsarbeit, indem sie Artikel und Meldungen publizierte, um auf ihr Anliegen aufmerksam zu machen.[5] Ihr Intervenieren begründete sich vor allem in der Problematik der wirtschaftlichen Versorgung von ledigen Frauen und Witwen aus dem Bürgertum. Aufgrund des Wegfalls vieler hauswirtschaftlicher Arbeitsprozesse im Zuge der Industrialisierung sowie durch die zunehmende Dominanz des Kleinfamilienmodells verloren

2 Mit den Studien von Gudrun Kling, Frauen im öffentlichen Dienst des Großherzogtums Baden. Von den Anfängen bis zum Ersten Weltkrieg, Stuttgart 2000 und Sandra Leukel, Strafanstalt und Geschlecht. Zur Geschichte des Frauenstrafvollzugs im 19. Jahrhundert (Baden und Preußen), Leipzig 2010 entstanden grundlegende Untersuchungen zur Geschichte des weiblichen Strafvollzugs. Die Rolle der Frauenbewegung berücksichtigen beide Arbeiten indes nur unzureichend.

3 Vgl. Kling, Frauen im öffentlichen Dienst, S. 80–82; vgl. Leukel, Strafanstalt und Geschlecht, S. 201–202; vgl. Mette Bartels, Gärtnerin und Gefängnisbeamtin. Klasse und Geschlecht als Agitationsstrategie der bürgerlichen Frauenbewegung im Kampf um neue Berufsfelder, in: Arbeit – Bewegung – Geschichte, H. 3/2019, S. 51–67, hier S. 61.

4 Diese Frage wurde zum Beispiel 1901 auf dem Kongress der deutschen Strafanstaltsbeamten in Nürnberg diskutiert und von den ausschließlich männlichen Teilnehmern indes nahezu einstimmig abgelehnt.

5 Die Petitionen wurden wiederum in den Zeitschriften der Frauenbewegung abgedruckt: Th.[ekla] Friedländer, Eingabe des Vereins Frauenwohl-Berlin an die Landesdirektoren in Preußen, betr. Anstellung von weiblichen Lehr- und Aufsichtsbeamtinnen für weibliche Gefangene, in: Parlamentarische Angelegenheiten und Gesetzgebung. Beilage der Frauenbewegung, H. 1/1900, S. 1–3; L.[ida] G.[ustava] Heymann, Gesuch des Vereins Frauenwohl, Hamburg, um Anstellung eines weiblichen Strafanstalts-Arztes, in: Parlamentarische Angelegenheiten und Gesetzgebung. Beilage der Frauenbewegung, H. 24/1902, S. 22 f.;

Dies. & Hedwig Winckler, Eingabe des Vereins Frauenwohl, Hamburg, an die Gefängnisdeputation, Anstellung einer Oberin an der Hamburgischen Strafanstalt Fuhlsbüttel betr., in: Parlamentarische Angelegenheiten und Gesetzgebung. Beilage der Frauenbewegung, H. 24/1902, S. 1; Thekla Friedländer, Petition der Kommission zur Fürsorge für weibliche Gefangene und Strafentlassene des Vereins Frauenwohl, Berlin. Reformen im juristischen Prüfungswesen betreffend, in: Parlamentarische Angelegenheiten und Gesetzgebung. Beilage der Frauenbewegung, H. 14/1906, S. 27 f.

sie nunmehr ihren Platz in der Familie als Versorgungseinheit und waren auf eine externe Berufstätigkeit angewiesen. Zudem entwickelten insbesondere junge bürgerliche Frauen zunehmend emanzipatorische Vorstellungen einer selbstbestimmten Lebensgestaltung abseits der normierten Rolle als Ehe-, Hausfrau und Mutter.

ARGUMENTATIONSSTRATEGIEN: GESCHLECHT UND KLASSE

Die praktischen Bestrebungen der Frauenbewegung fußten hierbei auf einem durchdachten theoretischen Unterbau. Um die Notwendigkeit der beruflichen Arbeit von bürgerlichen Frauen im Strafvollzug zu bekräftigen, argumentierten die Frauenrechtlerinnen mit einer vermeintlich spezifisch weiblichen Befähigung und griffen auf das im Kreis der Frauenbewegung entwickelte Konzept der sogenannten *Geistigen Mütterlichkeit* zurück, welches allen bürgerlichen Frauen explizit weibliche Fähigkeiten attestierte.[6] Vor diesem Hintergrund seien weibliche Strafanstaltsbedienstete aufgrund eines genuinen Mütterlichkeitsempfinden für ihre Tätigkeiten besonders prädestiniert. So hätten sie »ein warmes Herz für die Unglücklichen«[7], um die ihnen »anvertrauten Seelen wieder auf den rechten Weg zu bringen.«[8] Hinzu kam die Fähigkeit, zugleich »erzieherisch« und mit mütterlicher »Strenge [zu] wirken.«[9] Überdies würden bürgerliche Gefängnisbeamtinnen aufgrund einer genuin weiblichen Feinfühligkeit einen besonders heilsamen Einfluss auf die Inhaftierten ausüben und diesen »in rechter Weise Rat und Hilfe« bieten.[10]

6   Vgl. Iris Schröder, Arbeiten für eine bessere Welt. Frauenbewegung und Sozialreform 1890–1914, Frankfurt a. M. 2001; Christoph Sachße, Mütterlichkeit als Beruf. Sozialarbeit, Sozialreform und Frauenbewegung 1871–1929, Opladen 1994.

7   Thekla Friedländer, Weibliche Beamte im Gefängniswesen. Ein Beruf für gebildete Frauen, in: Die Frauenbewegung, H. 13/1901, S. 97–99, hier S. 99.

8   Paula Kaldewey, Die Frau im Aufsichtsdienst an Gefängnissen, in: Die Frau, H. 3/1898, S. 182 f., hier S. 182.

9   Friedländer, Weibliche Beamte, S. 98.

10   Dies., Eingabe, S. 2.

Das Argument einer spezifisch weiblichen Feinfühligkeit und Mütterlichkeit diente der bürgerlichen Frauenbewegung nicht nur dazu, geschlechterspezifisch zu argumentieren, sondern auch dazu, Klassenfragen auszutarieren. Hintergrund war das Vorhaben, nicht nur die gehobenen Stellen der Gefängnisbeamtin beziehungsweise Gefängnisoberin (diese Bezeichnungen wurden synonym gebraucht) zu schaffen, sondern auch die unteren Posten der Wärterinnen, deren Innhaberinnen zumeist den unteren Schichten entstammten, mit Frauen des Bürgertums zu besetzen. In diesem Sinne wurde argumentiert, dass bürgerliche Wärterinnen aufgrund ihres Habitus der Bildung und bürgerlichen Wertvorstellungen eine bessere Wirkung auf die Gefangenen hätten als jene, die den proletarischen Schichten entstammten. Ausschließlich mit diesen Wertvorstellungen – so waren sich die bürgerlichen Aktivistinnen einig – konnten die Inhaftierten bestmöglich sozialisiert werden.

Kernpunkt der Argumentationskette war der Bezug auf eine erzieherische Zweckmäßigkeit sowie auf die Vermittlung einer »sittlichen« Integrität.

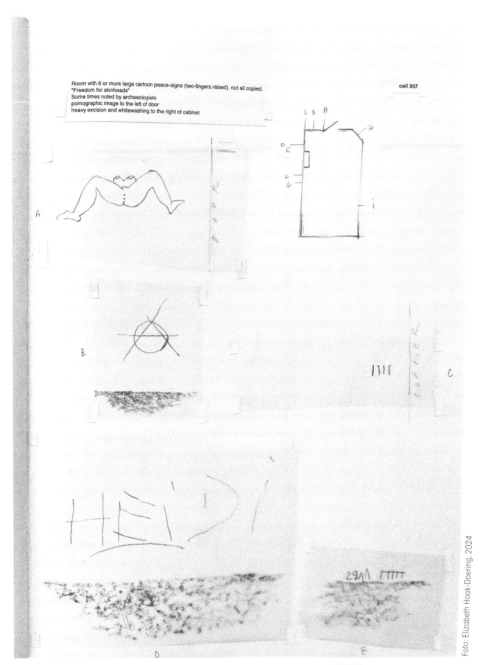

Notizen, Zelle 307. Jeder Zelle ist ein Plan beigefügt (nicht maßstabsgetreu). Auf dem Plan sind Zeichnungen in tatsächlicher Größe mit architektonischen Bezugspunkten enthalten.

Demnach liege es auf der Hand – so die Vorsitzende der Kommission zur Fürsorge für weibliche Gefangene und Strafentlassene – »daß gebildete Frauen für [die] sittliche und praktische Beeinflussung der weiblichen Gefangenen am besten, ja allein geeignet sind.«[11] Daher müsse auch das »Wärterinnenpersonal ein ausgewähltes, gut geschultes und möglichst aus besseren Ständen [sein]«, wie sie weiterhin forderte[12] – denn die Vergangenheit habe bereits gezeigt, dass Wärterinnen, die aus einem ähnlichen Sozialmilieu wie die Inhaftierten kamen, weder Autorität noch Vorbildfunktion besäßen. Im Gegenteil: Durch diese Herkunftsnähe bestehe gar die Gefahr, dass die Wärterin durch die Aneignung bestimmter Sprachfloskeln auf die gesellschaftlich tiefere Stufe der Gefangenen herabsinke. So »ist [es] in den Gefängnissen und Correctionshäusern oft vorgekommen, daß die Wärterinnen [...] auf den Ton der Gefangenen eingegangen sind.«[13] Einer Wärterin aus dem Bürgertum hingegen würde dies allein aufgrund ihrer gesellschaftlichen Herkunft und den dort verankerten Normvorstellungen über adäquate Verhaltensweisen nie passieren.[14] Zudem erfahre das Berufsfeld durch den bürgerlichen Einfluss gleichsam eine Aufwertung und werde »auf ein höheres Niveau gestellt.«[15]

Die moralische und »sittliche« Beeinflussung der Gefangenen sollte idealerweise über praktische Resozialisierungsmaßnahmen erfolgen. Vor diesem Hintergrund betonte die Frauenbewegung zurecht die unterschiedlichen Verhältnisse im weiblichen und männlichen Strafvollzug. Während Männer während ihrer Haftzeit einen Beruf erlernen konnten, existierte diese Möglichkeit an Frauenstrafanstalten nicht. Zwar war man sich über die Verdienste und den sozialen Wert der sogenannten Gefängnismission oder der »Fürsorgestelle für strafentlassene Frauen« durchaus bewusst, erachtete den Zeitpunkt dieser Resozialisierungsarbeit jedoch als zu spät. Sie könne

> »nur dann erfolgreich einsetzen, wenn die Frauen und Mädchen während der Zeit der Gefangenschaft eine eingehende Vorbereitung erhalten für ihren späteren Eintritt in geordnete Verhältnisse [...]. In der Freiheit [...] sind sie nicht zu beeinflussen.«[16]

Die Resozialisierungsmaßnahmen müssten demgemäß bereits während der Haftzeit erfolgen und bestimmten sich idealerweise durch praktische Tätigkeiten. Zu diesem Zweck forderten die Frauenrechtlerinnen die Anstellung von sogenannten Werkmeisterinnen, welche die inhaftierten Frauen insbesondere in hauswirtschaftlichen Arbeitsbereichen

---

11 Dies., Weibliche Beamte, S. 98.

12 Dies., Berichte. Verein Frauenwohl Hamburg-Altona, in: Die Frauenbewegung, H. 24/1903, S. 190 f., hier S. 190.

13 Dies., Weibliche Beamte, S. 98.

14 Vgl. ebd.

15 Ebd.

16 Dies., Eingabe, S. 2.

unterrichten sollten. Konkret ging es um die Vermittlung und Schulung von Tätigkeiten wie »Waschen, Feinplätten, Nähen, Stopfen, Wäschenähen an der Maschine, einfache Kleiderarbeit«[17], wobei die Präferenz auf der »rationelle[n] Unterweisung in Wäsche und Feinplätten« lag, da hier die Berufsaussichten »verhältnismäßig reichlich«[18] seien. Folgerichtig sollten sich auch die Werkmeisterinnen aus dem Bürgertum rekrutieren, da nur sie mit diesen Handarbeitspraktiken bestens vertraut seien. Denn Kenntnisse und Fähigkeiten von Handarbeiten jeglicher Art gehörten zu den Obliegenheiten einer jeden bürgerlichen (Haus-)Frau, die – obgleich sie sich vorzugsweise der Feinstickerei widmete – in der Theorie auch über grobe Stopf-, Wasch- und Bügelarbeiten Bescheid wissen musste, um das Hauspersonal entscheidend anleiten zu können. Nur Werkmeisterinnen, die aus dem Bürgertum kamen – so war man überzeugt – seien in der Lage, die zumeist proletarischen Inhaftierten darin zu unterrichten, wie Kleidungsstücke sauber, rein und unversehrt gehalten werden.

Einhergehend mit der Vermittlung der praktischen Handarbeiten fand nach Ansicht der Frauenbewegung gleichsam eine »sittliche« Indoktrinierung der Gefangenen statt, um später ein normgerechtes Glied der Gesellschaft werden zu können. So wurde der Aspekt der »Sittlichkeit«, der mit bürgerlichen Reinlichkeitsvorstellungen einherging, über die Materialität der Wäsche vermittelt. Die nachhaltige Vermittlung dieser Kenntnisse an die Inhaftierten wertete die Frauenbewegung als Garantin für den Eintritt in die Erwerbstätigkeit nach der Haftentlassung. Nicht zuletzt manifestierten sich hierdurch gezielt Autoritätsstrukturen, nach denen die inhaftierten Frauen als infantile Objekte definiert wurden. Für die Frauenbewegung war es in diesem Sinne undenkbar, dass Frauen der Arbeiterklasse aufgrund ihrer Herkunft und einer vermeintlichen proletarischen Sozialisation als Gefängnisangestellte resozialisierend auf die Insassinnen hätten einwirken können.

PRAKTISCHE MASSNAHMEN

In den frauenbewegten Berufskämpfen gewann das Gefängniswesen unter der Ägide von Thekla Friedländer (1849 – nach 1931)[19] eine immer größere Bedeutung. Als Akteurin der bürgerlichen Frauenbewegung übernahm sie den Vorsitz der von ihr initiierten Kommission zur Fürsorge für weibliche Gefangene und Strafentlassene und unterhielt eine weitreichende Zusammenarbeit mit anderen sozialen Institutionen und Verbänden. Die Reformpläne Friedländers folgten zum einen einer berufspolitischen Ausrichtung, indem es darum ging, das Gefängnis als weiblichen Berufsort zu

[17] Ebd.

[18] Dies., Weibliche Beamte, S. 99.

[19] Als Tochter eines Stadtrates wuchs Thekla Friedländer in Brieg/Schlesien in einem sozial ausgerichteten Familienumfeld auf. Geprägt durch ihr Elternhaus entwickelte sie bereits als junges Mädchen Interesse daran, anderen Menschen zu helfen, und engagierte sich in der Sozialarbeit des Vaterländischen Frauenvereins. In diesem Kontext kam sie erstmals mit den sozialen Fragen des Frauenstrafvollzugs in Berührung. Thekla Friedländers Engagement brachte sie schließlich nach Berlin, wo sie mit der bürgerlichen Frauenbewegung in Verbindung kam und als Expertin für das Gefängniswesen galt.

professionalisieren. Zum anderen standen die weiblichen Inhaftierten, für die verbesserte und neue Resozialisierungskonzepte geschaffen werden sollten, im Fokus der Reformüberlegungen. Die Frauenbewegung ging in ihrem Ansinnen sehr überlegt vor und verknüpfte beide Aspekte miteinander. Förderlich wirkten sich hierbei sicherlich die bereits von staatlicher Seite anberaumten Reformpläne aus, denn das Ministerium des Innern hatte in einigen preußischen Staaten bereits den Versuch unternommen, an Frauenstrafanstalten Stellen für Oberbeamtinnen zu schaffen. Diese administrative Grundlage nahmen die Frauenaktivistinnen zum Anlass, um ihr Anliegen weiter voranzutreiben.

Im Dezember 1899 richtete Friedländers Kommission eine Petition an die Landesdirektion in Preußen mit der Forderung nach einer ausnahmslosen Anstellung von weiblichen Bediensteten als Beamtinnen und Aufseherinnen an Frauenstrafanstalten. Friedländer formulierte ein rhetorisch geschickt aufgebautes Kausalitätsprinzip, welches ihr Anliegen als unabdingbar erscheinen lassen sollte. Rekurriert wurde abermals auf die »sittliche« Beeinflussung der Inhaftierten durch bürgerliche Frauen: »Wir erbitten die Anstellung einer Oberin [...], welche die besseren Elemente aussondert von den ganz verdorbenen«[20], denn dies sei von großer und wichtiger »Bedeutung für [...] die Sicherheit der bürgerlichen Gesellschaft.«[21] Eine weitere Strategie der Frauenbewegung bestand darin, die bereits umgesetzten Pläne der männlichen Gefängnisreformer zu bekräftigen. So verwiesen die Frauenrechtlerinnen Lida Gustava Heymann und Hedwig Winckler in einer gemeinsam verfassten Petition an die Hamburger Gefängnisdeputation auf die »segensvolle Wirkung [, die] die Oberaufsicht einer gebildeten Frau auf weibliche Gefangene mit sich bringt.«[22] Gleichsam sei es eine bekannte Tatsache, dass in den Strafanstalten, wo bürgerliche Frauen arbeiteten, die Erfolge der Resozialisierung ausgezeichnet seien.[23] Was folgte, war ein Lob an den Gefängnisreformer Carl Krohne, der diesen »Weg [...] erst eröffnet [hat].«[24] Im selben Atemzug wurde die vom Preußischen Innenministerium eingerichteten Ausbildungskurse für angehende Gefängnisbeamtinnen gerühmt.[25]

Neben der Petitionstätigkeit stellten Gefängnisvisitationen eine weitere wichtige Praxis der Kommission dar. Die Besuche in den Strafanstalten waren stets nach einem bestimmten Muster konzipiert, wie einem Bericht der Kommission zu entnehmen ist:

»Im Anschluß an einen Vortrag in Plauen besuchte sie [Thekla Friedländer; Anm. M. B.] das Zentralgefängnis [...] in Voigtsberg [...] und ebenso im An-

20 Friedländer, Eingabe, S. 2.

21 Ebd., S. 1.

22 Heymann & Winckler, Eingabe, S. 1.

23 Vgl. ebd.

24 Ebd.

25 Vgl. ebd.

schluß an einen Vortrag in Leipzig das Leipziger Frauengefängnis. In allen Fällen ließ sie sich bei den Besuchen der Anstalten [...] das Aktenmaterial geben, erbat sich dazu die Berichte der Beamten [...] und ließ sich dann von den Gefangenen eingehend über [...] die Verhältnisse, die sie zum Verschulden hingeführt, berichten.«[26]

Dass Thekla Friedländer Einblicke in die Gefangenenakten gewährt wurde, ist In mehrerlei Hinsicht besonders erwähnenswert: Fungierte sie zwar als Vorsitzende der Kommission, betrat sie die Anstalt *indes* als eine weibliche Person aus dem Umfeld der Frauenbewegung. Sie drang sprichwörtlich in einen von Männern dominierten Ort ein, den sie überdies auf mögliche Verbesserungen inspizierte. Dieses Vorgehen wurde von den männlichen Personen sicherlich nicht überwiegend positiv aufgenommen. Eine mögliche Erklärung für die Friedländer zugestandenen Sonderbefugnisse könnte in ihrem sozialen und familiären Netzwerk zu finden sein. Wie aus einem Bericht im sozialistischen *Vorwärts* hervorgeht, befanden sich unter den Personen, die Friedländers Vorhaben förderten, Angehörige des amtierenden Reichskanzlers Bernhard von Bülow.[27] Es ist nicht auszuschließen, dass die Gefängnisvisitationen nur aufgrund dieser Kontakte stattfinden konnten. Die im Rahmen der Besuche gesammelten Informationen verwandte die Kommission sodann, um Reformideen des Gefängniswesens voranzutreiben sowie, damit verbunden, eine flächendeckende Beschäftigung von bürgerlichen Frauen in den Strafanstalten zu fordern.

RESONANZEN

Was konnten die Frauenrechtlerinnen mit ihrer Arbeit erreichen? Eine umfassende Antwort darauf, wie einflussreich die frauenbewegten Aktionen auf die Reformen des Gefängniswesens waren, gestaltet sich schwierig. So findet sich kein öffentlicher, behördlicher Wortlaut über die Umsetzung der Reformpläne, der sich auf das Engagement der Frauenbewegung bezieht. Die gängige Reaktion, zu der sich die männlichen Obrigkeiten durchringen konnten, war eine Kenntnisnahme, die im besten Fall eine floskelhafte Beipflichtung beinhaltete. So vermerkte die Kommission, dass beispielsweise der Dezernent des Barnimer Frauengefängnisses den Überlegungen der frauenbewegten Aktivistinnen zwar »Anerkennung aussprechen« lasse; inwieweit diese allerdings umgesetzt würden, sei nicht bekannt.[28]

Weniger verhalten reagierten die Behörden in der Hamburger Strafanstalt Fuhlsbüttel. Dort nahm die Gefängnisdeputation gezielt Stellung zu dem Gesuch, in der Frauenabteilung eine Anstaltsärztin einzustellen. Aus

26 Thekla Friedländer, Bericht der Kommission zur Fürsorge für weibliche Gefangene und Strafentlassene, S. 20–22, hier S. 21, Landesarchiv Berlin (LAB), A Rep. 060–53/Nr. 7: Verein Frauenwohl, Jahresberichte 1909.

27 Vgl. o. V., Erster deutscher Jugendgerichts-Tag, in: Vorwärts. Tagesausgabe, 18.03.1909, S. 8.

28 Vgl. Thekla Friedländer, Arbeitsausschuß zur Fürsorge für weibliche Gefangene, S. 15, Landesarchiv Berlin (LAB), A Rep. 060–53/Nr. 7: Verein Frauenwohl, Jahresberichte 1903.

29 Auszug aus dem Protokoll der Gefängnisdeputation, 23.09.1902, StAHH, 241–1 I Justizverwaltung, 2736: Gesuch des Vereins Frauenwohl um Anstellung einer Ärztin in den Gefängnissen 1902–1912.

30 Vgl. Gefängnisdirektion an die Gefängnisdeputation, 22.04.1912, StAHH, 241–1 I Justizverwaltung, 2736: Gesuch des Vereins Frauenwohl um Anstellung einer Ärztin in den Gefängnissen 1902–1912.

31 Siehe Alice Salomon, Die Frauenfrage auf dem Kongreß deutscher Strafanstaltsbeamter, in: Die Frau, H. 10/1901, S. 623–626 und o. V., Bericht über die XII. Versammlung des Vereins der deutschen Strafanstaltsbeamten in Nürnberg am 29. Mai bis 1. Juni 1901. Nach stenographischen Aufzeichnungen, in: Blätter für Gefängniskunde 1901, Sonderheft, S. 1–210.

32 Zum Vergleich verdienten bspw. in Berlin, der Stadt mit den höchsten Lohnsätzen, Dienstmädchen um 1900 bei freier Kost und Logis zwischen 150 und 200 Mark im Jahr. Die Löhne von Fabrikarbeiterinnen waren zwar mit durchschnittlich 500 bis 600 Mark deutlich höher, jedoch musste mit diesem Verdienst der gesamte Lebensunterhalt bestritten werden; vgl. Ute Frevert, Frauen-Geschichte zwischen bürgerlicher Verbesserung und Neuer Weiblichkeit, Frankfurt a. M. 1986, S. 84 f.

33 Zu den Verdienstmodalitäten im Anstaltsdienst siehe Eliza Ichenhäuser, Das Gefängniswesen und die Frauen, in: Schwäbische Frauenzeitung, H. 15/1898, S. 3; Hildegard, Jacobi, Weitere Erwerbsgebiete für Frauen im Staatsdienste, in: Die Frau, H. 2/1901, S. 115 f., hier S. 116.

den Protokollen der Deputation geht hervor, dass diese den Ansinnen der Frauenbewegung »nicht abweisend gegenüberstände.«[29] Und tatsächlich wurde mit Maria Wilhelmina Gleiß – eine der ersten Ärztinnen mit deutscher Approbation – eine Frau in Fuhlsbüttel eingestellt. Diese Entscheidung schien sich zu bewähren, denn nur kurze Zeit später sprach sich die Gefängnisdirektion gar für einen flächendeckende und generelle Einstellung von Anstaltsärztinnen in den Frauengefängnissen aus.[30]

Dass diese positive Resonanz *indes* wohl eher die Ausnahme als die Regel darstellte, zeigen die Reaktionen auf dem Kongreß der Strafanstaltsbeamten in Nürnberg 1901, an dem ausschließlich männliche Personen teilnahmen. Obgleich das frauenbewegte Engagement für das Gefängniswesen einen umfänglichen Teil der Diskussionen dominierte, legten die Diskutanten eine deutliche Distanzierung bis hin zu einer vollkommenen Zurückweisung der Tätigkeit von bürgerlichen Frauen im Strafanstaltsdienst an den Tag. Insbesondere die gehobenen Stellen sollten nach Ansicht der Diskutanten in männlicher Hand bleiben, was mit vermeintlichen körperlichen und mentalen Schwächen des weiblichen Geschlechts begründet wurde.[31]

DAS GEFÄNGNIS ALS WEIBLICHER BERUFSORT?

Dass sich die Berufstätigkeit von Frauen im Anstaltsdienst im Laufe der Zeit professionalisierte, lässt sich unter anderem anhand der Entwicklung der Gehälter dokumentieren. Als die Frauenbewegung um 1900 mit ihren Reformbestrebungen des Gefängniswesens begann, lag der jährliche Verdienst von Aufseherinnen beziehungsweise Wärterinnen je nach Bundesstaat zwischen 700 und 900 Mark; zehn Jahre später war er auf durchschnittlich 1.300 Mark angestiegen.[32] Am höchsten entlohnt waren die neugeschaffenen Stellen der Gefängnisbeamtin, deren Jahresgehalt mit 2.700 Mark angesetzt war.[33] Dass die Entwicklung der Gehälter *indes* nicht auf das Engagement der Frauenbewegung zurückging, sondern staatlicherseits angeschoben wurde, kam den Frauenrechtlerinnen in ihrem Vorhaben, das Gefängnis als weiblichen Berufsort zu lokalisieren, sehr gelegen. Gestiegene Lohnsätze bedeuteten – so nahmen die Frauenrechtlerinnen an – eine Steigerung der Attraktivität des Berufsfelds. Tatsächlich aber entwickelte sich weder die Tätigkeit als Wärterin noch als Gefängnisbeamtin zu einem nachgefragten Berufsfeld bürgerlicher Frauen. Wärterinnen beziehungsweise Aufseherinnen rekrutierten sich nach wie vor überwiegend aus kleinbürgerlichen sowie proletarischen Schichten, und auch für die gehobenen Posten im Anstaltsdienst konnten sich bürgerliche Frauen nicht umfänglich begeistern, so dass diese in der Mehrzahl weiterhin von Männern besetzt wurden.[34]

Vielerlei Gründe spielten hierbei eine Rolle. Zum einen war der maximale Pensionsanspruch auf tausend Mark gedeckelt und wurde erst nach 35 Dienstjahren gewährt – eine Dauer, die aufgrund der kräftezehrenden körperlichen und mentalen Arbeit eher die Ausnahme als die Regel darstellte. Des Weiteren war der Gefängnisdienst mit einer Vielzahl von restriktiven Vorschriften für Frauen verbunden. So wurde vorausgesetzt, dass diese ledig und kinderlos waren. Im Falle einer Mutterschaft mussten die Kinder in anderweitige Obhut gegeben werden. Zudem bestand die Pflicht, eine Wohnung auf dem Anstaltsgelände zu beziehen. Auch wenn diese kostenfrei bewohnt werden konnte, bedeutete dies eine enorme Einschränkung der persönlichen Freiheit, denn es existierten selbst für die dienstfreie Zeit strikte Vorgaben, wann das Anstaltsgelände verlassen werden durfte. Eine Rolle spielte sicherlich auch das Berufsimage des Gefängnisdienstes. Aufgrund ihres gesellschaftlichen und habituellen Selbstverständnisses konnten sich bürgerliche Frauen insbesondere mit der Tätigkeit als Wärterin beziehungsweise Aufseherin nur unzureichend identifizieren, zu nah schien letztendlich der direkte Kontakt zum proletarischen Milieu. Hinzu kam, dass die Frauenbewegung in ihrem generellen Kampf um die Etablierung neuer Berufsfelder für Frauen schon recht weit fortgeschritten war, als die Strafanstalt als möglicher Berufsort in den Aufmerksamkeitskreis der Frauenbewegung rückte. Das bedeutet, dass für bürgerliche Frauen um 1900 durchaus berufliche Wahlmöglichkeiten bestanden und dass Berufe mit weniger restriktiven Arbeitsbedingungen existierten. Trotz des Engagements der Frauenbewegung konnte sich der Gefängnisdienst letztendlich somit nicht zu einem attraktiven Berufsfeld für bürgerliche Frauen entwickeln.

[34] Dies ergab eine von mir durchgeführte Auswertung umfangreicher Personalakten verschiedener Strafanstalten, siehe hierzu das Kapitel über den Beruf der Gefängnisbeamtin in Bartels, Emanzipationsbestrebungen.

Mette Bartels studierte Geschichts- und Religionswissenschaft an der Georg-August-Universität Göttingen und war dort von 2017 bis 2022 am Lehrstuhl von Prof. Dr. Rebekka Habermas als wissenschaftliche Hilfskraft, Mitarbeiterin und Doktorandin tätig. Ihre Dissertation wurde durch ein Stipendium der Rosa-Luxemburg-Stiftung gefördert und erscheint im Frühjahr 2024 unter dem Titel *Garten, Gefängnis, Fotoatelier. Emanzipationsstrategien der bürgerlichen Frauenbewegung im Deutschen Kaiserreich* in der Reihe *Geschichte und Geschlechter* des Campus Verlags. Seit Januar 2023 ist Mette Bartels als wissenschaftliche Mitarbeiterin im Archiv der deutschen Frauenbewegung (AddF) Kassel bei Dr. Kerstin Wolff im Bereich Forschung und Publikation tätig.

WORTE FÜR EINE GESCHLOSSENE GESELLSCHAFT

DIE ROLLE VON GEFANGENENZEITUNGEN AM BEISPIEL VON *HAFTLEBEN*

Ξ Aaron Bielejewski

Gefängnisse sind oft von Undurchsichtigkeit geprägt, als eine Art Konzept, über das viel gesprochen, aber selten umfassend erlebt oder verstanden wird – ein Bereich, in dem die Geschichten der Inhaftierung verschwommen bleiben. In diesem Kontext bieten Gefängniszeitungen als ein kleines Fenster einen einzigartigen und nuancierten Einblick in das komplexe Gefüge des Lebens hinter Gittern. Gefangenenzeitungen[1] haben eine lange Geschichte, *indes* fehlt es ihnen hierzulande oft an kultureller Sichtbarkeit. In den USA und im Vereinigten Königreich sind sie zu einem zentralen Bestandteil des wachsenden Bereichs der »convict criminology« geworden. In Deutschland hingegen, wo die kriminologische Tradition eher in der Rechtswissenschaft als in den Sozialwissenschaften oder in der interpretativen empirischen Erforschung menschlicher Erfahrungen begründet ist, haben Inhaftierte viel weniger Gelegenheit, sich in der wissenschaftlichen Literatur zu präsentieren.[2] Dies bedeutet jedoch nicht, dass ihre Stimmen gänzlich ungehört blieben: Einige therapeutische Angebote und Freizeitaktivitäten in deutschen Justizvollzugsanstalten (JVA) sind durchaus der Öffentlichkeit zugänglich, wenn auch nicht explizit für sie bestimmt. Dazu gehören Kunst in verschiedenen Formen, Musik, Theater – und Gefangenenjournalismus.

Die moderne deutsche Tradition des Gefangenenjournalismus lässt sich größtenteils auf die Gründung von *der lichtblick* in der JVA Berlin-Tegel im Jahr 1968 zurückführen. Über die Gesamtzahl der Gefangenenzeitungen gibt es keine leicht zugänglichen Informationen. Erschwerend kommt hinzu, dass viele von ihnen sicherlich nur eine kleine Auflage haben, intern ausgerichtet sind oder unregelmäßig bzw. selten erscheinen und nicht zuletzt »vermutlich auch vom Wohlwollen und der Unterstützung der Anstalt abhängig sind.«[3]

Gefängniszeitungen erfüllen verschiedene Funktionen: Sie sind sowohl eine wichtige kritische Stimme, die die (kollektiven) Anliegen der

---

1 Im Folgenden wird ausschließlich der Begriff »Zeitung« verwendet, auch wenn die meisten von Gefangenen geschaffenen Periodika eher als Zeitschriften oder Magazine bezeichnet werden könnten. Zeitung ist die auch Selbstbezeichnung von *HaftLeben* aus der Justizvollzugsanstalt Chemnitz, die als Primärquelle dient, spiegelt aber auch den journalistischen Charakter zumindest einiger Bemühungen der Redaktion wider. Ein Großteil des Inhalts von Gefängniszeitungen besteht jedoch der Form nach aus persönlichen Reflexionen, Gedichten und eher »expressiven« Äußerungen sowie Leserbriefen, die weniger typisch für lokale oder regionale Zeitungen sind: Gefangenenzeitungen sollten als eine separate und einzigartige Medienform betrachtet werden, die durch die Bedingungen, mit denen die Redakteur:innen in den Gefängnissen konfrontiert sind, begrenzt und somit geprägt ist.

2 Vgl. Christine Graebsch & Julian Knop, Über oder mit »Verurteilten« sprechen? – Möglichkeiten und Grenzen einer »Convict Criminology« in Deutschland, in: Kriminologisches Journal, H. 55/2023, S. 158–166.

3 Der lichtblick, H. 378/2019, S. 18, tinyurl.com/indes234c1.

Gefangenen zur Sprache bringt, als auch eine Hauptquelle einrichtungsspezifischer Nachrichten. Ihre Leserschaft besteht in erster Linie aus Insass:innen derselben Anstalt, und die Autor:innen schreiben daher sowohl aus ihrer Perspektive als Gefangener als auch zu Themen, die für die Gefangenen in derselben Anstalt vermutlich relevant sind. Allerdings finden Gefangenenzeitungen – vor allem die bekannteren wie etwa der erwähnte *lichtblick* – häufig auch Leser:innen in anderen Anstalten, und die Redakteure sind sich bewusst, dass Bedienstete und Verwaltungsangestellte ebenfalls zu den regelmäßigen Leser:innen gehören dürften. Einige Zeitungen, darunter *der Riegel* aus der JVA Dresden, bieten Abonnements für die interessierte Öffentlichkeit an. Es ist nicht ungewöhnlich, dass Gefangenenzeitungen zeitweise nicht erscheinen oder gar dauerhaft eingestellt werden, da sie von motivierten Gefangenen und verfügbaren Ressourcen abhängig sind – die meisten haben lediglich eine fragmentarische oder gar keine Internetpräsenz, und einige einstige Zeitungen sind nur noch in den Archiven von anderen Gefangenenredaktionen zu finden. Die Relevanz von Gefangenenzeitungen für den Strafvollzug im weiteren Sinne bleibt im deutschen Kontext jedenfalls weitgehend unerforscht.[4]

HAFTLEBEN: DIE ZEITUNG DER FRAUENANSTALT IN CHEMNITZ

Einmal in der Woche werden etwa fünf Frauen aus ihren Hafträumen in ein Doppelzimmer gebracht, das als Redaktionsraum für *HaftLeben,* die Gefangenenzeitung der JVA Chemnitz, dient. In diesen wöchentlichen Sitzungen diskutieren sie aktuelle oder potenzielle Themen. Sie lesen Gedichte, um die Reaktionen der anderen abzuschätzen, debattieren darüber, welche Postkarten auf die Rückseite kommen sollen, tratschen, tauschen Informationen aus und kritisieren aktuelle Vorgänge in der JVA. In den Sitzungen arbeiten sie nicht nur an der Erstellung des Endproduktes (der Zeitung), sondern beteiligen sich aktiv an der Haftkultur und reflektieren gleichzeitig über ihre Erfahrungen im Gefängnis.

Im Rahmen eines größeren Projektes zur Nutzung und Bedeutung von Medien und Kommunikation in sächsischen Justizvollzugsanstalten[5] wurde eine teilnehmende Beobachtung während der wöchentlichen Redaktionssitzungen von *HaftLeben* durchgeführt. *HaftLeben* wird seit 1999 regelmäßig mit vier Ausgaben pro Jahr produziert – im Dezember 2023 ist die achtzigste Ausgabe erscheinen. Alle Ausgaben von September 2017 (Ausgabe 54) bis heute sind – was relativ ungewöhnlich für Gefangenenzeitungen ist – öffentlich online verfügbar.[6] Die JVA Chemnitz war zum Zeitpunkt der Gründung von *HaftLeben* eine Einrichtung für Männer, hat

4   Vgl. Anja Vomberg, Hinter Schloss und Riegel – Gefangenenzeitungen in deutschen Haftanstalten, in: Christoph Jacke & Guido Zursteige (Hg.), Hinlenkung durch Ablenkung: Medienkultur und die Attraktivität des Verborgenen, Münster 2003, S. 205–214.

5   Mehr Information über das Projekt »Strafvollzug und Medien: ›Totale Institutionen‹ in der Massenmediengesellschaft« findet man unter tinyurl.com/indes234c2.

6   Das Archiv findet sich unter tinyurl.com/indes234c3.

Sanitäre Ausstattung einer typischen Zelle.

sich aber inzwischen zu einer reinen Frauenanstalt gewandelt und ist heute das zentrale Frauengefängnis in Sachsen und Thüringen. Einrichtungen für Frauen müssen aufgrund der vergleichsweise geringen Zahl weiblicher Gefangener eher generalisiert als spezialisiert ausgerichtet sein. Sie sollten in der Lage sein, sowohl eine große Anzahl Kurzzeitstraftäterinnen als auch Personen, die lebenslange Haftstrafen verbüßen, effektiv zu betreuen. Zudem sollten sie sowohl Frauen mit geringer formaler Bildung als auch solche, die eine höhere formale Bildung haben oder anstreben, unterstützende Möglichkeiten in den Bereichen Beschäftigung, Bildung und therapeutische Maßnahmen bieten. Diese umfassenden Anforderungen spiegeln sich in gewisser Weise in der Redaktion von *HaftLeben* wider: In der Redaktion arbeiten Studentinnen, Abiturientinnen sowie Frauen, die an einer »Sozialtherapie« teilnehmen; einige verbüßen langfristige Haftstrafen, andere blicken ihrer Entlassung in wenigen Monaten entgegen, und einige waren bereits ein- oder mehrmals inhaftiert. In ihrer Arbeit zeigen sie sowohl eine Vielfalt von Perspektiven und persönlichen Erfahrungen als auch das sichtbare Bemühen, für ihre Mitgefangenen (und manchmal für sich selbst) zu sprechen. Diese Bemühungen spiegeln sich auch darin wider, wie die Redakteurinnen ihr Publikum vorstellen und versuchen, eine kollektive Leserschaft anzusprechen. Sowohl bei der Auswahl der Themen als auch bei der Beobachtung der Produktion von *HaftLeben* aus erster Hand ist in vielen Fällen ein Spannungsverhältnis zu beobachten zwischen der Vermittlung von praktischen oder unterhaltsamen Informationen, die für die meisten Gefangenen nützlich sind, und der Behandlung von Themen, die zwar als wissenswert erachtet werden, den meisten Lesern aber vielleicht nicht vertraut sind. Schönheitstipps und Horoskope können inhaftierte Frauen natürlich ebenso interessieren wie das Thema Rentenversicherung für arbeitende Strafgefangene. Die Redaktion versucht bei den vielen unterschiedlichen Interessen, ein Gleichgewicht zwischen Nachfrage und (gefühltem) Bedarf an Information und Unterhaltung zu finden. Bei der Auswahl der Themen und der Art und Weise der Präsentation spielen jedoch die Attraktivität für die Leser:innen als auch die Vermittlung des Bildes einer »Gefängnisgemeinschaft«, das dem häufig anzutreffenden Stereotyp von Gefangenen als desinteressiert an sozialen Fragen entgegenwirken kann, eine Rolle.

Dennoch ist es von entscheidender Bedeutung, dass wir als Gesellschaft – insbesondere in den Sozial- und Geisteswissenschaften – zu verstehen versuchen, wie das Gefängnis wirklich erlebt wird, um das System selbst zu untersuchen: Die Auswirkungen des Gefängnisses – selbst die

messbaren Ergebnisse – können nur im Zusammenhang mit den inter-
subjektiven Erfahrungen der inhaftierten Personen wirksam betrachtet
werden. Im Folgenden werden kurze Auszüge und Analysen aus der Forschung präsentiert, um diese Aussage zu untermauern.

Ohne notwendigerweise das Argument zurückzuweisen, dass Gefängnisse eine notwendige und praktische Funktion erfüllen können, kann die
Darstellung der Arbeit hinter den Kulissen und im Druck einer Gefangenenzeitung die sozialen Strukturen und das menschliche Miteinander
hervorheben, die hinter Gefängnismauern existieren. Ebenso kann sie
die oft ignorierte innere Arbeit aufzeigen, die Straftäter auf sich nehmen,
um ihre eigenen Handlungen und Erfahrungen zu verarbeiten. Gefangene
sprechen im Wesentlichen mit drei Stimmen: der ihrer eigenen Individualität, der eines Mitglieds der Gefängnisgemeinschaft und der eines
externen (bzw. exkludierten) Beobachters der Gesellschaft.

DIE GEFANGENENZEITUNG IN DER GEFANGENENGEMEINSCHAFT

Zwei Konzepte sind in der soziologischen Untersuchung des Gefängnisses
besonders wichtig. Die »Schmerzen der Inhaftierung«[7] beziehen sich auf
die verschiedenen negativen Auswirkungen, die Gefangene erfahren können: Die Gefangenen verlieren nicht nur ihre Freiheit und den Zugang zu
Ressourcen. Zudem werden auch ihre Autonomie, die eigene Identität zu
entwickeln, und die Fähigkeit, ihre Beziehungen selbst zu gestalten, stark
beeinträchtigt. Diese Schmerzen sind oft die sekundären Folgen von Ent-
behrungen, die nicht unbedingt als Strafe gedacht sind, oder des Mangels
an (beständigem Zugang zu) Ressourcen, Möglichkeiten, sozialen Beziehungen oder Anerkennung. Sie nehmen diverse Formen an und beziehen
sich eher auf subjektive Erfahrungen: Die Diskrepanz zwischen den als
»normal« betrachteten gesellschaftlichen Erwartungen an Resozialisierung und der gelebten Realität ist von zentraler Bedeutung, ebenso wie
die Annahme, dass selbst innerhalb des Gefängnisses die Bedingungen
je nach Person und Situation sehr unterschiedlich sind. Gresham Sykes,
Autor einer der ersten großen soziologischen Studien über das Gefäng-
nisleben, schreibt:

7 Gresham Sykes, Society of Captives: A Study of a Maximum Security Prison, Princeton 2007 [1958], S. 63 ff.

8 Ebd., S. 63.

»*It might be argued that there are as many prisons as there are prisoners –
that each man brings to the custodial institution his own needs and his own
background and each man takes away from the prison his own interpretation
of life within the walls.*«[8]

Der Begriff »Prisonisierung« bezieht sich auf die Anpassungen der Gefangenen an die Bedingungen, mit denen sie konfrontiert sind: Es handelt sich um die Bildung einer einzigartigen »Gefangenengemeinschaft« und die Integration der einzelnen Gefangenen in diese Gemeinschaft.[9] Die Prisonisierung kann sich auf vielfältige Weise äußern, von Insider-Witzen bis hin zu einem zunehmenden Desinteresse an der Außenwelt oder sogar der Abneigung, während der Inhaftierung Familienmitglieder zu treffen. Sie wird oft mit dem »Hospitalismus« in Verbindung gebracht, einer völligen Abhängigkeit von der Institution, die zu einer grundsätzlichen Unfähigkeit führt, außerhalb der Institution zu funktionieren.[10] Als rein negativer Prozess betrachtet, ist die Prisonisierung aber die Annahme einer »kriminellen« oder »kriminell-ähnlichen« Identität. Sie kann jedoch nicht nur als Reaktion bzw. Bewältigungsmechanismus betrachtet werden, sondern auch als ein System der Unterstützung und Ermutigung – insbesondere in Situationen, in denen das Gefängnis von den Gefangenen effektiv genutzt werden kann, um es als *reinventive Institution*[11] zu begreifen. In Anbetracht der Betonung der »Resozialisierung« durch verschiedene, oft individualspezifische Mittel innerhalb des deutschen Strafvollzugs lohnt es sich, darüber nachzudenken, inwieweit Gefängnisse eine kollektive Gemeinschaft mit gemeinsamen Vokabularen, Symbolen, Normen und Zielen bilden und kommunizieren.

DIE PRODUKTION EINER GEFÄNGNISZEITUNG

Die Redakteure von *HaftLeben* treffen sich wöchentlich mit einem externen ehrenamtlichen Redakteur, Herrn R.[12] (seit Oktober 2022 auch mit mir). Diese neunzigminütigen Treffen finden in einem eigens dafür vorgesehenen Redaktionsraum statt. Die Redakteurinnen – eine wechselnde Besetzung von ca. fünf Gefangenen, von denen drei seit über einem Jahr ununterbrochen aktiv sind – können den Raum auch während der Aufschlusszeit nutzen, sowohl für gemeinsames Arbeiten und Diskutieren als auch für individuelle Recherchen, das Abtippen von Artikeln und verschiedene andere Aufgaben. Viermal im Jahr erscheint eine neue Ausgabe mit 34 Seiten, wobei die Redakteurinnen jeweils als Autorinnen fungieren (obwohl sie oft mehrere Pseudonyme verwenden). Die Arbeit wird offiziell von einer bediensteten Person koordiniert, die jedoch bei den wöchentlichen Sitzungen nicht anwesend und weniger in die eigentliche Planung und Erstellung involviert ist: Das Endprodukt muss jedoch sowohl von dieser Mitarbeiterin als auch von der Gefängnisleitung genehmigt werden.

9 Vgl. Donald Clemmer, The Prison Community, Boston 1940. Siehe auch: Dieter Hermann & Sigrid Berger, Prisonisierung im Frauenstrafvollzug. Eine explorative Längsschnittstudie zur Deprivationstheorie und kulturellen Übertragungstheorie, in: Monatsschrift für Kriminologie und Strafrechtsreform, H. 6/1997, S. 370–387.

10 Vgl. Erving Goffman, Asylums: Essays on the Social Situation of Mental Patients and Others Inmates, New York 1961, S. 63.

11 Vgl. Ben Crewe & Alice Levins, The Prison as Reinventive Institution, in: Theoretical Criminology, H. 24/2020, S. 568–589.

12 »Herr R.« entstammt der Feldnotizpraxis – während der Sitzung werden alle, auch »Herr R.«, geduzt und mit Vornamen angesprochen.

Die Sitzungen haben mehrere spezifische Funktionen und Ziele. Neue Themen werden geplant – meist in Anlehnung an thematische Richtungen, wie z. B. die September 2023 Ausgabe zum Thema Gesundheit oder eine frühere Ausgabe zum Thema Kommunikation. Die Themenvorschläge werden oft von den Redakteurinnen eingebracht, doch auch Herr R. weist häufig auf Artikel oder Themen hin, von denen er glaubt, dass sie die Autorinnen inspirieren könnten: Die Annahme dieser Vorschläge ist abhängig von der entstehenden Diskussion und davon, wie schnell die einzelnen Redakteure konkrete Themen finden, über die sie bereit sind, unter dem vorgeschlagenen Thema zu schreiben. Eine Redakteurin sagte, dass »er uns dann manchmal Denkanstöße über Dinge zu schreiben gibt, an die wir selbst nicht denken würden«, wobei sie nicht nur den Zugang zu Informationen, sondern auch seine Perspektive als »Außenstehender« hervorhob und diese mit Einsichten, die Gefangene insbesondere zu sozialen Themen einbringen können, kontrastierte.

Potenzielle Artikel werden in einem Brainstorming ermittelt – die Autorinnen wählen ihre eigenen Beiträge größtenteils selbst aus, in einigen Fällen werden sie erst vorgestellt und später durch die Gruppe oder in Notfällen durch Herrn R. zugewiesen; neue Autorinnen, die ihre »Probezeit« ableisten, erhalten Aufgaben, um ihre Fähigkeiten und ihr Engagement zu testen. Zeitkritische Texte, vor allem die Berichterstattung über aktuelle Ereignisse im Gefängnis wie beispielsweise Konzerte, werden ebenfalls oft von Herrn R. vergeben, wenn sich nicht sofort Freiwillige finden. Nach der Themenvergabe werden die folgenden Treffen genutzt, um den Fortschritt zu überprüfen und sicherzustellen, dass genügend Texte in Arbeit sind. – Da immer die Möglichkeit besteht, dass ein Text von der Anstaltsleiterin oder der Redaktion selbst abgelehnt oder nicht fertiggestellt wird, ist stets Bedarf an Reservetexten vorhanden. Hinzu kommt ein erheblicher Koordinationsaufwand, um an die notwendigen Informationen zu gelangen, die je nach Thema von Bildern bis hin zur Beschaffung von Kontaktdaten für Interviews mit externen Expert:innen reichen können. Die Redakteurinnen haben keine Möglichkeit, das Internet zu nutzen, und dürfen nur eingeschränkt telefonieren (abgesehen von vorab genehmigten Rufnummern, die in der Regel für Freund:innen und Familienangehörige reserviert sind), so dass die Kontaktaufnahme mit Außenstehenden und die Informationsbeschaffung entweder per Post oder über Zeitungen, Zeitschriften und Bücher erfolgt.

GESCHICHTEN AUS UND IN DEM GEFÄNGNIS: SCHLECHTES UND GUTES

Das Gefängnis ist zweifellos ein ernsthafter Ort – aber die wöchentlichen Redaktionstreffen sind es keineswegs immer. Das soll nicht heißen, dass die Arbeit nicht ernsthaft betrieben würde. Die Themen, über die diskutiert und dann oft – nicht immer – geschrieben wird, sind sehr unterschiedlich. Versucht man, sie auf zwei grundlegende Kategorien zu reduzieren, könnten diese Kategorien zu 1) Problemen, mit denen Strafgefangene konfrontiert sind (das Schlechte), und 2) angenehmen Sujets (das Gute) zusammengefasst werden. Es ist keine neue Einsicht, dass Gefangene aufgrund ihrer Inhaftierung mit anderen Problemen konfrontiert sind als Menschen in der »Außenwelt« und dass sich gängige Alltagssorgen (von Beziehungen bis hin zu »Amtssachen«) durch ihren besonderen Status, ihre verringerte Autonomie und ihren eingeschränkten Zugang zur Außenwelt noch erheblich verschärfen. Ob diese Probleme als unbeabsichtigtes Nebenprodukt eines institutionalisierten Resozialisierungsversuchs oder als Form der Bestrafung gedacht sind, ist in diesem Fall irrelevant: Die Gefangenen gewöhnen sich an das Gefühl der Machtlosigkeit – mitunter verinnerlichen sie es so sehr, dass das Beschweren über bestimmte Aspekte des Gefängnislebens zum Klischee wird.

Die Probleme, mit denen die Gefangenen (und andere) konfrontiert sind, werden oft auf humorvolle Weise dargestellt – manchmal mit einem bitteren oder resignierten Unterton, dabei aber meist ironisch bis sarkastisch, was bei der Leserschaft auf Gefallen stößt. Ein wiederkehrender Bestandteil von *HaftLeben* ist ein Wettbewerb, bei dem die (inhaftierten) Leserinnen aufgefordert werden, den besten »Sachgrund einer Antragsablehnung« auszuwählen – passend gekennzeichnet mit »Achtung Satire!« Zu den angebotenen Beispielen gehört ein Antrag auf ein persönliches Treffen, der mit der Begründung abgelehnt wurde: »Gefangene konnte 16 Uhr nicht angetroffen werden, neuer Terminversuch in voraussichtlich drei Wochen.« Die Anmerkung der Redaktion: »Eine JVA sollte wissen, wo sich ihre Gefangenen jeweils befinden – das scheint der ganze Sinn der Anstalt zu sein!« sowie der Hinweis, dass 16 Uhr »Hofgangzeit« ist.[13]

Ein kritischer Ton in Gefängniszeitungen ist zu erwarten – und lässt sich durchaus in den Texten der *HaftLeben*-Ausgaben und noch deutlicher in den Diskussionen hinter den Artikeln ablesen. Auch die »schöne Dinge« werden mit erstauntem bzw. misstrauischem Ton dargestellt, mit Titeln wie »Menschlichkeit, ja das geht auch hier.«[14] Die Autorinnen widersetzen sich dem, was sie als »Werbung« für die JVA betrachten, selbst wenn

---

13 Vgl. *HaftLeben,* Die HL – »Antrags-Lotterie« – 2, Nr. 76/2022, S. 23, tinyurl.com/indes234c4.

14 Vgl. *HaftLeben,* HL-BD, Menschlichkeit, ja das geht auch hier, Nr. 74/2022, S. 15, tinyurl.com/indes234c5.

sie über die neue Sporthalle oder ein neues Drogentherapieprogramm schreiben. Sie versuchen gleichzeitig – mal mehr, mal weniger – sich von einer oppositionellen Haltung zu distanzieren. Die Rolle der Zeitschrift selbst ist ein häufiges Thema, ebenso wie Vorstellungen darüber, wer das (Ziel-)Publikum ist. Häufig präsentieren sich die Autorinnen in einer quasi pädagogischen Rolle, indem sie versuchen, Lektionen oder Einsichten anzubieten, die auf ihren eigenen Erfahrungen beruhen. Dies wird durch die kollektive Autorität der Gruppe (einschließlich des externen ehrenamtlichen Redakteurs) verstärkt. Die am häufigsten geforderten redaktionellen Änderungen an den fertigen Artikeln betreffen das Ende und die Schlussbotschaft, wobei in der Regel vorgeschlagen wird, eher resignative oder zweideutige Schlussworte durch hoffnungsvolle und optimistische zu ersetzen.

GEFANGENENZEITUNGEN ALS AUSSENSEITERJOURNALISMUS

Außenseiter-Journalismus bezieht sich auf journalistische Aktivitäten, die außerhalb der traditionellen Strukturen und Organisationen der Nachrichtenmedien stattfinden. Außenseiter-Journalist:innen können Zugang zu den »üblichen« journalistischen Instrumenten und Praktiken haben oder auch nicht, sind aber in der Regel auf alternative Plattformen zur Verbreitung von Informationen angewiesen. Der Gefängnisjournalismus ähnelt in beiden Aspekten dem Außenseiterjournalismus, mit der Besonderheit, dass sowohl der Zugang zu Informationen als auch die Berichterstattung über diese Informationen weitgehend von institutionellen Erwägungen abhängt. Darüber hinaus schreiben Journalist:innen, die inhaftiert sind, (in erster Linie) für ein ganz bestimmtes und einzigartiges Publikum: ihre Mitgefangenen. Dies wirkt sich nicht nur auf die Bereitstellung von Informationen aus (z. B. wird *HaftLeben* mit Blick auf die Printversion erstellt und die Online-Version erst später), sondern auch auf die Nachfrage. Gefangene haben doch Zugang zu den traditionellen Nachrichtenmedien in Form von Fernsehnachrichten und Zeitungen, daher besteht weniger Bedarf an einer einfachen Berichterstattung über weltweite, nationale oder lokale Ereignisse. Relevant ist jedoch, wie sich diese Ereignisse auf die Gefangenen und den zukünftigen Strafvollzug auswirken können. So ist beispielsweise die »künstliche Intelligenz« zu einem Lieblingsthema der *HaftLeben*-Redaktion geworden, dem eventuell ein künftiges Themenheft gewidmet werden soll. Ansonsten konzentriert sich die Ereignisberichterstattung vor allem auf Nachrichten aus dem Gefängnis, von Berichten über Konzerte oder Kunstprojekte bis hin zu einem Besuch der (damals) neu gebauten Sporthalle.

»The Cure«, Zelle 330.

Foto: Dirk Vogel, 2022

Sowohl das Sammeln von Informationen in Bezug auf Nachrichten aus dem Gefängnis als auch die Kommunikation mit externen Experten gestalten sich aufgrund des Status der Gefangenen werden erschwert. Interviews (telefonisch oder persönlich) können nur in Zusammenarbeit mit dem Personal arrangiert werden und sind relativ unüblich. Häufiger ist der Austausch per Post, der weniger von der Akzeptanz der Mitarbeiter abhängt, aber ob die bereitgestellten Informationen gedruckt werden dürfen, ist selten von Anfang an klar. Der fehlende direkte Zugang erschwert das Nachfassen oder die Klärung von Antworten. Das Umfeld des Gefängnisses selbst erschwert oft die Berichterstattung: Aus Gründen des Schutzes der Privatsphäre können einzelne Gefangene (und manchmal auch Bedienstete) nicht namentlich genannt werden, was zu dem Vorwurf führen kann, dass es sich bei bestimmten Berichten lediglich um Hörensagen handelt.

Gefängnisjournalist:innen müssen sich in der Regel entscheiden, ob sie Fürsprecher:innen für die Gefangenen, neutrale Beobachter:innen oder ein Sprachrohr für die Verwaltung sein wollen – oder sich auf einem schmalen Grat dazwischen bewegen.[15] Die Tatsache, dass Gefangenenzeitungen als »Außenseiterjournalismus«[16] gelten, ist sowohl auf die einzigartige Perspektive der Gefangenen auf die Gesellschaft und ihre eigenen

[15] Vgl. James McGrath Morris, Jailhouse Journalism: The Fourth Estate behind bars, New Brunswick 2001.

[16] Vgl. Eleanor Novek, »Heaven, Hell, and Here«: Understanding the Impact of Incarceration through a Prison Newspaper, in: Critical Studies in Media Communication, H. 22/2005, S. 281–301.

unmittelbaren Erfahrungen zurückzuführen als auch auf die ihnen auferlegten Beschränkungen – Beschränkungen, die sie in unterschiedlicher Weise als sinnvoll oder willkürlich ansehen. Zu diesen Einschränkungen gehören sowohl der fehlende (ständige) Zugang zu Technologie und Medienquellen als auch der Mangel an Ausbildung oder Wissen über journalistische Praktiken.

Die Praktiken der Zeitungserstellung gehen dann über das Sammeln von Informationen und das Schreiben hinaus und erstrecken sich auf das technische Layout und die digitale Produktion in verschiedenen Aspekten. Dies kann sich aus mehreren Gründen als problematisch erweisen: Die verfügbaren PCs sind technisch etwas veraltet und den meisten Redakteurinnen nicht vertraut[17]. In einem Fall war eine Frau so lange inhaftiert, dass sie kaum über einschlägige EDV-Erfahrungen verfügt. Ein großer Teil der technischen Umsetzung muss von Herrn R. erledigt werden. Die Frauen benutzen die PCs im Redaktionsraum, um ihre oft handschriftlichen Texte abzutippen, das Layout zu gestalten und Bilder zu arrangieren. Diese PCs enthalten einige nützliche Tools, wie z. B. eine »Offline-Version« von Wikipedia, die laut den Redakteurinnen sehr oft nützlich ist, aber viel weniger bei der Recherche aktueller Ereignisse.

Neuere Informationen – insbesondere Grafiken und Illustrationen – müssen von außen eingeführt werden. Dabei sind sie in der Regel darauf angewiesen, dass Herr R. die benötigten Dateien – Bilder, Artikel, Hintergrundinformationen, Postadressen für nützliche Kontakte – als Ausdruck oder auf einem USB-Stick mitbringt. Es werden Anfragen nach eventuell benötigten digitalen oder gedruckten Medien gestellt. Dies umfasst oft Liedtexte, reicht aber auch von spezifischem Material (»Ich brauche die Kontaktadresse des Kriminologieprofessors in München«) bis hin zu sehr allgemein (»Wir brauchen mehr feierliche Bilder«).

Der unsichere, begrenzte Status der Gefangenen als »Außenseiterjournalistinnen« zeigt sich auch im Konfliktpotenzial mit der Einrichtungsleitung. Artikel können von der Leitung abgelehnt werden, weil sie inhaltliche Mängel aufweisen oder auf Hörensagen beruhen, weil sie keine Quellen zitieren. Einzelne Gefangene dürfen zum größten Teil nicht identifiziert werden, und sind daher nicht immer zitierfähige Informationsquellen. Zwar ist es Berichten zufolge durchaus üblich, dass sich Bedienstete mit Kritik, Kommentaren oder Themenvorschlägen an einzelne Redakteurinnen wenden, doch äußern sich die Mitarbeiter:innen fast nie öffentlich zu Dingen, die als kritisch gegenüber der Institution angesehen werden

17 Es soll aber ergänzt werden, dass seitens der Anstaltsleitung Änderungen in Bezug auf die technischen Mittel bzw. PCs für die Redaktion geplant sind.

könnten. Das bedeutet, dass die sachliche Grundlage von Artikeln fast immer angefochten werden kann, selbst wenn sich die Redakteur:innen über deren Richtigkeit einig sind.

Herr R. liest eine E-Mail von »Rolf« vor – und stellt dann fest, dass es »einige Fehler im Text über Postkontrolle« gab … einige der Frauen murmeln »nur Kleinigkeiten« oder so ähnlich. Carolin, die Autorin, wirkt sichtlich genervt und reagiert etwas abwehrend. Sie sagt: »Ich schreibe aus Sicht von den Frauen hier, ich habe nur die Information, die ich erhalten konnte, und habe das alles im Text erklärt.« Die anderen sagen, dass sie das auch so sehen. Sylvia meint: »ja, ja, ruhig – wir werden das sowieso ignorieren.« (Feldnotizen Sommer 2023)

Sowohl in den Diskussionen um die Texte als auch im Endprodukt zeigt sich eine Ambivalenz in der Perspektive und Erzählstruktur der Autorinnen. Die Herausforderung besteht darin, authentische, persönliche Erfahrungen wiederzugeben, während gleichzeitig der Anspruch an journalistische Objektivität gewahrt werden soll. Ein Beispiel hierfür findet sich in Carolins Darstellung der Postkontrolle, in der sie nicht nur sachlich über das Thema berichtet, sondern auch einen Einblick in ihre Lernerfahrungen gibt. Dies verdeutlicht den Spannungsbogen zwischen persönlicher Authentizität und dem Bestreben nach journalistischer Objektivität. Zugleich wird durch die Verwendung biografischer Informationen, mit dem potenziellen Risiko der Pseudonymität des Autors, eine Möglichkeit geschaffen, persönliche Erfahrungen zu teilen und auf wahrgenommene Probleme hinzuweisen.

In anderen Fällen geben die Autorinnen Auskunft über ihre Informationsquelle und ziehen in vielen Fällen werden externe Expert:innen hinzugezogen, um dem Text zusätzliches Gewicht und Seriosität zu verleihen und um zu vermeiden, dass er als »Hörensagen« abgelehnt wird – das heißt, sie wenden traditionellen journalistische Praktiken an. Zitate und Verweise auf Studien können oft den Eindruck erwecken, dass die Autorinnen uneingeschränkten Zugang zu externen Informationen hätten. Gleichzeitig ist der explizite Mangel an »normaler Kommunikation« (das heißt: ehrlich, offen und direkt) ein immer wiederkehrendes Thema. Die Antworten der Mitarbeiter auf Anträge und Anfragen (und bis zu einem gewissen Grad auch Kritik in Leserbriefen) werden gründlich analysiert, aber selten für bare Münze genommen, da die Frauen gelernt haben, die formelle Kommunikation innerhalb der Institution so zu interpretieren.

Letztendlich spiegelt sich dies in ihren journalistischen Praktiken wider und führt zu eher introspektiven Beiträgen und bis zu einem gewissen Grad zu Selbstzensur, aber auch zu Kreativität bei der Suche nach Möglichkeiten, sowohl das Gute als auch das Schlechte hervorzuheben, ohne sich auf »Bauchgefühle«, Stereotypen oder unbelegte Gerüchte zu verlassen.

GEMEINSAM SCHREIBEN

Die Artikel in *HaftLeben* sind größtenteils Einzelarbeiten, auch wenn ihre Entwicklung – manchmal offensichtlich und manchmal subtil – ein kollektiver Prozess ist. Die Autorinnen haben gelernt, in ihrem eigenen Stil zu schreiben, aber auch die Kritik und die Bedenken anderer zu berücksichtigen. Wie bereits erwähnt, stand oftmals vor allem die Schlussbotschaft im Kreuzfeuer der Kritik, weil die Texte (zumindest laut Herrn R.) mit einer positiveren und hoffnungsvolleren Botschaft enden sollten. Ein insgesamt positiver Ausblick wurde nicht nur als Strategie gesehen, um die endgültige Fassung schneller genehmigen zu lassen, sondern auch als Möglichkeit, den Leser:innen etwas Substanzielles zu bieten und den Zynismus oder die Resignation zu vermeiden, die den Gefangenen oft nachgesagt werden.

Gleichzeitig galt eine der am stärksten involvierten Autorinnen als zutiefst pessimistisch und »bekannte« sich auch selbst zu einer eher düsteren Grundhaltung. Statt für einen optimistischen Duktus um seiner selbst plädierte sie für Texte, die Informationen enthielten, die für Gefangene nützlich sein könnten, die sie aber auch ermutigen könnten, ihre eigene Situation zu hinterfragen und die ihnen zur Verfügung stehenden Ressourcen zu nutzen. Wiederum war es auch genau diese Redakteurin, die eine fortlaufende Artikelserie mit dem vorläufigen Titel »Momente, die mir das Gefängnis nicht wegnehmen kann« vorschlug. Der erste Beitrag zu dieser Serie, gewissermaßen eine literarische Übung, beschrieb einige Momente während eines Gewitters. Diese Geschichten sind sehr persönlich, vermitteln durch den Status von Autorinnen und Leserinnen aber eine universelle Botschaft: Du bist mehr als dein Status als Gefangene. Der Titel der Serie ist auf subtile Weise kritisch, denn er stellt »Knast« als etwas dar, das einem etwas wegnimmt, etwas, das Schmerzen verursacht, und ermutigt die Leser:innen gleichzeitig, über die Dinge im Leben nachzudenken, die wichtig sind und die Gefangenschaft überdauern. Die Einführung dieser Serie markierte einen neuen Aspekt des kollektiven Schreibens, nach wie vor auf Einzelbeiträge angewiesen, aber mit einem festen Modell und einem übergreifenden Thema in jeder Folgeausgabe.

Ein häufiges Diskussionsthema ist die Länge der Artikel. Dies hat sowohl praktische – viele Texte sind für die zur Verfügung stehenden Seiten schlichtweg zu lang – als auch strategische Gründe. – Befürchtet wird, dass eine besonders textlastige Aufmachung potenzielle Leser:innen abschrecken könnte. In diesem Kontext bekunden die Redaktionsmitglieder oft, dass »wir hier die Anderen sind«, sprich: sie, die ihre Zeit freiwillig mit dem Schreiben für die Zeitung verbringen, verfügten tendenziell über einen anderen Hintergrund und andere Bildungserfahrungen und seien insgesamt lesehungriger als die durchschnittliche Gefangene. Trotzdem ist man sich einig, dass Kürzungen schwierig sind, vor allem bei sehr persönlich Texten: Kleine Details, die andere als unwichtig oder verzichtbar ansehen, sind für die Autorin oft zentral. In einer Sitzung schlug eine Redakteurin vor, zu einer Form des kollaborativen Redigierens zurückzukehren, die sie früher häufiger angewendet hätten: »Wir haben öfter gemeinsam Texte gekürzt und niemals ist die Seele verloren gegangen.« Dies scheint letztlich das primäre Ziel der gemeinsamen Bemühungen bei der Textproduktion zu sein: die Seele zu erhalten. Die Autorinnen betonen zum einen die Einzigartigkeit ihrer eigenen Erfahrungen bewusst und beziehen sich – ohne sich persönlich zu erkennen zu geben – oft auf ihre eigene Geschichte, um ihre Aussagen zu legitimieren. Zum anderen sind sie sich aber auch bewusst, dass sie in anderer Hinsicht *nicht* einzigartig sind, dass ihre Situation jener vieler anderer Gefangener gleicht, die sich einer Behandlung ausgesetzt sehen, die sie oft als willkürlich erleben, und die in vielen Dingen auf die Unterstützung des Personals angewiesen sind. Das bedeutet, dass selbst Sujets, die zunächst trivial erscheinen mögen, hier ganz spezifisch besprochen werden.

Herr R. hat beispielsweise ein Rezept mitgebracht: »Wer will testen?« Die Seite wird herumgereicht, die Redakteurinnen diskutieren verschiedene weitere Rezepte – Julia befindet zu einem Vorschlag: »Das wäre ein gutes Weihnachtsrezept.« Darauf entgegnet Sylvia: »Ich glaube, die hier entscheidende Frage ist nicht ›was ist festlich?‹ sondern vielmehr ›wie einfach ist das?‹« Danach wird diskutiert, wie viel Zeit für jedes Rezept benötigt wird. Das von Herrn R. mitgebrachte wird folgendermaßen berechnet: 10 Minuten Vorbereitungen, 20 Minuten Kochzeit. Carolin vergleicht das mit der Aufschlusszeit [hier rechnet sie, konservativ, zwei Stunden]: »Schnell die Wäsche machen, duschen, kurzes Kartenspiel mit Freundinnen und dann hast du eine leckere Mahlzeit!« (Feldnotizen Herbst 2023)

Die Spannung zwischen einer »normalen« Herangehensweise an die Dinge und der Erinnerung an die Beschränkungen des Gefängnisses ist selbst bei Gefangenen, die schon seit Jahren inhaftiert sind, immer noch sichtbar. In solchen Gesprächen geht es oft um Themen, die aus genau den angesprochenen Gründen in die Zeitung aufgenommen werden können: Sie sind für die Gefangenen von besonderem Interesse, weil sie ihre Situation verbessern können, anstatt sie an das zu erinnern, was ihnen fehlt.

WORTE FÜR EINE OFFENE GESELLSCHAFT?

Gefängniszeitungen in Deutschland wurden von den Sozialwissenschaften als Informationsquelle über das Leben im Strafvollzug bislang weitgehend vernachlässigt. Will man aber ein tieferes Verständnis des Strafvollzugs und seiner Auswirkungen auf die Insass:innen erlangen, ist entscheidend, dieses Medium zu würdigen und weiter zu erforschen. Insgesamt unterstreicht die Erforschung von Gefangenenzeitungen die Rolle von Medien für diverse Ausdrucksformen der Gefängniskultur. Gefangenenzeitungen dienen nicht nur als Informationsquellen, sondern bieten den Gefangenen auch eine Möglichkeit bieten, ihre Identität zu reflektieren, ihre Erfahrungen zu verarbeiten und eine Verbindung zur Außenwelt aufrechtzuerhalten.

Die Art und Weise, wie Gefängniszeitungen innerhalb des Strafvollzugssystems verwaltet, gesteuert, unterstützt oder abgelehnt werden und wie sie von den Gefangenen aufgenommen und genutzt werden, spiegelt die komplexen Dynamiken der Gefängnisgemeinschaft wider, die sich hinter den Gefängnismauern entwickeln können – sowohl im Positiven als auch im Negativen. Wenn das Gefängnis die Gefangenen auf ein Leben außerhalb des Gefängnisses vorbereiten soll, was bedeutet es dann, wenn diese Gefangenen (nicht) die Fähigkeiten haben, Informationen zu sammeln und auszutauschen, ihre Anliegen zu reflektieren und zu verarbeiten und sich mit umfassenderen sozialen Fragen auseinanderzusetzen?

Dr. Aaron Bielejewski ist wissenschaftlicher Mitarbeiter am Zentrum für kriminologische Forschung Sachsen in Chemnitz. Er stammt ursprünglich aus New Jersey in den Vereinigten Staaten, wo er Kriminologie studierte. In seiner Forschung untersucht er die Überschneidung von kriminologischen Rahmenbedingungen wie der Polizeiarbeit oder des Gefängnisalltags und gesellschaftlichen Bildern sowie Medien. In seiner Doktorarbeit an der Universität Kassel untersuchte er anhand ethnografischer Methoden die Konstruktion von Gemeinschaft durch die Revierpolizei in Brandenburg.

EINE ZWEI-KLASSEN-JUSTIZ FÜR POLITIKER:INNEN?

DIE *PECULIAR INSTITUTION* DES FRANZÖSISCHEN GERICHTSHOFS DER REPUBLIK

☰ Simon Braun

Der Prozess gegen Frankreichs Justizminister Éric Dupond-Moretti wegen des Vorwurfs des Amtsmissbrauchs vor dem zuständigen *Cour de Justice de la République* (CJR) hat im Herbst 2023 großes öffentliches Interesse hervorgerufen. Zum ersten Mal seit Gründung der Fünften Republik 1958 musste sich ein amtierendes Regierungsmitglied vor diesem Sondergerichtshof verantworten, der ausschließlich über Verfehlungen von Minister:innen in Ausübung ihres Amtes urteilt. Dem ehemaligen Staranwalt Dupond-Moretti war vorgeworfen worden, seine Position als Justizminister ausgenutzt zu haben, um alte Rechnungen mit missliebigen Richtern und Staatsanwälten zu begleichen. Konkret soll er administrative Untersuchungen gegen vier hohe Beamte des Justizapparats angeordnet haben, mit denen er einst als Strafverteidiger aneinandergeraten war. Obwohl der CJR feststellte, dass der Minister sich materiell der persönlichen Vorteilsnahme schuldig gemacht habe, wurde Dupond-Moretti schlussendlich freigesprochen. Die Richter:innen argumentierten in ihrem Urteilsspruch, dass dem Justizminister keine Absicht nachgewiesen werden könne.[1] Dieser Freispruch sowie die eigentümliche Urteilsbegründung haben viel Kritik hervorgerufen. Neben Teilen der Opposition[2] plädierten auch zahlreiche Jurist:innen als Reaktion auf das umstrittene Urteil dafür, den CJR abzuschaffen.[3]

Dabei begleiten Forderungen nach seiner Abschaffung diesen in Europa einzigartigen Sondergerichtshof für Regierungsmitglieder schon seit seiner Gründung im Jahr 1993 – im Zuge des Prozesses gegen Dupond-Moretti wurde eine jahrzehntelange öffentliche Debatte lediglich neu entfacht. Die Kritik entzündet sich vor allem an zwei Punkten. Zum einen wurden dem CJR bereits in der Vergangenheit immer wieder seine vermeintlich allzu milden Urteile und eine Vorzugsbehandlung von Regierungsmitgliedern vorgeworfen. Zum anderen wird kritisiert, dass dem CJR fast ausschließlich Parlamentsabgeordnete angehören. Diese personelle Zusammensetzung wird in Verbindung mit den milden Urteilssprüchen

[1] Vgl. Cécile Guérin-Bargues, Le procès d'Éric Dupond-Moretti devant la CJR. Beaucoup de bruit pour rien, in: Jus Politicum, 08.12.2023, tinyurl.com/indes234d1.

[2] Vgl. o.V., Relaxe d'Eric Dupond-Moretti: Les insoumis et les Verts appellent à supprimer la Cour de justice de la République, in: Libération, 29.11.2023, tinyurl.com/indes234d2.

[3] Vgl. Mathias Chichportich & Julien Jeanneney, La Cour de justice de la République n'étant pas adaptée à sa fonction, il reste à en tirer les conséquences, in: Le Monde, 15.12.2023, tinyurl.com/indes234d3.

daher regelmäßig als Beleg für das populistische Narrativ herangezogen, dem zufolge die politische Klasse »unter einer Decke« stecke und Politiker:innen vor dem CJR eine Vorzugsbehandlung genössen.

EIN SONDERGERICHTSHOF FÜR REGIERUNGSMITGLIEDER

Die Existenz einer separaten Gerichtsbarkeit zur Beurteilung von Vergehen, die von Regierungsmitgliedern in Ausübung ihres Amtes begangen wurden, ist eine Konstante der französischen Verfassungsgeschichte.[4] Grundlage dieser Sondergerichtsbarkeit ist die Überzeugung, dass eine mögliche Verurteilung von Politiker:innen durch Richter:innen gegen das Prinzip der Gewaltenteilung verstoße. Die entsprechende, aus der Zeit der Französischen Revolution stammende Devise lautet *à crime politique, juge politique:* Über ein politisches Verbrechen müsse auch ein politisches Gremium urteilen. Daher sollten sich Minister:innen nicht vor Richter:innen, sondern vor dem Parlament als der gewählten Volksvertretung verantworten müssen. Auch in der Fünften Republik oblag die juristische Beurteilung von Regierungsmitgliedern zunächst einer ausschließlich aus Parlamentsabgeordneten bestehenden Gerichtsbarkeit, dem *Haute Cour de Justice* (HCJ). Nicht zuletzt aufgrund der hohen politischen Hürden für eine Anklage – eine gleichlautende Anklageschrift musste sowohl von der Nationalversammlung als auch vom Senat verabschiedet werden – wurde der HCR seit seiner Gründung 1958 allerdings nie angerufen.

Im Jahr 1993 wurde schließlich der CJR als Sondergerichtshof für Regierungsmitglieder eingerichtet. Seine Gründung war eine unmittelbare Folge der Affäre um kontaminiertes Blut, die Anfang der 1990er Jahre die Gemüter in Frankreich erhitzte.[5] Bei diesem Gesundheitsskandal ging es um HIV-verseuchte Blutkonserven, die aufgrund von Behördenversagen über Monate hinweg unkontrolliert in Umlauf geblieben waren und infolgedessen sich tausende Menschen bei Bluttransfusionen mit dem HI-Virus infiziert hatten. Während im Laufe des Jahres 1992 mehrere Gerichtsverfahren gegen hochrangige Mitarbeiter:innen der Gesundheitsbehörden sowie der betroffenen Ministerien eingeleitet worden waren, scheiterte der Versuch, den ehemaligen Premierminister sowie dessen Sozialministerin und den Gesundheitsminister vor dem *Haute Cour de Justice* anzuklagen, da dieser sich nach langem Zögern für nicht zuständig erklärte. In der Öffentlichkeit erhob sich in der Folge ein Sturm der Entrüstung. Schließlich schien es unverständlich, dass Behördenmitarbeiter:innen wegen ihres Fehlverhaltens verurteilt wurden, ohne dass die zuständigen politischen Entscheidungsträger:innen auf Ministerebene ihrerseits zur Rechenschaft gezogen wurden.

4   Vgl. David Amson, La responsabilité politique et pénale des ministres de 1789 à 1958, in: Pouvoirs, H. 92/2000, S. 31–60.

5   Vgl. Olivier Beaud, Le sang contaminé. Essai critique sur la criminalisation de la responsabilité des gouvernants, Paris 1999.

ZUSAMMENSETZUNG UND ARBEITSWEISE DES CJR

Angesichts dieses aufgewühlten politischen Klimas hatte die Schaffung des CJR im Jahr 1993 zum Ziel, die öffentliche Meinung zu beruhigen. Dabei stand man vor einem Dilemma. Einerseits sollten nun auch erstmals Berufsrichter:innen zur Beurteilung möglicher Vergehen von Regierungsmitgliedern herangezogen werden, um das verlorengegangene Vertrauen in die politische Klasse zurückzugewinnen und dem Vorwurf einer Vorzugsbehandlung von Politiker:innen entgegenzutreten. Andererseits sollte die Autonomie der Politik gegenüber der Justiz aufrechterhalten werden, um einer Instrumentalisierung von politischen Anklagen einen Riegel vorzuschieben und zu verhindern, dass sich die Justizbehörden die Regierungstätigkeit einmischen würden. Dieser Spagat spiegelt sich in der Zusammensetzung des CJR wider. Drei der 15 Mitglieder sind Berufsrichter:innen des Kassationshofes, bei den übrigen zwölf Mitgliedern handelt es sich um Parlamentsabgeordnete, die entsprechend den Mehrheitsverhältnissen in Senat und Nationalversammlung gewählt werden.[6]

Der CJR kann von jeder Person angerufen werden, die sich durch ein vermeintliches Vergehen eines Regierungsmitglieds während dessen Amtszeit geschädigt fühlt. Das eigentliche Verfahren umfasst drei Schritte. Zunächst entscheidet ein richterlicher Beschwerdeausschuss über die Zulässigkeit der Klage. Diese vorgeschaltete Instanz soll dazu dienen, offensichtlich unbegründete oder rein politisch motivierte Anklagen herauszufiltern. Wird die Klage für zulässig erklärt, nimmt ein ebenfalls ausschließlich aus Berufsrichter:innen zusammengesetzter Untersuchungsausschuss ein Ermittlungsverfahren auf, an dessen Ende die Anklage eines Regierungsmitglieds vor dem CJR stehen kann. Die Urteilsfindung obliegt schließlich dem 15-köpfigen Spruchkörper, der mit absoluter Mehrheit und in geheimer Abstimmung sein Urteil fällt. Seit seiner Gründung mussten sich zwölf aktive oder ehemalige Regierungsmitglieder in 14 Prozessen vor dem CJR verantworten.

EINE UMSTRITTENE INSTITUTION

Die Funktionsweise des CJR ruft in mehrfacher Hinsicht Kritik hervor. Erstens wird bemängelt, dass keine Möglichkeit besteht, gegen die Entscheidungen des CJR Berufung einzulegen. Zwar kann der Kassationshof als höchste gerichtliche Berufungsinstanz angerufen werden, allerdings fällt dieser keine inhaltliche Entscheidung, sondern prüft das Urteil des CJR lediglich auf die formale Einhaltung der Rechtsnormen. Zweitens monieren Kritiker:innen, dass die von den politischen Verfehlungen betroffenen

6 Vgl. o.V., La Cour de justice de la République. Une institution contestée, in: Vie publique, 29.11.2023, tinyurl.com/indes234d4.

Personen zwar den CJR anrufen, im Gegensatz zu regulären Strafprozessen jedoch nicht als Nebenkläger auftreten können und damit ein strafrechtliches Grundprinzip missachtet werde. Drittens steht die Beschränkung der Zuständigkeit des CJR auf Regierungsmitglieder in der Kritik. In der Praxis bedeutet diese Regelung nämlich, dass sich mögliche Kompliz:innen außerhalb der Politik nicht vor dem CJR, sondern vor ordentlichen Strafgerichten verantworten müssen.

Diese Trennung der Strafverfahren ist aus zwei Gründen problematisch. Zum einen birgt sie das Risiko widersprüchlicher Rechtsprechung, da zwei Personen in identischen oder eng miteinander verbundenen Sachverhalten von zwei unterschiedlichen Gerichtsbarkeiten zu unterschiedlichen Strafen verurteilt werden können. So wurde beispielsweise der ehemalige Innenminister Charles Pasqua 2010 in einem Korruptionsprozess durch den CJR vom Vorwurf der passiven Bestechung freigesprochen, während zwei Mitangeklagte in einem separaten Strafprozess wegen aktiver Bestechung Pasquas zu Haftstrafen verurteilt wurden. Solche widersprüchlichen Urteile schaden dem Ansehen des CJR, da sie dem allgemeinen Gerechtigkeitsempfinden widersprechen und den Verdacht einer Zwei-Klassen-Justiz nähren. Zum anderen verweigern enge politische Mitarbeiter:innen wie Büro- oder Abteilungsleiter:innen regelmäßig die Aussage vor dem CJR, weil sie befürchten, sich in einem möglichen separaten Strafverfahren selbst zu belasten. Im Prozess gegen die ehemalige Finanzministerin Christine Lagarde machte beispielsweise mit ihrem Büroleiter einer der wichtigsten Zeugen von seinem Zeugnisverweigerungsrecht Gebrauch, sodass es für den CJR quasi unmöglich war, den genauen Weg der ministeriellen Entscheidungsfindung nachzuvollziehen und die strafrechtliche Verantwortung eindeutig zuzuweisen.[7]

DER ANSCHEIN VON BEFANGENHEIT

Die schärfste Kritik richtet sich allerdings gegen die Zusammensetzung des CJR. Denn auch wenn die starke Präsenz von Parlamentsabgeordneten der französischen Verfassungstradition entspricht, wird die Unparteilichkeit dieser parlamentarischen Richter:innen regelmäßig infrage gestellt. Stimmt der CJR für einen Freispruch des angeklagten Regierungsmitglieds, werden sie der Kumpanei beschuldigt und sehen sich in der Öffentlichkeit dem Verdacht ausgesetzt, die politische Klasse mache gemeinsame Sache. Bestärkt wird dieses Narrativ durch die vergleichsweise milden Strafen, die vom CJR verhängt werden. Die bisherigen 14 Prozesse mündeten in sieben Freisprüchen, zwei Schuldsprüchen mit Strafbefreiung

[7] Vgl. Cécile Guérin-Bargues, De l'(in)utilité de la CJR, in: Le club des juristes, 29.11.2023, tinyurl.com/indes234d5.

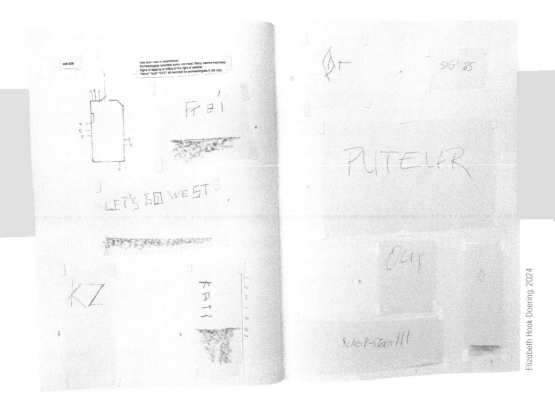

Elizabeth Hoak-Doering, 2024

und fünf Verurteilungen zu Freiheitsstrafen, die ausnahmslos zur Bewährung ausgesetzt wurden. Auch wenn nur spekuliert werden kann, ob das Strafmaß vor regulären Strafgerichten anders ausgefallen wäre, begleiten Zweifel an seiner Neutralität die Arbeit des CJR und untergraben das ohnehin gesunkene Vertrauen in die Politik. Auf den Urteilssprüchen des CJR lastet unweigerlich der latente Verdacht von Befangenheit. Der Ausschluss jedweden Anscheins von Befangenheit ist jedoch getreu der Devise *justice must not only be done, it must be seen to be done* ein Eckpfeiler des Rechtsstaats.[8]

Im Fall des Prozesses gegen Justizminister Dupond-Moretti war die Ausgangslage aus zwei Gründen besonders heikel. Zum einen musste sich erstmals ein aktives Regierungsmitglied vor dem CJR verantworten, sodass die Zweifel am richterlichen Neutralitätsgebot besonders schwer wogen. Denn während die parlamentarischen Richter:innen aus der Regierungsfraktion den amtierenden Minister naturgemäß unterstützen, kritisieren die Richter:innen aus den Oppositionsfraktionen traditionell das Regierungshandeln. Vor diesem Hintergrund standen die parlamentarischen Richter:innen dieses Mal ganz besonders im Verdacht, parteipolitische Interessen über rechtliche Belange zu stellen. Zum anderen

[8] Vgl. Franck Johannès, Pourquoi il faut supprimer la Cour de justice de la République, in: Le Monde, 08.12.2023, tinyurl.com/indes234d6.

Notizen, Zelle 306. Enthält den »West«-Zigaretten-Werbeslogan »Let's go West«, Namen und mehrere Piča-Symbole. In den Aufzeichnungen markieren die schattierten Bereiche unter den Graffiti die Höhe der Emaillefarbe in den Zellen bei ca. 140 cm über dem Boden. Die Tünche und die Graffiti erscheinen oberhalb dieses Niveaus.

war mit dem amtierenden Justizminister zugleich der oberste Chef der Justizbehörden angeklagt, sodass sich die Zweifel an der Neutralität des CJR nicht nur auf die parlamentarischen, sondern auch auf die drei Berufsrichter:innen erstreckten. Da Dupond-Moretti in seiner Funktion als Justizminister ihnen gegenüber zum Teil über Weisungsbefugnisse verfügte, wurden erhebliche Zweifel an ihrer Unabhängigkeit laut.

VERANTWORTLICH, ABER NICHT SCHULDIG?

Jenseits der Kritik an der institutionellen und prozeduralen Ausgestaltung des CJR wirft der Sondergerichtshof auch die grundsätzliche Frage nach der Vermengung von strafrechtlicher und politischer Verantwortung von Regierungsmitgliedern auf. Mit Blick auf ihre strafrechtliche Verantwortung verfügen Politiker:innen über einen Sonderstatus. Einerseits genießen Mandats- und Amtsträger:innen grundsätzlich politische Immunität, um sie vor politisch motivierten Klagen zu schützen und die Funktionsfähigkeit von Regierung und Parlament zu gewährleisten. Im Zuge der Coronakrise hatten Impfgegner:innen beispielsweise über 20.000 Strafanzeigen gegen französische Regierungsmitglieder gestellt, die allesamt abgewiesen wurden.[9] Andererseits können die Grenzen zwischen einer politischen Fehleinschätzung und einem strafrechtlichen Vergehen in der Politik schnell verschwimmen. Von der in der Affäre um kontaminiertes Blut angeklagten früheren Sozialministerin Georgina Dufoix stammt ein Zitat, das dieses Spannungsfeld treffend auf den Punkt bringt: Sie fühle sich verantwortlich, aber nicht schuldig *(responsable, mais pas coupable)*, da sie ihre Entscheidungen nach bestem Wissen und Gewissen auf Grundlage des damaligen Wissenstandes getroffen habe.

Ein weiteres Beispiel aus der Coronakrise verdeutlicht diesen schmalen Grat zwischen politischer und strafrechtlicher Verantwortung besonders

9   Vgl. Julien Padovani, Responsable, mais pas coupable: Maxime du régime politique français ?, in: Estelle Brosset u. a. (Hg), Justice, Responsabilité et contrôle de la décision politique. Leçons de la crise sanitaire, Aix-en-Provence 2022, S. 121–137, hier S. 123 f.

gut. Weil die damalige Gesundheitsministerin Agnès Buzyn zu Beginn der Pandemie die Gefahr des neuartigen Virus öffentlich als gering eingestuft und die Notwendigkeit zum Maskentragen heruntergespielt hatte, wurde sie vor dem CJR wegen der Gefährdung des Lebens anderer angeklagt.[10] Es ist jedoch fraglich, inwiefern das offensichtlich schlechte Krisenmanagement der Regierung tatsächlich eine Straftat darstellt, oder ob es sich nicht vielmehr um ein (schweres) politisches Fehlverhalten handelt. Schließlich müssen politische Entscheidungen im Falle einer Krisensituation auf Grundlage sich stetig verändernder und sich teilweise widersprechender Empfehlungen getroffen werden. Gerade im Fall der Coronakrise gab es aufgrund der Beispiellosigkeit kaum eingeübten Pläne oder Erfahrungswerte, auf die Politiker:innen hätten Bezug nehmen können. Angesichts dieser besonderen Herausforderung erscheint eine Beurteilung politischen Handelns von Regierungsmitgliedern mit den Kategorien des Strafrechts kaum angemessen.[11]

Die Coronakrise hat zudem belegt, dass die mögliche Kriminalisierung politischer Entscheidungen zu ungewünschten Nebeneffekten führen kann. Die Anklage gegen die ehemalige Gesundheitsministern führte rasch zu strafrechtlichen Ermittlungen, inklusive Hausdurchsuchungen und der Beschlagnahme von Arbeitscomputern, sodass die Aussicht auf mögliche Strafprozesse wie ein Damoklesschwert über dem ohnehin schon desolaten Krisenmanagement der Regierung hing. In seinem vielbeachteten Jahresbericht 2021 kam der französische Staatsrat daher zu dem Schluss, dass die Sorge vor strafrechtlicher Verfolgung eine übermäßige Vorsichtshaltung innerhalb der Regierung gefördert habe.[12]

REFORMVORSCHLÄGE

Angesichts der lautstarken Kritik am CJR kann es kaum überraschen, dass seine Abschaffung bereits mehrfach zur Debatte stand. Mit François Hollande und Emmanuel Macron haben die letzten beiden Staatspräsidenten jeweils im Wahlkampf versprochen, den CJR abzuschaffen und durch eine neue Institution zu ersetzen. Beide scheiterten mit ihren Plänen jedoch an den hohen politischen Hürden, da für eine Reform des CJR eine Verfassungsänderung erforderlich wäre. Zwar herrscht über Parteigrenzen hinweg ein breiter Konsens hinsichtlich des Reformbedarfs, allerdings ist es bislang nicht gelungen, sich auf die konkrete Ausgestaltung eines neuen Gremiums zu einigen.[13] Zentraler Knackpunkt ist dabei abermals die Zusammensetzung des CJR. Denn während Teile des politischen Spektrums unter Verweis auf die Gewaltenteilung an der Tradition politischer

10 Vgl. Simon Braun, Emmanuel Macron – Ein Präsident im Krieg gegen das Corona-Virus, in: Hendrik W. Ohnesorge & Xuewu Gu (Hg.), Weltpolitische Gestaltung in Zeiten von COVID-19. Zur Rolle von Persönlichkeit und Führungsstil in der Coronakrise, Wiesbaden 2022, S. 81–105, hier S. 90.

11 Vgl. Olivier Beaud, Mal gouverner est-il un crime?, in: Jus Politicum Blog, 21.10.2020, tinyurl.com/indes234d7.

12 Vgl. Conseil d'État, Les états d'urgence: La démocratie sous contraintes, Paris 2021, S. 124.

13 Vgl. Jean-Éric Schoettl, Supprimer la Cour de justice de la République?, in: Actu Juridique, 09.07.2018, tinyurl.com/indes234d8.

Richter:innen festhalten wollen, fordern andere Kräfte ein Ende der Praxis, Parlamentsabgeordnete über die Vergehen von Regierungsmitgliedern urteilen zu lassen.

Um diese Streitfrage beizulegen, bietet sich am ehesten eine Trennung zwischen strafrechtlichen und politischen Vergehen von Regierungsmitgliedern an. Für strafrechtlich relevante Handlungen, die in Ausübung des Ministeramtes begangen werden, wären die ordentlichen Gerichte zuständig. Dabei handelt es sich beispielsweise um Fälle von Korruption, Bestechung oder Veruntreuung von Geldern, die keine genuin politische Bewertung des Regierungshandelns erfordern. Im Gegenzug würden Vergehen, die sich nicht eindeutig strafrechtlichen Kategorien zuordnen lassen, unter die politische Verantwortung vor dem Parlament fallen. Um eine effektive parlamentarische Kontrolle zu gewährleisten, sollten die bestehenden Sanktionsmechanismen gestärkt werden. In diesem Kontext werden vor allem zwei Reformoptionen genannt. Die mildere Variante sieht vor, dass ein Untersuchungsverfahren gegen ein Regierungsmitglied aufgrund politischer Verfehlungen zur sofortigen Einsetzung eines parlamentarischen Untersuchungsausschusses führen kann, dessen Schlussfolgerungen dann Gegenstand einer Debatte in der Nationalversammlung wären.[14] Die zweite Variante bezieht sich auf ein ungleich schärferes Schwert der politischen Sanktionierung – die Einführung einer individuellen Verantwortung von Minister:innen vor dem Parlament. Laut diesem Vorschlag könnte dann nicht mehr nur die Regierung als Ganzes, sondern auch einzelne Regierungsmitglieder aufgrund politischer Verfehlungen ihres Amtes enthoben werden.[15]

VERTRAUEN IN DIE POLITIK ZURÜCKGEWINNEN

Der bestehende Beschwerdeausschuss sollte daher nicht nur beibehalten werden, sondern ihm wäre gemäß dem genannten Reformvorschlag auch eine doppelte Aufgabe zu übertragen: Einerseits sollte er weiterhin als Schutzmechanismus dienen, um offensichtlich haltlose Anklagen herauszufiltern und eine Lähmung der Regierungsarbeit zu verhindern. Andererseits würde es diesem vorgelagerten Ausschuss obliegen, die zugelassenen Klagen gemäß der oben beschriebenen Zweiteilung wahlweise an die Strafgerichte oder an die parlamentarischen Gremien zu verweisen. Die Vorteile dieses Modells liegen auf der Hand. Erstens würde es der bestehenden Vermengung von strafrechtlicher und politischer Verantwortung ein Ende setzen und für eine klare Zuordnung von Zuständigkeiten sorgen. Zweitens würde er die missliche Praxis beenden, dass

14 Vgl. Cécile Guérin-Bargues, Juger les politiques? La Cour de justice de la République, Paris 2017.

15 Vgl. Chichportich & Jeanneney.

sich Regierungsmitglieder auf der einen und deren Mitarbeiter:innen auf der anderen Seite in derselben Sache vor unterschiedlichen Instanzen verantworten müssen. Damit könnte auch dem Vorwurf einer Zwei-Klassen-Justiz beziehungsweise einer Vorzugsbehandlung für Politiker:innen entgegengetreten werden. Drittens könnte dieses Modell dem populistischen Narrativ den Wind aus den Segeln nehmen, wonach »die« Politiker:innen alle »unter einer Decke stecken«. Die Rolle der Abgeordneten wäre nämlich auf die Beurteilung der politischen Verantwortung von Regierungsmitgliedern beschränkt – und würde sich damit im Rahmen der genuinen parlamentarischen Kontrollfunktion bewegen. In der Gesamtbetrachtung könnte eine grundlegende Reform des CJR somit auch dazu beitragen, verloren gegangenes Vertrauen in die Politik zurückzugewinnen.

Simon Braun ist Wissenschaftlicher Mitarbeiter am Institut für Politische Wissenschaft und Soziologie an der Universität Bonn. Sein aktueller Forschungsschwerpunkt liegt in der vergleichenden Analyse des politischen System Frankreichs. Seit 2023 ist er Mitglied der INDES-Redaktion.

STRAFEN STATT RESOZIALISIEREN?

EINBLICKE IN DEN HAFTALLTAG WERNER PINZNERS UND IN DIE MACHTVERHÄLTNISSE DER JUSTIZVOLLZUGSANSTALT FUHLSBÜTTEL

Ξ Mona Rudolph

Im Gegensatz zu Werner Pinzners kurzem Leben war die Liste seiner Straftaten lang. Bereits vorbestraft beging er im August 1975 zusammen mit zwei Komplizen einen bewaffneten Raubüberfall, bei dem der Filialleiter eines Supermarkts getötet wurde. Neun Jahre später verübte Pinzner den ersten einer Serie von mutmaßlich fünf Auftragsmorden. Aufgrund dieser Auftragstaten im Hamburger Rotlichtmilieu erhielt er von der Boulevard-Presse den Spitznamen »St. Pauli-Killer« verliehen. Die Morde verschafften ihm zweifelhafte Berühmtheit in den Kreisen der organisierten Kriminalität in Hamburg-St. Pauli, in einer Phase, in der verschiedene Akteure auf der Reeperbahn um die Vorherrschaft über das Rotlichtviertel kämpften. Pinzner erlangte jedoch erst nach seiner Verhaftung im Jahr 1986 landesweite Aufmerksamkeit. Während seiner Vernehmung im Polizeipräsidium Hamburg erschoss er den leitenden Staatsanwalt Wolfgang Bistry, dann seine Ehefrau Jutta und richtete schließlich die Waffe gegen sich selbst. In der Untersuchungshaftanstalt Hamburg sowie in der Justizvollzugsanstalt (JVA) Fuhlsbüttel war Pinzner ebenfalls mehrfach negativ aufgefallen, wenngleich es sich dabei um verhältnismäßig kleine Delikte handelte: Einen Wärter nannte er ein »altes Schwein«, einem Mithäftling ließ er dreizehn Pakete Tabak zukommen, er handelte mit Valium-Tabletten sowie Haschisch und schmuggelte ein sogenanntes Nunchaku, eine asiatische Schlagwaffe, im juristischen Jargon auch Würgeholz genannt, in seine Zelle.[1]

Aus heutiger Sicht würde man Pinzner zweifellos als Intensivtäter bezeichnen, als eine mehrfach straffällig gewordene Person. Kriminalitätsgeschichtlich betrachtet ragt der Fall Pinzner nicht nur aufgrund der Serie von teils schwerwiegenden Verbrechen heraus, sondern auch wegen der einzigartigen Einblicke, die seine Gefangenen-Personalakte in den Haftalltag in der Justizvollzugsanstalt Hamburg-Fuhlsbüttel und somit in eine »geschlossene Gesellschaft« gewährt. Solche Einblicke sind selten,

[1] Staatsarchiv Hamburg, StAHH, 242–1-II-58, Band 1 [Pinzner, Werner], Bl 34, 57, 58; StAHH, 135–1-VI-1103 [Pinzner, Werner], Bl. 900–6.

da es an schriftlichen Aufzeichnungen der Insassen fehlt, aus denen sich rekonstruieren ließe, wie die Gefangenen ihre Inhaftierung und die Durchführung von Resozialisierungsmaßnahmen erlebten und inwiefern sie diese mitgestalten konnten. Pinzners Fallbeispiel wird verdeutlichen, dass Strafgefangene nicht nur passive Objekte der Gefängniswärter und der Resozialisierung waren, sondern aktive Akteure, die sich gegen bestimmte Vorgaben wehrten und sie gezielt uminterpretierten. Darüber hinaus illustriert Pinzners Fall auch die Diskrepanz zwischen dem staatlich vorgegebenen Ideal, wie sich ein Straftäter im Gefängnis verhalten sollte, und der tatsächlichen Praxis des Verhaltens von Strafgefangenen. Mithilfe der im Staatsarchiv der Hansestadt Hamburg verwahrten Akten war es möglich, eine exemplarische zeithistorische Mikrostudie über den Haftalltag eines Delinquenten im geschlossenen Strafvollzug in der JVA Hamburg-Fuhlsbüttel in den späten 1970er und frühen 1980er Jahren zu entwerfen.

STRAFANSTALTEN ALS ORTE DER RESOZIALISIERUNG

Pinzners Inhaftierung fiel zeitlich mit der Reform des Strafvollzugsgesetzes in den 1970er Jahren und damit auf den Liberalisierungsprozess des Strafvollzugs in der Bundesrepublik zusammen. Anders als in den Jahren zuvor sollte nun nicht mehr Bestrafung das oberste Ziel einer Haftstrafe sein, sondern Resozialisierung und soziale Wiedereingliederung in die Gesellschaft. Der Reform lag eine gewandelte kriminalpsychologische Vorstellung von Straftäter:innen zu Grunde: Verbrechen wurden nicht mehr nur den Täter:innen selbst und ihrer bisher behaupteten Veranlagung zugeschrieben; stattdessen galten ihre Delikte nun auch als Produkt der übergreifenden sozio-gesellschaftlichen Rahmenbedingungen. Der Ruf nach einer Reform des Strafvollzugs war dabei jedoch kein reiner Expertendiskurs, denn er resonierte bereits ab den 1960er Jahren in breiteren Gesellschaftsschichten. Eng verwoben mit der Forderung nach einem moderneren Verständnis des Strafvollzugs war die elementare Frage danach, wie zeitgemäß es noch war, Menschen in einer Demokratie die persönliche Freiheit zu nehmen und sie damit zumindest zeitweise vom gesellschaftlichen Leben auszuschließen.[2] Die Realisierung der Reforminhalte ging für das Personal in den deutschen Haftanstalten mit deutlich mehr und komplexeren Aufgaben einher: Hatte es zuvor noch genügt, die Inhaftierung der Delinquenten in den Gefängnissen zu realisieren und zu überwachen, mussten die Anstaltsleitungen nach dem neuen Strafvollzugsgesetz 1977 mit liberaleren Haftbedingungen,

2 Vgl. Annelie Ramsbrock, Geschlossene Gesellschaft. Das Gefängnis als Sozialversuch – eine bundesdeutsche Geschichte, Frankfurt a. M. 2020, S. 9 ff.

Ausbildungsangeboten, Sozialarbeitern sowie Psychologen aktiv auf das straffreie Leben der Insassen nach ihrer Entlassung hinarbeiten. Gerade vor dem Hintergrund der sich wandelnden Strafvollzugspolitik stellt sich die Frage, inwiefern das Personal in den Haftanstalten dem Anspruch einer Resozialisierung gerecht werden konnte und wenn ja, auf welche Art und Weise. Fraglich ist zudem, wie die Häftlinge ihre Inhaftierung und gegebenenfalls die Reformbemühungen erlebten. Wie reagierten sie darauf und machten sie »Eigen-Sinn«,[3] also widerständiges Verhalten, geltend? Exemplarische Antworten auf diese Fragen gibt das Fallbeispiel Werner Pinzner.

EIN FOLGENSCHWERER ÜBERFALL

Die Laufbahn von Pinzner war alles andere als geradlinig, *indes* waren seine späteren Straftaten nicht vorgezeichnet. 1947 in Hamburg geboren und aufgewachsen, absolvierte er zunächst eine Schlachterlehre. Ob er diese tatsächlich abschloss, bleibt ein Stück weit ungewiss, denn seinen Lebensunterhalt verdiente sich Pinzner vor allem in kurzzeitigen Anstellungsverhältnissen und mit Gelegenheitsjobs. Damals wurde er immer wieder wegen kleinerer Delikte straffällig, 1970 musste er zum ersten Mal in Haft, wenn auch nur für kurze Zeit. Ein Jahr später bekam er mit seiner ersten Ehefrau eine Tochter, jedoch scheiterte die Beziehung und die Ehe wurde geschieden. Nach der Geburt des gemeinsamen Kindes beging Pinzner weitere Straftaten, wobei es sich auch hier überwiegend um Bagatelldelikte handelte. Am 29. August 1975 beteiligte sich Pinzner schließlich an einem Überfall, für den er zu einer langjährigen Haftstrafe verurteilt wurde. Gegen 18:40 Uhr schlugen er und sein Komplize den Filialleiter eines Supermarkts in Hamburg-Horn nieder, der gerade dabei war, zwei Geldbomben mit den Tageseinnahmen des Marktes im Nachttresor der dortigen Sparkasse zu deponieren. Als das Opfer fliehen wollte, wurde es angeschossen und erlag kurze Zeit später den Folgen seiner schweren Schussverletzung. Pinzner und sein Komplize erbeuteten eine der beiden Geldbomben mit 1.550 Mark und flohen dank der Hilfe eines dritten Mittäters, der den Fluchtwagen steuerte.[4]

HAFTERPROBT: PINZNERS UNTERSUCHUNGSHAFTZEIT

Nur zwei Tage später wurde Pinzner kurz nach Mitternacht wegen dringendem Mordverdacht festgenommen. Am Tag darauf erließ das Amtsgericht Hamburg Haftbefehl gegen ihn. Aufgrund drohender Fluchtgefahr wurde er auf Anordnung des Gerichts bis zum Prozessbeginn in der

3 Vgl. Alf Lüdtke, Eigen-Sinn. Fabrikalltag, Arbeitererfahrungen und Politik vom Kaiserreich bis in den Faschismus, Münster 2015, S. 17 ff.

4 Vgl. StAHH, 242-1-II-58, Band 1 [Pinzner, Werner], o. N., Haftbefehl gegen Werner Pinzner, Amtsgericht Hamburg.

Notizen, Zelle 331. »Alles zum Wohle des Volkes! Alles Scheiße« steht in der Nähe des großen Gucklochs dieser Gruppenzelle, also außer Sichtweite. Der Schnörkel hingegen wurde in Sichtweite beider Gucklöcher gezeichnet.

Untersuchungshaftanstalt Hamburg (UHA) – in Einzelhaft – untergebracht.[5] Dass für Pinzner bei einer solchen Straftat und dem dafür erwartbaren hohen Strafmaß Untersuchungshaft und Einzelunterbringung angeordnet wurden, war weder unüblich noch eine drakonische Maßnahme. Tatsächlich diente die Einzelhaft in erster Linie dazu, ihn als Angeklagten vor Angriffen anderer Strafgefangener zu schützen, denn seine Schuld war noch nicht erwiesen. Bei der Untersuchungshaft hingegen handelte es sich in der juristischen Fachsprache um ein ermittlungssicherndes Vorgehen: Um einen Prozess gegen ihn einzuleiten, musste Pinzner nach deutschem Recht bei der Verhandlung zwingend anwesend sein oder zumindest im Vorfeld angehört werden. Eher ein Nebeneffekt der Untersuchungshaft war die Hoffnung, dass die karge Gefängnisumgebung einen prägenden Eindruck bei dem Angeklagten hinterlassen und ihn so gefügiger oder folgsamer machen würde. Pinzner beeindruckte die Untersuchungshaft jedoch nicht im Geringsten, was wohl nicht zuletzt daran lag, dass er aufgrund seines früheren Gefängnisaufenthalts bereits hafterprobt war. Bis zu seiner Verurteilung und seiner Überstellung in die JVA Fuhlsbüttel einige Monate später blieb Pinzner in der UHA und unterlag somit auch weiterhin den dortigen Haftbedingungen. Gegen Letztere protestierte er vehement, indem er immer wieder ganz bewusst gegen diese verstieß und sich überaus »eigen-sinnig« verhielt. So ließ sich Pinzner während einer Freistunde in der Zelle seines Haftkompagnons einschließen und deaktivierte die Rufanlage. Nur wenige Tage später entdeckten die Gefängnisaufseher in seiner Zelle acht geheime Botschaften, sogenannte Kassiber, versteckt in einer Seifenverpackung sowie zwölf Beruhigungstabletten in seinem Rasierapparat. Auf die Tabletten angesprochen, gab Pinzner an, diese zufällig in seiner Zelle gefunden zu haben. Einige Monate später schlug er mehrfach gegen die Tür seiner Gefängniszelle, schüttete anschließend einen Eimer Wasser auf den Strafvollzugsbeamten und griff ihn mit einem Messer an. Geradezu harmlos waren dagegen die derben Schimpfworte, mit denen Pinzner die Aufsichtsbediensteten immer wieder titulierte: »alte Lügensau«, »Schließerschwein«, »Glatzensau« und »Arschloch«.[6] Bereits in Untersuchungshaft zeichnete sich demnach ab, dass der politische Auftrag der Resozialisierung bei Pinzner nur unter größten Anstrengungen zu leisten war.

---

5 Vgl. StAHH, 242–1-II-58, Band 1 [Pinzner, Werner], o. N., Amts-/Landgericht Hamburg: Ersuchen um Aufnahme zum Vollzug der Untersuchungshaft gegen Werner Pinzner.

6 StAHH, 242–1-II-58, Band 1 [Pinzner, Werner], Bl. 221.

VERURTEILUNG UND ÜBERSTELLUNG IN DIE JUSTIZVOLLZUGS-ANSTALT FUHLSBÜTTEL

Während gegen Pinzner weiter ermittelt wurde, blieb er zunächst in Untersuchungshaft. Im Zuge dieser Ermittlungen änderte sich der Tatbestand der Anklage gegen ihn von »Schwerem Raub« zu »Raub mit Todesfolge«. Damit verbunden war vor allem ein höheres Strafmaß, denn für den umgangssprachlichen Raubmord sah der Gesetzgeber in den 1970er Jahren ein maximales Strafmaß von bis zu zehn Jahren Freiheitsstrafe vor. Bei »Schwerem Raub« lag die Höchststrafe hingegen nur bei fünf Jahren. Pinzner wurde wegen »Raub mit Todesfolge« zur Höchststrafe verurteilt, wobei er den Großteil seiner Strafe in der JVA Fuhlsbüttel ableistete. Noch bis zu seinem Tod beteuerte der »St. Pauli-Killer« eisern, dass nicht er den tödlichen Schuss auf den Filialleiter abgegeben habe, sondern sein Komplize. Für die Justiz war es *indes* unerheblich, welcher der Täter das Opfer letztendlich niedergeschossen hatte. Da die beiden Hauptangeklagten für den Raub eine geladene Waffe mit sich geführt hatten und bereit waren, diese einzusetzen, hatten sie bewusst in Kauf genommen, jemanden zu töten. Aus Sicht der Justiz galt in diesem Fall deshalb nicht *in dubio pro reo,* sondern vielmehr sprichwörtlich: mitgehangen, mitgefangen. Nach seiner Verurteilung wurde Pinzner im Juni 1977 schließlich in die JVA Fuhlsbüttel überstellt. Zu dieser Zeit hatte die Strafanstalt Hamburg-Fuhlsbüttel bereits eine bewegte Vergangenheit hinter sich. 1879 wurde das Zentralgefängnis Fuhlsbüttel mit angegliedertem »Weibergefängnis« und Wirtschaftsgebäude erstmals in Betrieb genommen.[7] Während der Zeit des Nationalsozialismus wurden die Gebäudekomplexe dann zum Konzentrationslager umfunktioniert, kurz vor Kriegsende kam im ehemaligen Zuchthaus des Gefängniskomplexes ein Außenlager des Konzentrationslagers Neuengamme hinzu. Nach dem Ende des Kriegs wurden die Gebäude wieder als Haftanstalt genutzt, genauer: als Justizvollzugsanstalt. Allerdings kamen in dem Gefängnis in den 1970er Jahren im Gegensatz zu den Vorkriegsjahren nur noch Männer im geschlossenen Vollzug unter.

EINBLICKE IN DIE MACHTHIERARCHIEN DER JVA FUHLSBÜTTEL

Dass die JVA Fuhlsbüttel Mitte der 1970er Jahre einen Resozialisierungsanspruch gegenüber den Insassen hegte und diesen auch aktiv umzusetzen suchte, zeigte sich an den liberalen und den Delinquenten entgegenkommenden Haftstrukturen. Zudem machte die Gefängnisleitung den Insassen auch immer wieder Angebote zur beruflichen Weiterbildung, wobei die Inhaftierten frei zwischen verschiedenen beruflichen Aus- und

7   Vgl. Herbert Diercks u. a., Die Strafanstalten in Fuhlsbüttel, Hamburg 2018, S. 24–30.

Fortbildungsmöglichkeiten wählen konnten. Das war insofern ein deutliches Zeichen einer Liberalisierung des Strafvollzugs, als alle Insassen der JVA wegen schwerer Straftaten im geschlossenen Vollzug besonders strengen Haftbedingungen unterlagen. Zusammen mit mehreren Mitinsassen absolvierte Pinzner während seiner Inhaftierung einen Heizerlehrgang, wofür er sich regelmäßig außerhalb der Justizvollzugsanstalt aufhalten durfte.[8] Parallel dazu war Pinzner außerdem als Traktorfahrer jenseits der Strafanstalt tätig. Auch in privater Hinsicht gewährte die Haftleitung Pinzner viele Freiheiten, obwohl er sich erst relativ kurze Zeit im geschlossenen Vollzug befand: So bewilligte der Leiter der JVA dem Insassen »Mucki«, wie ihn seine zweite Ehefrau Jutta gerne nannte, die Eheschließung in Haft. Zudem wurde Pinzners Antrag auf Aussetzung der Strafvollstreckung gleich zweimal bewilligt – einmal, um seine »eheliche Wohnung von Grund auf« zu renovieren, und ein anderes Mal, um seine Tochter für längere Zeit zu sehen.[9] Wegen einer langwierigen, psychisch bedingten Hautkrankheit durfte Pinzner die JVA darüber hinaus immer wieder verlassen und sich für eine umfassendere medizinische Betreuung ins Universitätsklinikum Eppendorf begeben. Alles in allem wurden Pinzner allein von 1981 bis Mai 1982 siebzig Ausgänge bewilligt, außerdem wurde er 29-mal beurlaubt, was deutlich das Entgegenkommen des zuständigen Anstaltsleiters illustriert. Eine erfolgreiche Resozialisierung hing aber nicht nur von den strukturellen Haftbedingungen ab, sondern auch von den Justizvollzugsbeamten und dem Aufsichtspersonal. Da sie den »häufigsten und intensivsten Kontakt zu den Insassen« pflegten, kam ihnen in dieser Hinsicht eine tragende Rolle zu.[10] Aus diesem Grund war es auch in erster Linie das Personal in den Strafanstalten, das den Alltag der Häftlinge prägte, denn sie realisierten und überwachten die Imprisonierung der Delinquenten. In Pinzners Fall wird aus den Akten ersichtlich, dass sich die Anstaltsleiter deutlich nachgiebiger gegenüber dem Inhaftierten verhielten als der Aufsichtsdienst. Die Vollzugsbeamten quittierten jeden noch so kleinen Verstoß gegen die Haftordnung und jede noch so profane verbale Entgleisung Pinzners mit einem Vermerk oder mit einem Disziplinarverfahren gegen ihn. Dass die »Aufseher« in der JVA Fuhlsbüttel ihre Autorität derart geltend machten, wird einerseits an den spezifischen Machtstrukturen in der JVA gelegen haben. Gefängnisse sind und waren Orte der staatlichen Machtdemonstration und sie basieren auf einer recht offenkundigen Machtlogik, nach der sich die Aufsichtsbediensteten in einer den Häftlingen stets überlegenen Position befinden. Andererseits wird anhand der zahlreichen Anzeigen gegen Pinzner

8 Vgl. StAHH, 242–1-II-60, Band 3 [Pinzner, Werner], Bl. 597; StAHH, 242–1-II-60, Band 3 [Pinzner, Werner], Bl. 826.

9 StAHH, 242–1-II-60, Band 3 [Pinzner, Werner], Bl. 409.

10 Vgl. Ramsbrock, S. 91.

aber auch offensichtlich, dass strukturelle Angebote zur Resozialisierung in den Justizvollzugsanstalten deutlich schneller geschaffen wurden als Weiterbildungsmaßnahmen für den Aufsichtsdienst. Um dem politischen Auftrag der Resozialisierung vor Ort wirklich gerecht werden zu können, hätte es flächendeckender Schulungen des Gefängnispersonals bedurft. Da es daran jedoch zumindest anfangs mangelte, blieben die Aufsichtsbediensteten in der JVA Fuhlsbüttel mit Blick auf Pinzner ausgesprochen lange dem Grundsatz »strafen statt resozialisieren« verhaftet.

»EIGEN-SINN«: HASCHISCH UND KOKAIN

Wie viele andere Haftanstalten war auch die JVA Fuhlsbüttel kein hermetisch abgeschirmter Ort, an dem jederzeit eine absolut eindeutige Demarkation zwischen »innen« und »außen« vorherrschte. Zwar befanden sich die Insassen in Fuhlsbüttel alle im geschlossenen Vollzug, dennoch waren die Haftmauern im wahrsten Sinne durchlässig. Schon so manchem Strafgefangenen war die Flucht geglückt – was vor allem die jeweils amtierenden Innensenatoren Hamburgs politisch unter Druck setzte. Einige Tageszeitungen erkannten in dem erfolgreichen Ausbruch der Häftlinge schon fast hämisch das politische Scheitern der Resozialisierungsbemühungen. Die *Bild*-Zeitung, die die JVA gerne spöttisch »Santa Fu« nannte, titelte nach der Flucht zweier Häftlinge »Santa Fu, raus bist du«.[11] Diese Schlagzeile zeugt von dem öffentlichen Ansehensverlust und dem Imageschaden, den die Justizvollzugsanstalt durch die wiederholten Gefangenenausbrüche erlitt. Gleichzeitig offenbart sie aber auch, dass die Reformbemühungen öffentlich nicht unbedingt immer wohlwollend aufgenommen wurden, sondern auch Kritik, Spott und Häme auf sich zogen. Die Haftstrukturen in Fuhlsbüttel, so streng sie auf den ersten Blick schienen, boten den Insassen gewisse Freiräume, mit denen sie die übergreifenden Rahmenbedingungen ihrer Inhaftierung zumindest ein Stück weit mitgestalten konnten. Auch Pinzner nutzte die Handlungsspielräume, die ihm die JVA Fuhlsbüttel bot, um in Kontakt mit der »freien Gesellschaft« zu bleiben, eigene Interessen geltend zu machen – und um weitere Straftaten zu begehen. Während seiner Hafturlaube und Freigänge beschaffte er sich regelmäßig größere Mengen Drogen, die er in die Haftanstalt schmuggelte und dort verkaufte. Pinzners Zelle muss ein regelrechter Umschlagplatz für Haschisch und Kokain gewesen sein: Erst wurde ein Mithäftling dabei ertappt, wie er sich in Pinzners Haftzelle einen Joint drehte, anschließend wurden bei einer Zellenrevision 650 Mark sichergestellt, die Pinzner fein säuberlich in einer Plastikhülle in einem Aktenorder abgeheftet hatte.[12]

11 Vgl. Helfried Spitra, Die großen Kriminalfälle. Der St. Pauli-Killer, der Ausbrecherkönig und neun weitere berühmte Verbrechen, Frankfurt a. M. 2004, S. 21.

12 Vgl. StAHH, 242–1-II-60, Band 3 [Pinzner, Werner] Bl. 854; StAHH, 242–1-II-60, Band 3 [Pinzner, Werner], o. N., Vermerk Anhörung Werner Pinzner.

Pinzners Drogengeschäfte im Gefängnis illustrieren, wie »eigen-sinnig« er sich als Delinquent im geschlossenen Strafvollzug verhielt. Außerdem belegt sein Verhalten in der Justizvollzugsanstalt, dass die Aufsichtsbediensteten trotz des deutlichen Machtgefälles in den Gefängnissen auf die Kooperation der Insassen angewiesen blieben, um die Haftordnung zu wahren. Für Pinzners »eigen-sinniges« Verhalten gab es gleich eine ganze Reihe von Gründen, über die der Delinquent selbst häufig sprach. Denn Pinzner nutzte die Aufmerksamkeit, die ihm durch seine wiederholten Disziplinar- und Hausstrafen von Seiten der Justizvollzugsbeamten zuteilwurde, um auf das vermeintlich unangemessene Strafmaß gegen ihn aufmerksam zu machen. In den Befragungen monierte er immer wieder »die ungerechte und unterschiedliche Behandlung der Insassen«, eine angebliche Bevorzugung von Mithäftlingen und wies abermals darauf hin, dass er bei dem Überfall im August 1975 die Waffe weder mitgeführt noch abgefeuert habe.[13] Ganz offensichtlich empfand Pinzner die gegen ihn verhängte Höchststrafe von zehn Jahren als unverhältnismäßig. Mit seinen wiederholten Verstößen gegen die Haftordnung und seinem Verhalten rebellierte Pinzner aber nicht in erster Linie gegen das Strafmaß, das gegen ihn verhängt wurde, sondern gegen die strukturell bedingten Machtverhältnisse. Unzählige Male ließ Pinzner von seinen Anwält:innen Strafantrag gegen das Personal der JVA Fuhlsbüttel oder Widerspruch gegen die Disziplinar- und Hausstrafen gegen ihn stellen.[14] In den allermeisten Fällen wurden die Widersprüche umgehend abgelehnt, dennoch verkehrten sie die Machthierarchien in der Strafanstalt für einen kurzen Moment in ihr Gegenteil: Nicht mehr Pinzner war Beschuldigter und gezwungen, sich zu rechtfertigen, sondern die Aufsichtsbediensteten.

RESOZIALISIERUNG DER »GESCHLOSSENEN GESELLSCHAFT« – EINE ERFOLGSGESCHICHTE?

Pinzners über zehnjährige Imprisonierung fiel zeitlich mit der Liberalisierung des Strafvollzugs zusammen. In dieser Zeit bewertete der bundesrepublikanische Staat seine Rolle und Verantwortung gegenüber den Strafgefangenen neu: Ziel war es, den Strafvollzug in den Gefängnissen humaner und ethischer zu gestalten. Am Beispiel Pinzners zeigte sich jedoch, dass dieser Prozess keinesfalls geradlinig verlief. Die politische Forderung nach Resozialisierung stieß auf öffentliche Kritik und Skepsis; außerdem bedurfte sie der aktiven Mitwirkung der Haftleitungen, der Aufsichtsbediensteten und der Häftlinge. Eine Neuheit bestand darin, dass selbst schwerstkriminelle Intensivtäter Anspruch, ja sogar ein

13 StAHH, 242–1-II-60, Band 3 [Pinzner, Werner], Bl. 854.

14 Vgl. StAHH, 242–1-II-60, Band 3 [Pinzner, Werner], Bl. 854.

Recht auf Wiedereingliederung in die Gesellschaft erhielten, begleitet von der Hoffnung, zukünftige Straftaten besser zu verhindern. Im Fall Pinzners wurde dieser Anspruch jedoch nur bedingt verwirklicht. Nach anderthalb Jahren im offenen Vollzug wurde er 1982 entlassen, nur um 1986 erneut verhaftet zu werden. In den vier Jahren außerhalb der Gefängnismauern beging der »St. Pauli-Killer« fünf Morde, und zwei weitere werden ihm zugeschrieben. In den Verhören gab Pinzner freimütig zu, dass er den ersten Auftragsmord noch während seines Hafturlaubs aus der JVA Fuhlsbüttel begangen hatte. Die Kontakte, die Pinzner zu seinen Auftraggebern und dem organisierten Verbrechen auf St. Pauli im Rotlichtmilieu knüpfte, entstanden ebenfalls während seiner Haftzeit. Diese Umstände verdeutlichen, dass den Strafgefangenen eine entscheidende Rolle bei der Umsetzung des Resozialisierungsanspruchs zukam, da letztendlich auch sie über eine erfolgreiche soziale Wiedereingliederung entschieden. Pinzner kann zweifellos als renitenter Strafgefangener betrachtet werden. Er widersetzte sich nicht nur wiederholt den Anweisungen des Personals, sondern verstieß auch gegen Haftauflagen. Seine Motive waren einerseits seine generelle Abneigung gegenüber Gesetzen und staatlichen Autoritäten und andererseits die Wahrnehmung, ein zu Unrecht verurteilter Straftäter zu sein. Zudem versuchte er möglicherweise durch sein »eigen-sinniges« Verhalten Respekt von seinen Mitsassen zu erlangen. Das Fallbeispiel Pinzner offenbart somit eindrücklich, dass Strafgefangene keine passiven Objekte oder bloße Spielbälle waren, sondern die übergreifenden Rahmenbedingungen in den Haftanstalten in ihrem Interesse und nach ihren Wünschen mitbeeinflussen konnten.

Mona Rudolph ist Post-Doc an der Universität Kiel am Lehrstuhl für Geschichte des 19. bis 21. Jahrhunderts. Im Jahr 2021 verteidigte sie ihre Dissertationsarbeit über den Warenweg der Diamanten aus dem kolonialen Namibia; derzeit arbeitet sie an ihrem Habilitationsprojekt zu Migration und Prostitution in der Bonner Republik. Sie lehrt und forscht zur Global-, Zeit- und Kriminalitätsgeschichte.

WER HAT ANGST VORM SCHWARZEN MARKT?

DROGENPOLITISCHE MENSCHENBILDER IM WANDEL

Ξ Carlo Brauch

Am 23. Februar 2024 hat der Deutsche Bundestag die Teillegalisierung von Cannabis beschlossen. Zuvor war der ursprüngliche Konzeptentwurf um das Vorhaben der Einführung eines regulierten, legalen Marktes gekürzt worden.[1] Zusätzlich wurden im Zuge anhaltender Haushaltsstreitigkeiten die Mittel für die Umsetzung stark eingeschränkt. Dennoch verkündeten die Fraktionen der SPD und FDP zum Bundestagsbeschluss vollmundig einen Paradigmenwechsel in der Drogenpolitik – der jedoch durch die Eingrenzung auf den Umgang mit Cannabis, das heißt auf einen Teilbereich der Drogenpolitik, und die Ausdünnung des ursprünglichen Konzeptes umgehend relativiert wird.[2]

Der Begriff des Paradigmenwechsels, seit seiner Prägung durch den Wissenschaftstheoretiker Thomas S. Kuhn 1962 im Sprachgebrauch der Politik beinahe zur Floskel verkommen, beschreibt ursprünglich eine Veränderung der Grundannahmen wissenschaftlicher Theoriebildung.[3] Das bestehende Theoriekonstrukt wird nicht nur ergänzt, sondern auf Basis neuer Erkenntnisse in seinen Grundfesten erschüttert. Vollzogen ist der Paradigmenwechsel erst, wenn die sich die Konkurrenz zwischen den etablierten Grundannahmen und der neuen Theoriebildung in der wissenschaftlichen Disziplin zugunsten des Neuen auflöst.

Im Bereich der Politik, in dem es um das Leben von Menschen in Gemeinschaft geht, können wir den Begriff des Paradigmas in die normativen Grundannahmen über die soziale und politische Konstitution des Menschen und die sich hieraus ergebenden Konsequenzen für die Regelung gesellschaftlicher Anliegen übersetzen. Ein tatsächlicher Paradigmenwechsel in der Politik impliziert daher eine Revision des Menschenbildes, das der bisherigen Politik zugrunde lag, und aller daraus abgeleiteten Institutionen und Handlungsoptionen politischer Akteure.

Diesen hohen Anforderungen wird die Teillegalisierung von Cannabis schwerlich gerecht, *indes* weist auch diese Debatte ebensolche normativen Annahmen über den Menschen und seine Beziehung zur Gesellschaft auf. Die Entscheidung, eine bestimmte Handlung, in diesem Fall den Besitz,

[1] Als Grund hierfür wurden europarechtliche Bedenken angeführt, die auf den Beitritt der Europäischen Union zu den zentralen UN-Übereinkommen zur Drogenbekämpfung verweisen. Vgl. Jonas Jordan, Cannabis-Legalisierung: Wo das EU-Recht im Wege steht, in: vorwärts, 17.02.2023, tinyurl.com/indes234f1.

[2] Vgl. Pressemitteilung der FDP Bundestagsfraktion, Lütke: Cannabisgesetz ist Paradigmenwechsel, 02.02.2024, tinyurl.com/indes234f2 und Pressemitteilung der SPD Bundestagsfraktion, Startschuss für eine neue Drogenpolitik, 23.02.2024, tinyurl.com/indes234f3.

[3] Vgl. Thomas Kuhn, The Structure of Scientific Revolutions, Chicago 1970, S. 52 f.

Handel und die Produktion von Cannabis, strafrechtlich zu ahnden beziehungsweise dies nicht mehr zu tun, beinhaltet die Frage, ob die Gesellschaft ein berechtigtes Interesse an der Verhinderung von Cannabiskonsum[4] hat und auf welche Weise diesem Interesse Rechnung getragen werden kann. Grundsätzlich sind der Drogenpolitik demnach normative Annahmen und Ziele implizit, die zunächst begründen sollen, warum der Konsum bestimmter Substanzen der Aufmerksamkeit staatlicher Organe bedarf. Doch auch der Auswahl des Vorgehens, sei es strafrechtliche Verfolgung oder kontrollierte Duldung, zum Zweck solcher Ziele sind Annahmen über den Menschen und die Frage, wie und ob auf ihn eingewirkt werden kann und soll, implizit.

Im Folgenden soll daher die Teillegalisierung von Cannabis in Deutschland genutzt werden, um ebendiese normativen Annahmen, die Menschen- und Gesellschaftsbilder zu analysieren, die der bisherigen Drogenpolitik, aber auch den aktuellen Bestrebungen nach einer drogenpolitischen Wende zugrunde liegen. Die Analyse beginnt mit den Ursprüngen der Drogenverbotspolitik und ihrer ideologischen Rechtfertigung im 19. Jahrhundert und stößt hier bereits auf den weltanschaulichen Widersacher dieses ersten drogenpolitischen Paradigmas, den Liberalismus. Die Problematisierung von Drogenkonsum und die strafrechtliche Vorgehensweise im späten 19. und frühen 20. Jahrhundert erscheinen in dieser Retrospektive als Biopolitik[5], die auf dem Welt- und Menschenbild einer christlichen Reformbewegung fußt, sich in der politischen Kontinuität aber von dieser emanzipiert beziehungsweise säkularisiert hat.

Mit den normativen Grundannahmen der bisherigen Drogenpolitik vor Augen werden im letzten Abschnitt die aktuellen Tendenzen einer – vermeintlichen – drogenpolitischen Wende dahingehend analysiert, inwiefern sie auf einem alternativen Menschenbild basieren und welches staatliche Vorgehen sie implizieren. Mit anderen Worten wird gefragt, wie ein wirklicher Paradigmenwechsel in der Drogenpolitik aussähe.

DIE MODERNE UND DAS DROGENVERBOT

Heutzutage wird die Einteilung in legale und illegale Substanzen als selbstverständlich hingenommen und die strafrechtliche Verfolgung von Konsument:innen und Händler:innen illegaler Substanzen prägt längst alltägliche Erfahrungen, vor allem in städtischen Gebieten. Aus der Perspektive der Politikwissenschaft ist hierbei besonders bemerkenswert, dass die Fortführung der strafrechtlichen Kontrolle bis dato verbotener Drogen als natürliche Aufgabe des Staates betrachtet wird und zumindest bis vor

[4] In der strafrechtlich bestimmten Drogenpolitik gilt es zu unterscheiden zwischen politischem Ziel und strafrechtlichem Vorgehen im Sinne des Ziels. Verboten ist zwar nicht der Konsum, sondern Besitz, Handel und Produktion, das politische Ziel dieser Bestimmungen liegt jedoch in der Reduzierung beziehungsweise Vermeidung von Drogenkonsum.

[5] Der Begriff der Biopolitik bezeichnet hier in Anlehnung an Foucault einen Prozess, in dem die biologische Verfasstheit der Bevölkerung zum Gegenstand politischer Strukturen wird. Die Lebensprozesse der Einzelnen werden verwaltet, um die Verfasstheit des Ganzen, der menschlichen Gattung beziehungsweise der Gesellschaft zu beeinflussen. Vgl. Thomas Lemke, Biopolitik zur Einführung, Hamburg 2007, S. 13 f.

Kurzem in vielen Staaten überparteilicher Konsens war.[6] Die jüngeren Bestrebungen der Entkriminalisierung des Konsums einzelner Substanzen stellen diese Grundannahme des Diskurses über Drogenpolitik nur sehr bedingt infrage. Einerseits wird zwar die strafrechtliche Verfolgung der Konsument:innen problematisiert, nicht aber die der Händler:innen und Produzierenden. Andererseits beschränken sich die meisten Entkriminalisierungsinitiativen auf einzelne Substanzen und agieren somit weiterhin auf der Basis der Einteilung in legale und illegale Substanzen. Selten wird hinterfragt, ob das Vorgehen der strafrechtlichen Verfolgung in Bezug auf Substanzkonsum und -handel überhaupt mit den Grundsätzen der liberalen Demokratie vereinbar ist.

Mit Blick auf die politische Ideengeschichte mutet dies paradox an. Zunächst ist der Drogenkonsum unabhängig der jeweiligen Motive der Konsument:innen als eine Handlung zu betrachten, die auf sich selbst bezogen ist, insofern der eigene Bewusstseinszustand und nicht der anderer Personen beeinflusst wird. Somit scheint keineswegs schlüssig, dass sich der Staat, wie ihn liberale Theoretiker:innen im Sinn hatten, überhaupt damit beschäftigt. Die Freiheitskonzeption John Stuart Mills betont in diesem Sinne die Individualität nicht nur des Denkens und der Rede, sondern explizit auch des Handelns, die erst dort legitimerweise durch den staatlichen Eingriff beschränkt werden darf, wo die Interessen anderer Mitglieder der Gesellschaft betroffen sind.[7] Hieraus lässt sich zwar keine Absage an Drogenpolitik im Allgemeinen ableiten, sehr wohl jedoch an eine strafrechtlich geleitete Drogenpolitik. *Indes* sieht Mill ein, dass »lasterhaftes« Verhalten gegenüber sich selbst auch mit Pflichtverletzungen gegenüber Anderen, insbesondere vom Individuum abhängigen Angehörigen, einhergehen kann, und in der Ahndung dieser Nachlässigkeiten sieht er durchaus ein legitimes Handlungsfeld der Autorität.[8] Die strafrechtliche Verfolgung von Substanzkonsum per se lässt sich mit diesem liberalen Argument aber nicht rechtfertigen, da sie unabhängig von etwaigen Pflichtverletzungen erfolgt.

Auf der Suche nach dem weltanschaulichen Ursprung der aktuellen Drogenpolitik wird man jedoch auch in Mills Essay *On Liberty* fündig. Nicht etwa in seinen eigenen liberalen Argumenten, jedoch in den Tendenzen und Bewegungen, durch die Mill die Freiheit bedroht sieht und gegen die er anschreibt. Das Vordringen einer gesellschaftlichen Gleichschaltung unter der Tyrannei der Mehrheit[9], wie Mill sie dem Großbritannien Mitte des 19. Jahrhunderts diagnostiziert, oder unter einer milden Despotie, wie Tocqueville diese Tendenz beinahe gleichzeitig in Bezug

---

6 Beispielhaft hierfür ist die Debatte über die Einführung des Betäubungsmittelgesetzes 1971, in der sich die Mittelwahl der Strafverfolgung zur Eindämmung des Drogenkonsums als Konsens darstellte und lediglich die Härte des Vorgehens Gegenstand der Diskussion zwischen Regierung (SPD und FDP) und Opposition (CDU/CSU) war. Vgl. Deutscher Bundestag, Protokoll der 108. Sitzung der 6. Wahlperiode, Bonn 1971, S. 6355–6358, tinyurl.com/indes234f4.

7 Vgl. John Stuart Mill, Über die Freiheit, Hamburg 2009, S. 79 f.

8 Vgl. ebd., S. 104 f.

9 Vgl. ebd., S. 9.

auf die US-amerikanische Demokratie benennt,[10] impliziert, dass die Grenze zwischen Angelegenheiten, die das Individuum betreffen, und solchen von Tragweite für die Allgemeinheit aufgehoben wird. Die Bedingung für die Auflösung dieser Grenze, der der Liberalismus große Bedeutung zuschreibt, besteht in der Auffassung, dass individuelle Entscheidungen aufgrund der Zugehörigkeit des Individuums zur Gesellschaft von allgemeinem Belang sind und somit in die Zuständigkeit von politischen Akteuren fallen. Als Treiber dieser antiliberalen Tendenzen betrachtet Mill die calvinistische Reformbewegung,[11] die Ausdruck einer christlich-protestantischen Weltanschauung ist, die sich im 19. Jahrhundert in Großbritannien und den USA als mehrheitsfähig erweist.

DIE CHRISTLICHE BEGRÜNDUNG DER BIOPOLITIK

In dieser protestantischen Ideologie ist auch die christliche Mäßigungs- und Sittenlehre enthalten, die Andrew Monteith in seinem Werk *Christian Nationalism and the Birth of the War on Drugs* als einen der Ursprünge der modernen Drogenpolitik identifiziert.[12] Monteith beschreibt, wie in den USA des 19. Jahrhunderts eine protestantische Enthaltsamkeitsbewegung entsteht, die sich eine allgemeine Abstinenz des Volkes zum Ziel setzt und ihren Einfluss auf die Öffentlichkeit ausbaut. Beleg für ihre erfolgreiche direkte oder indirekte Einflussnahme auf politische Akteure ist der 13. Zusatzartikel der US-Verfassung zum Verbot von Alkoholverkauf und -produktion, dessen Gültigkeitszeitraum von 1920 bis 1933 heute als Prohibition bekannt ist und dessen Etablierung eines der primären Anliegen der Abstinenzbewegung war.[13]

Das Interesse der Enthaltsamkeitsbewegung am Drogenkonsum nicht nur der eigenen Mitglieder, sondern der gesamten Bevölkerung wurzelt in der Prädestinationslehre des Calvinismus.[14] Sie löst die katholische Vorstellung vom Sündenausgleich mittels planloser guter Taten durch den Glauben an die Vorherbestimmtheit der Empfänger:innen von Gottes Gnade ab.[15] Die Zugehörigkeit zu dieser Gruppe der auserwählten Christ:innen ist zwar für das Individuum nie gesichert feststellbar, äußert sich jedoch in einem christlichen Habitus, der die Gesamtheit des alltäglichen Lebens erfasst und dieses zum Gegenstand der protestantischen Ethik und einer unaufhörlichen Selbstkontrolle beziehungsweise einer »methodischen Sittenlehre« macht.[16] Hierbei wird der rationalistische Ansatz des Katholizismus übernommen, insofern Affekte und Triebe suspekt erscheinen und als Verführung zur Sünde interpretiert werden. Diese Vorstellung wird im Calvinismus aber allumfassender und totalitärer, indem die guten

10 Vgl. Alexis de Tocqueville, Über die Demokratie in Amerika, München 1976, S. 813 f.

11 Vgl. Mill, S. 87 f.

12 Vgl. Andrew Monteith, Christian Nationalism and the Birth of the War on Drugs, New York 2023, S. 4.

13 Vgl. ebd., S. 51 f.

14 Max Weber, II. Die Berufsidee des asketischen Protestantismus, in: ders., Die protestantische Ethik und der »Geist« des Kapitalismus, hrsg. v. Werner Sombart u. a., Tübingen 1905, S. 35 f.

15 Vgl. ebd., S. 26 f.

16 Vgl. ebd., S. 34 f.

Taten im alltäglichen Habitus verankert werden und die Triebnachgabe das Auserwähltsein verunmöglicht und keine Möglichkeit der Rehabilitation eröffnet.[17] Implizit ist diesem Ansatz natürlich die Spaltung der Gesellschaft in die Gruppe der Auserwählten, die zu Ehren Gottes einen asketischen Lebensstil verfolgen, und diejenigen, die – in der Lesart des asketischen Protestantismus – der Verführung nachgeben und aufgrund ihres triebgeleiteten Lebensstils von der göttlichen Gnade und der Erwartung der christlichen Erlösung ausgeschlossen sind.[18]

Diese Spaltung wirft die Frage nach dem Umgang der asketischen Gläubigen mit dem Rest der Gesellschaft auf, die in der US-amerikanischen Enthaltsamkeitsbewegung eine zweifache Antwort erfährt. Einerseits deuten Proteste in Kneipen, die direkte Ansprache von Alkoholkonsument:innen, aber auch Selbsthilfeformate wie die Alcoholics Anonymous auf einen Bekehrungsglauben hin, der in gewissem Widerspruch zur Lehre von der göttlichen Vorherbestimmtheit steht, in der Enthaltsamkeitsbewegung jedoch stark verankert ist.[19] Auch die strafrechtliche Verfolgung kann als abschreckende, erzieherische Maßnahme der Bekehrung interpretiert werden. Die Isolierung der straffällig geworden Drogenkonsument:innen ohne überzeugende Rehabilitationsangebote unterläuft diese Argumentation jedoch. Eine Bekehrung derjenigen, die gegen die strafrechtlichen Bestimmungen bereits verstoßen haben, scheint daher nicht im Fokus dieses Bekehrungsglaubens zu liegen.

Vielmehr ist die strafrechtliche Verfolgung als zweiter Weg des Umgangs mit Konsument:innen und Händler:innen zu betrachten, bei dem das Ziel einer erlösten christlichen Nation im Diesseits durch die Exilierung von Abweichenden erreicht werden soll. Als besonders relevantes Argument gilt hierbei der Schutz der nicht betroffenen Bevölkerung vor der Verführung durch Drogenkonsument:innen und Händler:innen.[20] Aus diesem Argumentationsdiskurs ist uns bis heute das Bild des Drogendealers erhalten geblieben, dessen primäres Anliegen es sei, Unschuldige in Versuchung zu führen.[21]

DIE SÄKULARISIERUNG DER DROGENVERBOTSPOLITIK

Vor dem Hintergrund der Zielsetzung einer christlich-asketischen Gemeinschaft und der Vorstellung von Konsument:innen, insbesondere aber Händler:innen als Verführer:innen zu triebgeleitetem Verhalten erscheinen sowohl Bekehrung als auch Aussonderung dieser Menschengruppe als Zeichen des Fortschritts in Richtung einer gottgewollten Gesellschaft.[22] Dieser Fortschrittsglauben, der dem Protestantismus immanent ist, bietet

17 Vgl. ebd., S. 28 f.

18 Vgl. ebd., S. 73.

19 Vgl. z. B. Monteith, S. 48.

20 Vgl. z. B. ebd., S. 50 f.

21 Vgl. bspw. Jasper Barenberg, Gesundheitsminister: Schwarzmarkt wird einbrechen. Interview mit Karl Lauterbach, in: Deutschlandfunk, 20.02.2024, tinyurl.com/indes234f5.

22 Vgl. Monteith, S. 34 f.

> **Notizen, Zelle 312.**
> Gefunden wurden sechs mögliche Beispiele für chinesische Schrift. Diese Schrift ist altmodisch, vielleicht aus Taiwan. Den Fotos zufolge scheinen diese Inschriften zu lauten: »Tod für Deutschland«, »Moral«, »Montag« und »Dienstag«.

einen Anknüpfungspunkt für das kapitalistische Narrativ der Moderne, insofern ökonomische Fortschritte als Ausdruck der göttlichen Vorherbestimmtheit interpretiert werden können. Aus diesem Grund war auch die Argumentation, Substanzkonsum schade der Ökonomie im Sinne ausfallender Arbeitskräfte, bereits in den dezidiert christlichen Bewegungen des 19. Jahrhunderts weit verbreitet.[23] Insbesondere Max Weber wies auf diese ideologische Vereinbarkeit von protestantisch-calvinistischer Weltanschauung und ökonomischem Fortschrittsgedanken der Moderne hin und betonte die Relevanz der protestantischen Arbeitsmoral für den kapitalistischen Fortschritt.[24]

Das utilitaristische Argumentationsmuster der Einschränkung individueller Freiheiten zum Zweck eines gesamtgesellschaftlichen Fortschritts erweist sich auch im Hinblick auf die Drogenpolitik als ideologisch anpassungs- und säkularisierungsfähig. Bereits auf der ersten Opiumkonferenz[25] im Jahr 1912, die die US-Regierung auf Drängen der US-amerikanischen Enthaltsamkeitsbewegung initiierte, wurde die christliche Begründung des Verbots in ein humanitäres Anliegen übersetzt. Die strafrechtliche Verfolgung des Handels mit sowie die Herstellung und der Konsum von Opium, Morphium, Kokain und Hanf, die im Rahmen der Konferenz internationalisiert werden sollte, begründete der US-Delegierte Hamilton Wright beispielsweise mit dem gewohnheitsbildenden Effekt dieser Drogen, der eine Gefahr für die moralische, physische und ökonomische Wohlfahrt darstelle.[26] Der Drogenkonsum wird in dieser Lesart zum Akt kontra den zivilisatorischen und ökonomischen Fortschritt der Moderne.

Der gesamte Säkularisierungsprozess, der die strafrechtlich bestimmte Drogenpolitik zumindest scheinbar von der christlichen Weltanschauung abgelöst und bis heute erhalten hat, ist zu langwierig und vielseitig, um hier in Gänze erfasst zu werden. Es genügt, zunächst festzustellen, dass

23 Vgl. ebd., S. 35.

24 Vgl. Weber, S. 99 f.

25 An der Konferenz beteiligt waren neben den USA Delegationen aus Deutschland, China, Frankreich, Großbritannien, Italien, Japan, Persien, Portugal, Russland, Siam und den Niederladen.

26 Vgl. Hamilton Wright, International Opium Conference, In: American Journal of International Law, H. 1/1913, S. 108–139, hier S. 109.

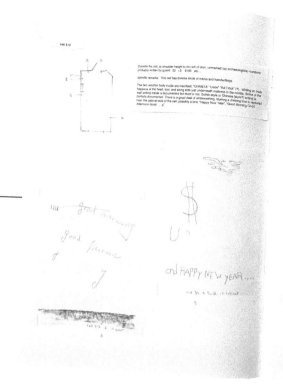

Foto: Elizabeth Hook-Doering, 2024

die Drogenverbotspolitik dem Muster utilitaristisch begründeter und internationaal verbreiteter Biopolitik folgt. Der strafrechtliche Zugriff auf die einzelnen Gesellschaftsmitglieder wird jeweils mit gesellschaftlichem Fortschritt begründet, wobei Begriffe wie Christenheit, Nation, Volkswirtschaft, Allgemeinheit, Öffentlichkeit und Volkskörper auswechselbar sind. In der Bundesrepublik wurde seit Erlass des Betäubungsmittelgesetzes im Jahr 1972, das das Opiumgesetz von 1930 ablöste, das drogenpolitische Vorgehen zumeist mit der öffentlichen Gesundheit begründet. Dass gesundheitlichen und suchtspezifischen Folgen des Strafvollzugs kaum Rechnung getragen wird, zeigt, dass von einem kollektiven Gesundheitsbegriff ausgegangen wird, der eng verknüpft ist mit Konzeptionen von Produktivität und Arbeitsfähigkeit der Bevölkerung.[27] Die Inhaftierung erfolgt keineswegs zur Gesundheitsförderung der Inhaftierten, vielmehr werden Drogenkonsum und Sucht als ansteckende Krankheit interpretiert, deren Ausbreitung nur durch die Isolation von Konsument:innen und Händler:innen gewährleistet werden kann.[28] Zusätzlich unterminiert wird diese Argumentation durch die pragmatisch-ökonomischen Ausnahmen für Alkohol und Tabak.

27 Beispielhaft hierfür ist die Begründung der Änderung des Opiumgesetzes in der Plenardebatte, bei der die »soziale Schädigung« hervorgehoben wird. Vgl. Deutscher Bundestag, Protokoll der 108. Sitzung der 6. Wahlperiode, Bonn 1971, S. 6355–6358, hier S. 6356, tinyurl.com/indes234f6.

28 Vgl. Deutscher Bundestag, 6. Wahlperiode, Entwurf eines Gesetzes zur Änderung des Opiumgesetzes (Gesetzentwurf der Bundesregierung), Drucksache VI/1877, 25.02.1971, S. 5.

DROGENPOLITISCHE MENSCHENBILDER IM WANDEL?

Die strafrechtliche Einwirkung des Staates auf den Drogenkonsum ist in einem protestantischen Menschenbild begründet. Der Mensch wird als Mängelwesen gedacht, das von den eigenen Trieben und Emotionen in Versuchung gebracht wird, von dem »richtigen«, nämlich dem christlich-asketischen Weg abzuweichen. Unfähig, der Verführung eigener Triebe und bereits verführter, »infektiöser« Personen standhalten zu können, muss er sich der höheren Macht Gottes hingeben, um auf den – vermeintlich – rechten Weg geleitet zu werden.[29] Das Drogenverbot und die strafrechtliche Verfolgung von Konsument:innen und Händler:innen versucht die Momente der Verführung zu reduzieren, um die Mitglieder der christlich-asketischen Gemeinschaft und Bekehrungswillige zu schützen. Im Unterschied zum Bild von Händler:innen, die durchwegs als teuflische Kräfte der Versuchung charakterisiert werden, kommt Drogenkonsument:innen hierbei notwendigerweise eine ambivalente Rolle zu. Sie bergen sowohl das Potenzial, durch Bekehrung Mitglieder der christlichen Gemeinschaft zu werden, als auch die Gefahr, mit ihrem lasterhaften Lebensstil andere »anzustecken«. In dieser Doppeldeutigkeit begründet sich das Vorgehen, Konsument:innen einerseits durch strafrechtliche Sanktion zu isolieren und sie andererseits mittels Angeboten wie Narcotics Anonymous zu bekehren.

In der Debatte um die Legalisierung von Cannabis ist im Bild der Konsument:innen der deutlichste Wandel des Menschenbildes zu erkennen. Entsprechend einer ordoliberalen Anpassung der liberalen Perspektive auf den Drogenkonsum wird zwar dem liberalen Prinzip der Eigenverantwortung Rechnung getragen, durch die Intervention des Staates aber Qualität und Informationsverfügbarkeit garantiert – freier Konsum und regulierter Markt. Konsument:innen werden weniger als triebhaft-verführte Mängelwesen denn als vernunftbegabte Subjekte betrachtet.

Diesem Prinzip folgt auch der Plan der Teillegalisierung in einem zentralen Punkt. In der Befürwortung einer legalen Verfügbarkeit, wie auch immer diese im Konkreten ausgestaltet ist, ist die Annahme enthalten, dass Konsument:innen in der Lage sind, auf eigenverantwortlicher Basis die gesundheitlichen Risiken des Konsums einzuschätzen und sich zu mäßigen. Diese klassisch liberale Auffassung wird im beschlossenen Gesetzentwurf durch die Betonung von Aufklärung und Informationsverfügbarkeit um Voraussetzungen eines rationalen Konsumverhaltens ergänzt. In diesem Sinne folgt die Ampelkoalition auch bei Ausbleiben einer marktwirtschaftlichen Einführung einem ordoliberalen Drehbuch

29 Eine unverfälschte Wiedergabe dieses Menschenbildes bezogen auf den Umgang mit Sucht findet sich auch heute noch in den zwölf Schritten der Alcoholics und Narcotics Anonymous, tinyurl.com/indes234f7.

im Umgang mit Cannabis, wobei die nach wie vor eingeschränkte Verfügbarkeit einen breiten Masseneffekt, der den illegalen Handel verdrängen könnte, sehr unwahrscheinlich macht.

Trotz der Betonung von Aufklärung und Eigenverantwortung ist in den Argumentationen von Gesundheitsminister Karl Lauterbach für die Teillegalisierung auch das christliche Narrativ der Verführung enthalten. Besonders deutlich wird dies anhand des verallgemeinernden Begriffs des Schwarzmarkts, auf dem Lauterbach zufolge Händler:innen aus niederträchtigen Motiven Drogen potenzieren[30], vermischen, verunreinigen und strecken.[31] Der Gesundheitsminister bedient sich damit des alten Feindbildes von gewissenlosen Drogendealer:innen, die Menschen verführen und ausnutzen, mit dem auch die Verschärfung der Strafverfolgung durch das Betäubungsmittelgesetz begründet wurde.[32]

Dieser imaginierten Sozialfigur schreibt Lauterbach die Verantwortung für mehrere Phänomene des illegalen Drogenmarktes zu, die keineswegs alle belegbar oder plausibel sind. So wird die Hochpotenzierung von Cannabis als angebotsinduzierte Veränderung des Produktes interpretiert, der das Interesse von Händler:innen an der Erzeugung von Sucht zugrunde liegt. In einem unregulierten Markt ist allerdings nicht in Erfahrung zu bringen, ob Potenzierung auf Nachfrage oder Angebot zurückzuführen ist. Beispiele der Vermengung und Verunreinigung von Cannabis sind zwar zweifelsohne angebotsinduziert, von diesen Beispielen auf generalisierende Aussagen über den gesamten Schwarzmarkt zu schließen, ist jedoch fragwürdig. Initiativen von Konsument:innen und Suchtforscher:innen[33] deuten auf Möglichkeiten hin, Händler:innen für diese Praxis abzustrafen und aus dem Markt zu drängen, zumindest an Orten eines breiten Angebots.

Das Festhalten am Feindbild skrupelloser Drogendealer:innen ist nicht nur bedauerlich, da es die Möglichkeit verspielt, einen Teil dieser Gruppe aus der Illegalität zu holen, sondern auch, da in seinem Schatten die fortdauernde Kriminalisierung bestimmter Konsument:innengruppen lauert. Die Verfügbarkeit von Cannabis durch Eigenanbau im Privaten oder die Mitgliedschaft in einem Cannabis Social Club enthält formelle und ökonomische Hürden.[34] Konsument.innen, die die Ressourcen für eine Clubmitgliedschaft oder den Eigenanbau nicht aufbringen können, für die es sich angesichts nur gelegentlichen Konsums nicht lohnt oder die befürchten, durch Assoziierung mit Einrichtungen des legalen Konsums soziale Ächtung zu erfahren, werden sich auch weiterhin auf dem illegalen Markt tummeln – und damit strafbar machen. Auch die Weitergabe durch legal

---

30 Gemeint ist hiermit die Dominanz und Züchtung von Cannabissorten mit besonders hohem THC-Anteil. Indizien für ein Nachfrageinteresse an dieser Potenzierung liefert die anhaltende Nachfrage an diesen Sorten in Regionen des kommerziellen Handels mit Cannabis wie den Niederlanden.

31 Vgl. Jasper Barenberg, Gesundheitsminister: Schwarzmarkt wird einbrechen. Interview mit Karl Lauterbach, in: Deutschlandfunk, 20.02.2024, tinyurl.com/indes234f8.

32 Vgl. Deutscher Bundestag, Protokoll der 108. Sitzung der 6. Wahlperiode, Bonn 1971, S. 6355–6358, hier S. 6356, tinyurl.com/indes234f9.

33 Vgl. z. B. tinyurl.com/indes234f10.

34 Vgl. Deutscher Bundestag, 20. Wahlperiode, Entwurf eines Gesetzes zum kontrollierten Umgang mit Cannabis und zur Änderung weiterer Vorschriften (Gesetzentwurf der Bundesregierung), Drucksache 20/8704, 09.10.2023.

beziehende Personen ist im Übrigen durch die Strafbestimmungen des Gesetzentwurfs ausgeschlossen.

Es würde jedoch zu kurz greifen und den Entstehungsprozess von Gesetzesentwürfen verkennen, für diese Ambivalenzen des Menschenbildes einzelne Personen wie Karl Lauterbach verantwortlich zu machen. Politische Normen und Ideologien sind in die Strukturen und Institutionen eingeschrieben, die politische Handlungsspielräume begrenzen. Resultat der US-zentrierten Enthaltsamkeitsbewegung waren auch die internationalen Bekenntnisse zur Drogenverbotspolitik, die Teil internationalen Rechts bilden und aus der einstigen Struktur der League of Nations in die heute bestehende Struktur der Vereinten Nationen überführt wurden.

Aktuell macht sich die Opposition ebendiesen Umstand zunutze,[35] um das Vorhaben der Ampelregierung zu torpedieren, das aufgrund internationaler Verbindlichkeiten ohnehin abgespeckt und widersprüchlich daherkommt. Der Beschluss einer vorigen Regierung zum Beitritt zu einem internationalen Abkommen beschränkt hier das Handeln der gegenwärtigen Regierung auch über ideologische Grenzen hinaus.

Eine tatsächliche drogenpolitische Zäsur hätte es daher auch erfordert, die Argumente für eine Legalisierung von Cannabis nicht nur auf nationales, sondern zusätzlich auf internationales Recht anzuwenden. Lehnt die Regierung das drogenpolitische Menschenbild des modernen Protestantismus und die in ihm begründeten Handlungsoptionen ab, dann gilt dies für das Betäubungsmittelgesetz auf nationaler Ebene ebenso wie für das Einheitsabkommen über Betäubungsmittel auf internationaler Ebene. Der bewusste und medial vermittelte Bruch mit diesem und anhängigen internationalen Vereinbarungen, der durchaus eine Reform hätte anstoßen können, wäre hier die Voraussetzung für einen konsequenten Paradigmenwechsel gewesen.

[35] Vgl. o.V., Deutsche Cannabis-Legalisierung bricht laut Fraktionschefs von CDU und CSU Völker- und Europarecht, in: Deutschlandfunk, 04.03.2024, tinyurl.com/indes234f11.

Carlo Brauch studiert Politikwissenschaft an der Rheinischen Friedrich-Wilhelms-Universität Bonn. Schwerpunktmäßig beschäftigt er sich mit der politischen Theorie Hannah Arendts und der Theoretisierung emanzipativer Bewegungen. Seit 2023 arbeitet er in der Redaktion von INDES.

KOMMENTAR

1 Vgl. Fanny De Tribolet-Hardy u. a., Gewaltstraftäter mit und ohne Antisoziale Persönlichkeitsstörung, in: Der Nervenarzt, 2011, S. 43–49.In weiten Teilen der Forschung ist eine mangelnde Abgrenzung der Begriffe *Antisoziale Persönlichkeitsstörung, Dissoziale Persönlichkeitsstörung* und *Psychopathie* zu verzeichnen. In der vorliegenden Arbeit wird durchgängig die Bezeichnung *Antisoziale Persönlichkeitsstörung* verwendet, bei spezifischer Betrachtung der einzelnen Störungsbilder werden die jeweils anderen Begriffe gebraucht.

2 Otto F. Kernberg & Frank E. Yeomans, Zur Differenzialdiagnose von Bipolaren Störungen, Depressionen, Aufmerksamkeits-Defizitstörung sowie Persönlichkeitsstörungen, in: Birger Dulz u. a. (Hg.), Handbuch der Borderline-Störungen, Stuttgart 2017, S. 355–363.

3 Robert D. Hare, Gewissenlos. Die Psychopathen unter uns, Wien u. a. 2005, S. XI.

4 Udo Rauchfleisch, Antisoziale Persönlichkeiten – eine ungeliebte Patientengruppe, in: PTT – Persönlichkeitsstörungen: Theorie und Therapie, H. 1/2011, S. 35–44, hier S. 35.

5 Vgl. Dirk Blasius, Einfache Seelenstörung. Geschichte der deutschen Psychiatrie 1800–1945, Frankfurt a. M. 2015, Ders., Der verwaltete Wahnsinn. Eine Sozialgeschichte des Irrenhauses, Frankfurt a. M. 2015.

6 Gertraud Egger, Irren-Geschichte – irre Geschichten. Zum Wandel des Wahnsinns unter besonderer Berücksichtigung seiner Geschichte in Italien und Südtirol, in: bidok, 2006, tinyurl.com/indes234g1.

DIE ANTISOZIALE PERSÖNLICHKEITSSTÖRUNG

EINE DIAGNOSE FÜR DIE UNTERSCHICHT

Ξ Ina Witthohn

Bis zu fünfzig Prozent aller Gefängnisinsass:innen erhalten die Diagnose Antisoziale Persönlichkeitsstörung.[1] Sie ist definiert als Störung, bei der sich die Betroffenen nicht an soziale Normen und Gesetze halten, und gilt als eine der schwersten Formen der Persönlichkeitsstörungen.[2] Menschen mit dieser Antisozialer Persönlichkeitsstörung werden als rücksichtslos, gefährlich und unbehandelbar markiert, als »soziale Raubtiere« beschrieben, welche sich »skrupellos ihren Weg durchs Leben pflügen«[3]. Keine andere Diagnose ist so untrennbar mit abweichenden und kriminellen Verhaltensweisen verknüpft – und keine andere Diagnose ist »in einem solchen Ausmaß durch negative Etikettierungen gekennzeichnet«.[4] Von Beginn an wird die Antisoziale Persönlichkeitsstörung in der Unterschicht verortet. Ein historischer Rückblick zeigt, wie das Störungsbild zustande gekommen, einzuordnen und zu bewerten ist.

VORGESCHICHTE UND ERSTE KLASSIFIKATIONEN VON PERSÖNLICHKEITSSTÖRUNGEN

Seit dem 17. Jahrhundert wurden im Zuge der sich konstituierenden bürgerlichen Gesellschaft und der damit verbundenen neuartigen Lebens- und Arbeitsverhältnisse Menschen aus der untersten sozialen Schicht wie Bettelnde, Landstreichende, Kranke, Prostituierte, Alkoholabhängige und sogenannte Arbeitsscheue in Zucht- oder Arbeitshäuser gesperrt. Diese Einrichtungen dienten ursprünglich nicht als Strafanstalt im heutigen Sinne.[5] Mit der Internierung sollten die Randständigen, »die nicht arbeiten, vagabundieren und die öffentliche Ordnung stören oder bedrohen [...] eingesperrt, kontrolliert und bei Verweigerung der verlangten Ordnung und Leistung an Ketten gelegt«[6] werden. Ihnen wurde vorgehalten, mutwillig und selbst verschuldet ihre Situation herbeigeführt zu haben – was letztlich den Grundstein bildete für die »Scheidung der Armenmasse in ›würdige‹ oder wahrhaftige Arme und solche, denen diese Attribute und Aufmerksamkeiten abgesprochen wurden«.[7] Diese in den Arbeits- und Zuchtanstalten festgesetzte Schicht wurde als unnütz, schädlich und gefährlich für die bürgerliche Gesellschaft deklariert, vor der sie verborgen werden sollte. Im Laufe des 19. Jahrhundert und mit Beginn der Verarmung großer Bevölkerungsteile infolge der Industrialisierung fand eine noch intensivere Verfolgung und Inhaftierung unerwünschter Teile der Unterschicht statt. Sie wurden nun in die neu gegründeten sogenannten Irrenanstalten eingewiesen, deren Anzahl sprunghaft anstieg. Es galt weiterhin, die Randständigen der Gesellschaft wegzusperren, nun jedoch unter anderen Vorzeichen: nämlich auf Basis der Diagnose und Behandlung psychischer Störungen – wodurch sich die Irrenanstalten zunehmend legitimierten und etablierten.[8]

Zu jener Zeit entstanden erste Beschreibungen psychischer Störungsbilder. Eines davon war die abnormale Persönlichkeitsstörung. Die wahrscheinlich älteste Darstellung stammt vom Psychiater Philippe Pinel (1801): Mit der *Manie sans délire* definierte Pinel eine Störung, die ohne jegliche Geistesverwirrung auftrat und vornehmlich auf unmoralischen Verhaltensweisen beruhte. Pinels Schüler Jean Étienne Esquirol (1838) griff das Konzept der abnormalen Persönlichkeiten auf und verband das Störungsbild – wie Pinel – mit unmoralischen Verhaltensweisen, stellte aber zudem einen deutlichen Bezug zur unteren sozialen Schicht her.[9] Zwar »habe die Erziehung in den oberen Klassen [...] Fehler, doch in den unteren fehle sie ganz, sei die Verderbnis allgemein, nähmen die meisten Laster, Verbrechen und Geisteskrankheiten der Gesellschaft ihren Ausgang«.[10] Der Psychiater Bénédict Augustin Morel (1857) betonte den Bezug zur Unterschicht unter Einbeziehung der Degenerationslehre in seinen Arbeiten nochmals stärker. Anhand eigener Beobachtungen der Arbeiterschicht und der notleidenden Landbevölkerung kam er zu dem Schluss, dass eine der Hauptursachen der abnormalen Persönlichkeitsstörung die soziale Lage darstelle, welcher die untere soziale Schicht ausgesetzt sei. Er beschrieb die Störung als eine krankhafte Abweichung vom »normalen menschlichen Typus«, wobei der Schweregrad von Generation zu Generation vermeintlich zunehme.[11]

Der Psychiater und Kriminologe Cesare Lombroso (1887) spitzte diese Ansichten auf das Konzept des *geborenen Verbrechers* zu. Er nahm eine scharfe Trennung zwischen Kriminellen und Nicht-Kriminellen vor und konstruierte unterschiedliche Verbrechertypen, denen er jeweils körperliche

7 Helmut Bräuer, Die Armen, ihre Kinder und das Zuchthaus, in: COMPARATIV, H. 5–6/2003, S. 131–148, hier S. 131.

8 Vgl. Blasius, Der verwaltete Wahnsinn.

9 Vgl. Stefan Quensel, Irre, Anstalt, Therapie. Der Psychiatrie-Komplex, Wiesbaden 2017.

10 Zitiert nach Quensel, S. 97.

11 Vgl. Quensel.

und psychische Merkmale zuschrieb. Die Theorie Lombrosos bildete die Grundlage für die Öffnung der Justiz gegenüber der Psychiatrie, womit sich eine psychiatrisch ausgerichtete Wissenschaft der Kriminologie etablierte – mit dem Ziel, das Wesen des Verbrechers zu ergründen. Somit stand fortan nicht mehr die Tat, sondern die Täter:innen im Fokus, wobei Lombroso die erbliche Bedingtheit von Kriminalität in den Mittelpunkt seiner Arbeiten rückte.[12] Gegen Ende des 19. Jahrhunderts hatte sich in Wissenschaft und Gesellschaft der Zusammenhang von Psychopathie, Kriminalität und Unterschicht zementiert. Der diagnostische Blick verengte sich immer weiter auf die Unterschicht, bis hin zu Vorstellungen, dass »ein Psychopath gar nicht als erst als psychisch gestört auffallen müsse, wenn er nur im richtigen Milieu aufwachse.«[13] Teile der Wissenschaft vertraten sogar die Ansicht, »psychische Auffälligkeit sei Veranlagung der Unterschicht«.[14]

DIE SOGENANNTEN ASOZIALEN IN DER NS-ZEIT

Diese Anschauungen betteten die Nationalsozialist:innen in ihre rassenbiologischen Theorien ein. Lombrosos Beschreibung des *Verbrechermenschen* diente ihnen als Vorlage, um das Bild des *kriminellen Geisteskranken* in gewohnter Manier mit der Unterschicht zu verquicken – nun jedoch mit dem expliziten Fokus auf die Gruppe der fortan als *Asoziale* bezeichneten. Diese so klassifizierten Personen wurden als kriminell und psychisch gestört dargestellt und ab 1933 im Zuge der »vorbeugenden Verbrechensbekämpfung« zur Verhaftung freigegeben:[15] Nationalsozialistischen Vorstellungen zufolge ging man davon aus, dass der sogenannte Asoziale »ohne Berufs- oder Gewohnheitsverbrecher zu sein, durch sein asoziales Verhalten die Allgemeinheit gefährdet.«[16] Mit dieser Begründung wurden die Menschen in Umerziehungs- und Konzentrationslagern interniert, zwangssterilisiert und ermordet; die bekanntesten Maßnahmen zur Vernichtung der sogenannten Asozialen fanden im Rahmen des »Euthanasieprogramms T4« als »kriminelle Geisteskranke« und in der »Sonderbehandlung 14f13« als »asoziale Psychopathen« statt.[17] Wenig bekannt ist, dass in etlichen Lagern die Gruppe der sogenannten Asozialen den Großteil der KZ-Insass:innen bildete.[18]

KLASSIFIKATION UND DIAGNOSE SEIT 1945

Vor diesem historischen Hintergrund wurde nach dem Zweiten Weltkrieg in den nun international gültigen Klassifikationssystemen DSM und ICD das psychische Störungsbild der Psychopathie neu formuliert.

---

12 Vgl. Cesare Lombroso, Der Verbrecher in anthropologischer, ärztlicher und juristischer Beziehung, Hamburg 1887; Jonas Menne, »Lombroso redivivus?«: Biowissenschaften, Kriminologie und Kriminalpolitik von 1876 bis in die Gegenwart, Tübingen 2017.

13 Michael Kölch, Theorie und Praxis der Kinder- und Jugendpsychiatrie in Berlin 1920–1935. Die Diagnose »Psychopathie« im Spannungsfeld von Psychiatrie, Individualpsychologie und Politik, 2006, Dissertation, S. 72, tinyurl.com/indes234g2.

14 Ebd., S. 109.

15 Vgl. Deutscher Bundestag, »Asoziale« im Nationalsozialismus. Geschichte, Zeitgeschichte und Politik. Wissenschaftliche Dienste 1–3000-026/16, 2016, tinyurl.com/indes234g3.

16 Vgl. Erlaßsammlung Vorbeugende Verbrechensbekämpfung, 1943, zitiert nach Wolfgang Ayaß, »Ein Gebot der nationalen Arbeitsdisziplin«. Die Aktion »Arbeitsscheu Reich« 1938, in: Ders. & Reimar Gilsenbach (Hg.), Feinderklärung und Prävention. Kriminalbiologie, Zigeunerforschung und Asozialenpolitik, Berlin 1988, S. 43–74, hier S. 45.

17 Vgl. Imanuel Baumann, Dem Verbrechen auf der Spur: Eine Geschichte der Kriminologie und Kriminalpolitik in Deutschland 1880 bis 1980, Göttingen 2006.

18 Vgl. Nikolaus Wachsmann, Die Geschichte der Nationalsozialistischen Konzentrationslager, München 2016.

Der Begriff Psychopathie wurde in den USA mit dem Terminus der Antisozialen Persönlichkeitsstörung und in Deutschland mit der Dissozialen Persönlichkeitsstörung belegt. Im Laufe der Jahrzehnte haben die Störungsbilder Modifikationen erfahren, sind in ihrem Grundsatz jedoch gleich geblieben und beschreiben das Störungsbild übereinstimmend als sozial schädliches, normverletzendes, gesellschaftlich unerwünschtes und straffälliges Verhalten.[19] Die Überzeugung von der im Wesentlichen *milieubedingten* Fundierung des Störungsbildes setzte sich in der Nachkriegszeit unbeirrt fort. Durchgängig und unbeirrt dienen gängige Klischees von der Unterschicht wie typische Entwicklungsverläufe und Lebensumstände auch heute noch als Vorlage, um Menschen aus niedrigen sozialen Schichten mit der Diagnose der Antisozialen Persönlichkeitsstörung zu belegen.[20]

Nach wie vor gelten laut dem aktuellen, in den USA gültigen Klassifikationssystem DSM-5 vor allem wiederholtes Lügen und Betrügen sowie Gesetzesbrüche als diagnostische Merkmale der Antisozialen Persönlichkeitsstörung. Als weitere Kriterien werden eine Unfähigkeit zum vorausschauenden Planen und Verantwortungslosigkeit angeführt, welche sich »im wiederholten Versagen zeigt, eine dauerhafte Tätigkeit auszuüben oder finanziellen Verpflichtungen nachzukommen«[21]. Hinzu kommen Beschreibungen wie Falschheit, Rücksichtslosigkeit und fehlende Reue[22] – es wird das Bild eines durch und durch gefährlichen, bösartigen Menschen gezeichnet. In der noch bis 2027 gültigen Version des ICD-10, der in Deutschland verwendeten medizinischen Klassifikationsliste der Weltgesundheitsorganisation (WHO), wird das Störungsbild der Dissozialen Persönlichkeitsstörung moderater formuliert: »Zwischen dem Verhalten und den herrschenden sozialen Normen besteht eine erhebliche Diskrepanz.«[23] Zusätzlich werden hier Eigenschaften wie Gefühlskälte und fehlendes Schuldbewusstsein angeführt.[24]

Seit 2022 existiert eine neue ICD-11-Fassung, die zwar bereits grundsätzlich einsetzbar, jedoch in der deutschen Version aus lizenzrechtlichen Gründen noch nicht nutzbar ist.[25] Mit ihrer Einführung wird die Diagnostik von Persönlichkeitsstörungen grundlegend verändert: Die Kategorien der meisten Persönlichkeitsstörungen werden zugunsten einer dimensionalen Klassifikation gestrichen. Somit werden künftig die einzelnen Persönlichkeitsstörungen – so auch die Dissoziale Persönlichkeitsstörung – nur noch in dem übergeordneten Begriff *Persönlichkeitsstörungen* aufgehen. Funktionsbeeinträchtigungen (z. B. Stabilität von Selbstbild und Selbstwertgefühl) werden dann anhand von den Schweregraden (leicht, mittel,

19 Vgl. Jürgen L. Müller, Neurobiologie und Bildgebung der Antisozialen Persönlichkeitsstörung, in: Birger Dulz u. a. (Hg.), Handbuch der Antisozialen Persönlichkeitsstörung, Stuttgart 2017, S. 84–95.

20 Vgl. Quensel.

21 APA [American Psychiatric Association], Diagnostisches und Statistisches Manual Psychischer Störungen DSM-5, Göttingen 2015.

22 Ebd.

23 Horst Dilling u. a., Internationale Klassifikation psychischer Störungen. ICD-10 Kapitel V (F), Klinisch-diagnostische Leitlinien, Bern 2015.

24 Ebd.

25 Bundesinstitut für Arzneimittel und Medizinprodukte (BfArM), ICD-11 in Deutsch – Entwurfsfassung, tinyurl.com/indes234 g4.

26 Nicole C. Hauser u. a., Das überarbeitete Konzept der Persönlichkeitsstörungen nach ICD-11: Neuerungen und mögliche Konsequenzen für die forensisch-psychiatrische Tätigkeit, in: Forensische Psychiatrie Psychologie, H. 15/2021, S. 30–38.

27 Jennifer Steinbach u. a., Dissoziale Persönlichkeitsstörung: Diagnostik, Störungstheorie und Behandlung aus personzentrierter Sicht, in: Person, H. 2/2009, S. 124–136.

28 Hare, S. XI.

29 Vgl. ders., Hare Psychopathy Checklist-Revised (PCL-R), Toronto 2003.

30 Vgl. Andreas Mokros u. a., Hare Psychopathy Checklist-Revised, Deutschsprachige Normierung und Hinweise zur sachgerechten Anwendung, in: Forensische Psychiatrie, Psychologie, Kriminologie, H. 3/2018, S. 186–191.

31 Vgl. Andreas Mokros, PCL-R/PCL:SV – Psychopathy Checklist-Re-vised/Psychopathy Checklist: Screening Version, in: Martin Rettenberger & Fritjof von Franqué (Hg.), Handbuch kriminalprognostischer Verfahren, Göttingen 2013, S. 83–107.

32 Ebd., S. 189.

33 Vgl. David DeMatteo u. a., Statement of Concerned Experts on the Use of the Hare Psychopathy Checklist-Revised in Capital Sentencing to Assess Risk for Institutional Violence, in: Psychology, Public Policy, and Law, H. 2/2020, S. 133–144.

34 Vgl. Nora Ortner u. a., »Psychopathy« im Kindes- und Jugendalter, in: Forensische Psychiatrie, Psychologie, Kriminologie, H. 3/2018, S. 207–216.

schwer) eingeschätzt. Zusätzlich besteht die Möglichkeit, übergeordnete prominente Persönlichkeitsmerkmale in die Diagnose einfließen zu lassen. Das bislang basale Stabilitätskriterium hat keine Gültigkeit mehr, die Symptome müssen nur noch über einen Zeitraum von mindestens zwei Jahren bestehen. Begründet wird diese gravierende Änderung der Klassifikation damit, dass »das kategoriale Konzept einer Persönlichkeitsstörung nach ICD-10 [...] die Stigmatisierung Betroffener«[26] begünstige.

PSYCHOPATHIE

In den 1970er Jahren entwickelte der Psychologe Hare 1980 die *Psychopathy Checklist* (PCL-R). Mit diesem Diagnoseinstrument wird nicht das gesamte Störungsbild der Antisozialen Persönlichkeitsstörung abgebildet, sondern ein spezieller Subtyp. Menschen mit der Diagnose der Psychopathie nach Hare werden nun als noch krimineller eingestuft als diejenigen mit der Diagnose der Antisozialen Persönlichkeitsstörung.[27] Hare beschreibt psychopathische Persönlichkeiten als »soziale Raubtiere«[28] und zeichnet das Bild von Unmenschen: Sie seien ausbeuterisch und gewissenlos, hätten nur oberflächliche Gefühle und legten betrügerisch-manipulatives Verhalten sowie pathologisches Lügen an den Tag.[29] Die Psychopathie-Checkliste von Hare gilt mittlerweile als wichtigstes und international akzeptiertes Diagnose- und Prognoseinstrument für Psychopathie. Der Test wird hauptsächlich in der Forensik eingesetzt.

In einem halbstrukturierten Interview tragen die Intervier:innen die jeweilige Antwort der Befragten auf Basis ihrer eigenen Einschätzungen und Abwägungen selbst ein.[30] Damit gilt der PCL-R als Fremdeinschätzungsverfahren,[31] das Urteil der Gutachter fließt in die PCL-R-Scores ein. Zudem werden bei der Bewertung der Fragen Akteneinträge einbezogen, »in manchen Fällen kann die Bewertung der Items auch allein auf Grundlage der Akten vorgenommen werden.«[32] Diese Vorgehensweise entspricht *indes* nicht den hohen Standards psychologischer Tests und ist demnach methodisch zweifelhaft, weshalb sie mittlerweile in den USA in der Kritik steht.[33] Zusätzlich schränken uneinheitliche Messwerte die Vergleichbarkeit ein.[34] Die Testgütekriterien sind also mangelhaft – die Tragweite der Diagnose für die Betroffen ist jedoch immens, da sie nicht nur eine Reihe strafrechtlicher Konsequenzen nach sich zieht, sondern als schwerste Form der Persönlichkeitsstörungen die Betroffenen mit einem Stigma versieht, welches kaum mehr abzuschütteln ist.

DIE ANTISOZIALE PERSÖNLICHKEITSSTÖRUNG UND SOZIO-ÖKONOMISCHER STATUS IN FORENSIK AKTUELLER FORSCHUNG

Je nach Untersuchung werden vierzig bis hundert Prozent der Strafgefangenen in Deutschland als Antisoziale Persönlichkeit[35] und zwanzig bis dreißig Prozent von ihnen als Psychopath:innen[36] eingestuft. Damit ist die Antisoziale Persönlichkeit in Gefängnissen die am häufigsten gestellte Diagnose. Aus diesen Zahlen wird ersichtlich, dass die Verortung der Störungsbilder Antisoziale Persönlichkeitsstörung und Psychopathie bis heute kontinuierlich fortgesetzt wird. Zu bedenken ist, dass in den Haftanstalten – früher wie heute – Menschen der unteren sozialen Schichten wesentlich häufiger als Mitglieder der oberen Schichten zu finden sind: Aktuell kommen neun von zehn Gefängnisinsassen aus der sozialen Unterschicht.[37] Strittig bleibt, inwiefern Angehörige der Unterschicht de facto häufiger kriminell sind als Mitglieder oberer Schichten: »Auf jeder Stufe ist der Strafverfolgungsprozess gegen Mitglieder unterer Schichten etwas intensiver und bietet ihnen weniger Schlupflöcher als Mitgliedern höherer Schichten.«[38] Kriminalität und Kriminalisierung sind folglich schwer voneinander zu trennen. Hinzu kommt bei Menschen aus der Unterschicht, dass

»die Schwelle, sie als antisozial einzuordnen, geringer ist, da diesen Gruppen historisch bereits Merkmale zugeschrieben sind, die in der gesellschaftlichen Wahrnehmung eine große Nähe zu Abweichung und Kriminalität aufweisen.«[39]

Somit erscheint es nur als logische Konsequenz, dass im forensischen Kontext eine niedrige Schwelle für die Vergabe der Diagnose Antisoziale Persönlichkeitsstörung und Psychopathie angesetzt ist.

Die Prognose künftiger Kriminalität für Menschen mit der Diagnose Antisoziale Persönlichkeitsstörung fällt meist negativ aus. Das Fatale an der Sache ist, dass eine optimistischere Einschätzung per se kaum möglich ist, da die Vorannahme der Dauerhaftigkeit und Unveränderlichkeit der Störung ja bereits in den diagnostischen Kriterien enthalten ist.[40] Zudem wird das Instrument des PCL-R nicht nur für die Erforschung und Diagnosestellung, sondern seit jeher auch für die Kriminalprognose eingesetzt – obwohl sie nicht als Prognoseinstrument entwickelt[41] und nur in Maßen dafür geeignet ist.[42] Für die Betroffenen aber haben negative Rückfallprognosen schwerwiegende und nachhaltige Konsequenzen für Bewährung, vorzeitige Entlassung, Sicherungsverwahrung und Therapieangebote. Die Möglichkeit einer Therapie wird bereits durch die a priori attestierte Unfähigkeit, aus negativer Erfahrung zu lernen, erheblich

35 Vgl. Norbert Nedopil, Prognosen bei Persönlichkeitsstörungen – klinische und forensisch-psychiatrische Aspekte, in: PTT – Persönlichkeitsstörungen: Theorie und Therapie, H. 2/2004, S. 73–83.

36 Vgl. Sabine C. Herpetz & Elmar Habermeyer, »Psychopathy« als Subtyp der antisozialen Persönlichkeit, in: PTT – Persönlichkeitsstörungen: Theorie und Therapie, H. 2/2004, S. 73–83.

37 Vgl. Franziska Dübgen, Strafe als Herrschaftsmechanismus. Zum Gefängnis als Ort der Reproduktion gesellschaftlicher Machtverhältnisse, in: Kritische Justiz. Vierteljahresschrift für Recht und Politik, H. 2/2017, S. 141–152.

38 Ebd., S. 147.

39 Milena Schreiber, Die Antisoziale Persönlichkeitsstörung. Gesellschaftliche Wahrnehmung und kriminalpolitische Funktion, Wiesbaden 2020, S. 3.

40 Vgl. Norbert Nedopil, Die Bedeutung von Persönlichkeitsstörungen für die Prognose künftiger Delinquenz, in: Monatsschrift für Kriminologie und Strafrechtsreform, H. 2/1997, S. 79–92.

41 Vgl. Martin Rettenberger u.a., Kriminalprognosen in der Praxis: Die Ergebnisse des International Risk Surveys (IRiS) aus Deutschland, in: Diagnostica, H. 1/2017, S. 2–14.

42 Vgl. David DeMatteo u.a., Statement of Concerned Experts on the Use of the Hare Psychopathy Checklist-Revised in Capital Sentencing to Assess Risk for Institutional Violence, in: Psychology, Public Policy, and Law, H. 2/2020, S. 133–144.

eingeschränkt, da sie eine Unbehandelbarkeit suggeriert. In vielen Studien gelten Menschen mit einer Antisozialen Persönlichkeitsstörung als nicht oder nur in Grenzen therapierbar.[43]

In aktuellen wissenschaftlichen Publikationen wird nach wie vor ein niedriger sozioökonomischer Status als prädisponierender Faktor für die Diagnose der Antisozialen Persönlichkeitsstörung angeführt.[44] Die Prävalenz von Antisozialer Persönlichkeitsstörung steigt, so die Darstellungen, mit dem Maß an sozialer Randständigkeit. Je randständiger, also ärmer und weniger gebildet eine Person ist, desto eher wird ihr diese Diagnose zugewiesen. Konkret wird betont, dass Menschen mit einer Antisozialen Persönlichkeitsstörung zumeist arm seien und in unterprivilegierten Vierteln lebten.[45] In der Forensik wird bei gewalttätigen Straftäter:innen ein niedriger Schulabschluss zuweilen gar bereits als ein geeignetes Merkmal für die Diagnose der Antisozialen Persönlichkeitsstörung angesehen.[46]

WHITE-COLLAR- VS. UNTERSCHICHTSKRIMINALITÄT

In jüngster Zeit widmet sich die Wissenschaft vermehrt dem antisozialen Verhalten der Mächtigen in Politik, Wirtschaft oder Militär. Doch wenn das Störungsbild der Antisozialen Persönlichkeitsstörung in Bezug auf White-Collar-Kriminalität zum Gegenstand der Forschung wird, ist dies zumeist anders konnotiert: Menschen aus der sozialen Unterschicht mit der Diagnose Antisozialer Persönlichkeitsstörung werden »Arbeitsunwilligkeit«[47] und »kognitive Defizite«[48] unterstellt. Bei Führungskräften aus der Wirtschaft hingegen wird das gleiche Störungsbild in einen Kontext gesetzt, der sie als »hochintelligente, schwer arbeitende und auf ihrem Gebiet äußerst begabte und fähige Personen«[49] präsentiert. Für die Unterschicht wird prognostiziert, dass die Wahrscheinlichkeit einer Antisozialen Persönlichkeitsstörung höher ausfalle, »wenn etwa in bestimmten Subkulturen kleinere kriminelle Vergehen (z. B. Taschendiebstahl, Zechprellerei oder Betrügereien) eher toleriert werden.«[50] Bei Führungskräften hingegen, die in Branchen tätig sind, in denen ebenfalls kriminelle Strukturen wie beispielsweise Korruption, Unterschlagung oder Steuerdelikte zum Alltag gehören, wird darin kein Indiz für die Antisoziale Persönlichkeitsstörung gesehen. Die Zusammenhänge seien hier außerordentlich komplex,

»da die antisozialen Handlungen der Mächtigen nicht ausschließlich und primär auf die handelnden Subjekte zurückgeführt werden können, sondern ganz wesentlich durch die Gruppe, die Institution, die Organisation bestimmt werden, deren Teil das Individuum ist.«[51]

43 Vgl. Herpetz & Habermeyer.

44 Vgl. Stéphane de Brito & Sheilagh A. Hodgins, Die Antisoziale Persönlichkeitsstörung des DSM-IV-TR – Befunde, Untergruppen und Unterschiede zu Psychopathy, in: Forensische Psychiatrie, Psychologie, Kriminologie, H. 2/2009, S. 116–128; Kathrin Sevecke & Maya Krischer, Emotionale Auffälligkeiten bei antisozialem Verhalten im Kindes- und Jugendalter, in: Birger Dulz u. a. (Hg.), Handbuch der Antisozialen Persönlichkeitsstörung, Stuttgart 2017, S. 105–114.

45 Vgl. Hodgins & DeBrito.

46 Vgl. Sven Ringelbahn, Notfälle bei dissozialem Verhalten, in: PTT – Persönlichkeitsstörungen: Theorie und Therapie, H. 3/2013, S. 158–166.

47 Ebd.

48 Vgl. Sevecke & Krischer.

49 Zitiert nach Gerald Dammann, Führungskräfte und Antisozialität, in: Birger Dulz u.a. (Hg.), Handbuch der Antisozialen Persönlichkeitsstörung, Stuttgart 2017, S. 52–70, hier S. 55.

50 Michael H. Stone, Epidemiologie und Verlauf Antisozialer Persönlichkeitsstörungen, in: Birger Dulz u.a. (Hg.), Handbuch der Antisozialen Persönlichkeitsstörung, Stuttgart 2017, S. 13–41, hier S. 40.

51 Hans-Jürgen Wirth, Kriminalität und antisoziales Verhalten der Mächtigen, in: Birger Dulz u.a. (Hg.), Handbuch der Antisozialen Persönlichkeitsstörung, Stuttgart 2017, S. 42–51, hier S. 43.

In einer weiteren Studie wird die soziale Ausgangslage der Menschen einbezogen. Bei Personen mit niedrigem sozialen Status stünden real erlittene Erlebnisse von Ohnmacht, Benachteiligung, Hilflosigkeit, Verzweiflung, Diskriminierung und Demütigung im Vordergrund.[52] Bei der Kriminalität der Mächtigen hingegen gehe es nicht um die Kompensation von Ohnmachtsgefühlen, sondern um reinen Machtmissbrauch. Aus diesem Grund sei »fraglich, ob kriminelle und antisoziale Handlungen, die von Mächtigen begangen werden, auch auf [...] Antisoziale Persönlichkeitsstörungen zurückgeführt werden können«.[53] Mit anderen Worten: Die Antisoziale Persönlichkeitsstörung ist demnach eine Diagnose (nur) für die Unterschicht.

FAZIT

Die Geschichte zeigt, dass Menschen aus der Unterschicht, die nicht arbeiten, seit dem 17. Jahrhundert als Störung, gar Bedrohung der öffentlichen Ordnung galten und kurzerhand interniert wurden. Diese historische Beobachtung bildet den Ausgangspunkt für die ersten Beschreibungen der *abnormalen Persönlichkeit,* die von Beginn an auf die Unterschicht fokussiert, deren Angehörige als kriminell und psychisch gestört gezeichnet werden. Bis heute durchzieht das Bild des *kriminellen, psychisch Kranken aus der Unterschicht* die Klassifikationen und Diagnoseinstrumente wie ein roter Faden und wird auch in der Forschung unaufhörlich bestätigt und reproduziert.

Das Störungsbild der Antisozialen Persönlichkeitsstörung ist untrennbar mit diesen stereotypen Vorstellungen verbunden. Zwar wird es mit der 2027 vollständigen Einführung der neuen Klassifikation ICD-11 die Bezeichnung der Dissozialen Persönlichkeitsstörung in der Diagnostik in Deutschland nicht mehr geben – doch dass durch Änderungen von Begrifflichkeiten und Überarbeitung der Konzeption eine Entstigmatisierung einhergeht, ist kaum zu erwarten. Solange die jahrhundertealten, tief verwurzelten Vorurteile gegen die Unterschicht nicht benannt und aufgearbeitet werden, finden die Diskriminierungen und Stigmatisierungen kein Ende.

52 Vgl. ebd.

53 Ebd.

Ina Witthohn ist M. A. Psychologie und befasst sich schwerpunktmäßig mit der Thematik Habitus und soziale Ungleichheit in der Klassengesellschaft.

ANALYSE

GEFÄNGNISPOLITIK UND REPRESSION IN EL SALVADOR

VON DER TOTALEN INSTITUTION ZUR TOTALITÄREN VERSUCHUNG

Ξ Günther Maihold

»Barberos en huelga« (Friseure im Streik) heißt der Titel einer preisgekrönten Kurzgeschichte der jungen salvadorianischen Autorin Michelle Recinos, die auch Teil ihres neuen Erzählungsbands ist.[1] Darin beschreibt Recinos aus Perspektive eines männlichen Ich-Erzählers tagebuchartig die fortschreitende Welle von Massenverhaftungen junger Menschen in einem benachbarten Viertel wegen ihrer Haartracht. Schließlich kann der Erzähler seinen Stammfriseur nicht mehr auffinden – der sitzt im Gefängnis, ein anderer ist verschwunden. Aber in einem Friseursalon namens »Hope« in der Innenstadt findet er einen Soldaten, der die Köpfe der Kunden im Einheitsschnitt rasiert. »Es ist nur zu deinem Besten«, murmelt der Soldat. Der Erzähler endet mit der Feststellung: »Ich war der Nächste.«
Als die Autorin und ihr Verleger den Band im Juli 2023 auf der internationalen Buchmesse im Nachbarland Guatemala vorstellen wollten, kam es zu einer Intervention des Botschafters von El Salvador, der drohte, die Teilnahme seines Landes an der Messe abzusagen, falls die Buchvorstellung nicht aus dem Programm gestrichen werde. Die Veranstalter knickten tatsächlich ein und die Buchpräsentation fand schließlich außerhalb des offiziellen Programms statt.

Die Fiktion der Kurzgeschichte folgt der Realität in El Salvador: Die wachsende Repression, die sich in einer Welle von Massenverhaftungen im Rahmen des am 27. März 2022 erstmals erklärten und seitdem zweiundzwanzigmal verlängerten Ausnahmezustandes[2] äußerte, läutete eine neue Phase ein: Literaturverbot. Die massive Inhaftierung von Verdächtigen

[1] Vgl. Michelle Recinos, Sustancia de hígado, Guatemala-Stadt 2023.

[2] Stand: Februar 2024.

passt zu der für die gesamte lateinamerikanische Region bereits vor Jahren diagnostizierten »Rückkehr des Gefängnisses«[3], was sich an rasant gestiegenen Insassenzahlen, der Verschärfung strafrechtlicher Vorgaben und einem massiven Ausbau der Gefängnisinfrastruktur ablesen lässt. *Indes* haben sich Grundmuster des Gefängnisregimes in der Region erhalten, das durch Überbelegung, Unterbesetzung des Wachpersonals und die zentrale Bedeutung einer auf informellen Strukturen basierenden Selbstorganisation der Insassen geprägt ist. Damit hat sich eine Form der Gefängnisverwaltung herausgebildet, die Ordnung durch Verhandlungen herstellt, in deren Rahmen das Wachpersonal die Gefangenen systematisch als Hilfskräfte für die Erfüllung grundlegender Gefängnisfunktionen einsetzt. Die Reproduktion der internen sozialen Ordnung wird somit den Organisationen der Gefangenen überlassen, die die Zellenblöcke, Zellen und/oder Schlafsäle verwalten.[4] Es ist also weniger der Staat, der die De-facto-Verwaltung der lateinamerikanischen Gefängnisse kontrolliert, als vielmehr die Gefangenen selbst beziehungsweise die dort dominanten Gruppierungen. Nicht ohne Grund spricht man daher eher von Internierung in einem Lager, das in der Regel Kollektive vom Rest der Gesellschaft isoliert, und nicht von der Inhaftierung von Personen, die aufgrund individueller Vergehen gegen Rechtsnormen verstoßen haben. Die Haftanstalt wandelt sich zum »Lager«, um bestimmte gesellschaftliche Gruppen »Aus-dem-Wege-zu-Räumen«.[5] Neben dieses Gefängnisregime tritt die Isolationsabsicht, die angesichts der wachsenden Bedrohung durch Akteure der organisierten Kriminalität in neuen Gefängnisbauten und Hochsicherheitsanstalten wieder stärker in den Vordergrund gerückt ist. Das Muster der Isolierung einer spezifischen Gruppe der Gesellschaft (delinquente Jugendlichen) wird in El Salvador genutzt, um mit breiter Billigung der Gesamtgesellschaft im Namen der Verbesserung der Sicherheitslage Freiheitseinschränkungen und eine Reduzierung von demokratischen Grundrechten und rechtsstaatlichem Schutzmechanismen durchzusetzen und so die Illusion einer vollkommenen Ordnung nach den autoritären Vorstellungen von Präsident Nayib Bukele aufrechtzuerhalten.[6]

GEFÄNGNISPOLITIK IM ZEICHEN DES AUSNAHMEZUSTANDES IN EL SALVADOR

Nachdem Jugendbanden *(Maras)* am Wochenende des 25.–27. März 2022 insgesamt 87 Menschen ermordet und damit den bestehenden Pakt zwischen den Banden und der aktuellen Regierung aufgelöst hatten, erklärte Bukele (seit 2019 im Amt) am 27. März 2022 den Ausnahmezustand, um

3 Paul Hathazy & Markus-Michael Müller, The rebirth of the prison in Latin America: determinants, regimes and social effects, in: Crime, Law and Social Change Change, 3/2016, S. 113–135.

4 Dies wird als »informal prisoner-led governance arrangements« diskutiert; vgl. Jennifer Pierce & Gustavo Fondevilla, Concentrated Violence: The Influence of Criminal Activity and Governance on Prison Violence in Latin America, in: International Criminal Justice Review, 1/2020, S. 99–130, hier S. 103 ff.

5 Vgl. Annett Bochmann & Felicitas Fischer von Weikersthal, Vergleichende Perspektiven auf die Institution Lager und ihre Ordnungen, in: dies. (Hg.), Institution Lager. Theorien, globale Fallstudien und Komparabilität, Frankfurt a. M & New York 2023, S. 9–29, hier S. 12.

6 Vgl. Gustavo Flores-Macías, Violent crime and the expansion of executive power in Latinamerica, in: Presidential studies Quarterly, 2/2023, S. 256–272.

»Wer in die Freiheit will / muß durch die Hölle«, Zelle 326.
Foto: Dirk Vogel 2022

der grassierenden Gewalt ein Ende zu bereiten. Durch eine umfassende Verhaftungswelle – mit dem Ergebnis der Inhaftierung von 77.353 Personen zwischen März und August,[7] was ca. zwei Prozent der gesamten erwachsenen Bevölkerung des Landes entspricht – hat sich Präsident Bukele eine Zustimmungsrate von über 85 Prozent für sein Durchgreifen mithilfe des Militärs gesichert. Medienwirksam weihte er inmitten seines umstrittenen »Krieges« gegen die Jugendbanden das so genannte Gefängniszentrum gegen den Terrorismus (Centro de Confinamiento del Terrorismo) ein, das in nur sieben Monaten gebaut wurde und mit Platz für 60.000 Insassen die größte Gefängnisanstalt auf dem amerikanischen Kontinent ist. Da das primäre Kriterium der Identifizierung von Delinquenten die für die salvadorianischen Jugendbanden typischen Tätowierungen ist, wurden während der großen Verhaftungswelle auch viele Unbeteiligte festgenommen. 7.000 Personen wurden inzwischen wieder freigelassen, gleichzeitig spricht aber die Polizei von über 40.000 Unterstützern, die sich noch auf freiem Fuß befänden und mit neuen Aktionen verfolgt werden. Über neunzig Personen sollen inzwischen in den Gefängnissen umgekommen sein.

Die Erwartung, durch Erhöhung der Zahl der Gefängnisinsassen größere Sicherheit gewährleisten zu können, sichert Präsident Bukele zwar großen Rückhalt in der Bevölkerung, langfristig führt diese Maßnahme

[7] Vgl. hierzu das Geheimdokument der Policía Nacional Civil/Subdirección de Inteligencia vom 1. September 2023, veröffentlicht unter tinyurl.com/indes234h1.

in Lateinamerika jedoch eher zu steigenden Kriminalitätsraten.[8] Doch die drakonischen Maßnahmen der Regierung sind sehr populär, da sich die Bevölkerung durch das Vordringen der Maras in weite Teile des Landes von Gewaltexzessen zwischen den Banden und einem »Belagerungszustand« gegenüber der Zivilbevölkerung bedroht fühlt. So wurden etwa Straßenverkäufer zu Schutzgeldzahlungen genötigt, eine Gebühr für das Betreten oder Verlassen eines Wohnviertels erhoben oder gewaltsame Überfälle begangen, bei denen Dutzende Menschen starben. Durch die mediale Inszenierung wurde der Öffentlichkeit die Verlegung der Bandenmitglieder in die neue Gefängnisanstalt als kollektiver Unterwerfungsakt präsentiert, indem die nur mit Unterhosen bekleideten und kahl geschorenen Jugendlichen in Reih und Glied mit gesenktem Haupt vor den mit automatischen Waffen ausgestatteten Sicherheitskräften niederknien mussten. Mit dieser Ästhetik der Gewalt und den in der Anstalt praktizierten dehumanisierenden Entkleidungsprozeduren sollte das neue Bild der (vermeintlich) gewonnenen Sicherheit in den Straßen El Salvadors unterstrichen werden. Dies entspricht der auf Demütigung und Erniedrigung ausgerichteten Struktureigenschaft »totaler Institutionen« (Erving Goffman), die als »Orte der Verwahrung« konzipiert sind. Überlegungen zur Resozialisierung oder der Reintegration in die Gesellschaft haben offenbar keinen Platz in der Regierung Bukeles, sie wären aus Regierungssicht eher ein »Tanz mit dem Teufel«[9].

Die von Bukele praktizierte Politik der harten Hand gegen Kriminalität ist mit dem Einsatz des Militärs für Aufgaben der öffentlichen Sicherheit und der Zentralisierung der Exekutivgewalt verbunden.[10] Der Präsident rief den Ausnahmezustand im März 2022 aus und nutzte seinen Wahlerfolg bei den Parlamentswahlen unmittelbar dazu, legislative und judikative Institutionen gleichzuschalten, indem die Mitglieder des Obersten Gerichtshofes sowie der Generalstaatsanwalt abgewählt und durch eigene Parteigänger ersetzt wurden. Der Präsident griff auch in die Zuständigkeiten anderer Regierungsebenen wie der Departments- und Kommunalregierungen ein, der rechtliche Schutz der Bürger vor staatlichem Missbrauch wurde aufgehoben. Neben unbefristeter Untersuchungshaft und Prozessen in Abwesenheit führte der Gesetzgeber auch die Möglichkeiten ein, Minderjährige zu Haftstrafen für Bandenkriminalität zu verurteilen, wie sie bei Erwachsenen üblich sind, und Personen zu inhaftieren, die nur vage mit Banden in Verbindung gebracht werden können. Die Behörden haben damit freie Hand, Menschen willkürlich zu verhaften; Auflagen, dass die Polizei Festgenommene über den Grund ihrer Festnahme informieren

8 Vgl. Marcelo Bergman & Gustavo Fondevila, Prisons and Crime in Latin America, Cambridge 2021, S. 200.

9 Vgl. Jonathan D. Rosen & José Miguel Cruz, Dancing with the devil: Intervention programs under criminal governance in Northern Central America, in: Criminology & Criminal Justice 2022 (online first), tinyurl.com/indes234h2.

10 Vgl. Flores-Macías.

muss und dass alle Häftlinge innerhalb von 72 Stunden einem Richter vorgeführt werden müssen, sind ausgesetzt. Bei den Massenverhaftungen im März 2023 griffen die Polizeibeamten bei ihren Streifengängen Personen anhand von Kriterien wie »verdächtiges Aussehen« und »nervöses Verhalten« auf. Auch kollektive Strafverfahren mit bis zu 900 Angeklagten sollen künftig durchgeführt werden.[11] Die maximale Freiheitsstrafe für Bandenchefs wurde von 45 auf 60 Jahre erhöht.[12] Obwohl sie gegen die geltende Rechtsordnung verstoßen, werden diese im Kontext des Ausnahmezustandes beschlossenen Maßnahmen womöglich auf Dauer gestellt – schließlich sind sie unter anderem aufgrund des Rückgangs der Mordzahlen in der Öffentlichkeit durchaus beliebt.

Bereits im Jahr 2020 hatte sich Bukele mehreren Beschlüssen des Obersten Gerichtshofes widersetzt, die zahlreiche Dekrete und Maßnahmen für verfassungswidrig erklärt hatten, da sie nicht in den Kompetenzbereich der Regierung fielen. Inmitten einer öffentlichen Konfrontation aus diesem Grund beschuldigte Bukele die Richter, mit ihren Beschlüssen »Zehntausende von Salvadorianern« ermorden zu wollen. Im nationalen Fernsehen proklamierte er gar: »Wenn ich ein Diktator wäre, hätte ich sie [die Richter] alle erschossen.« Auch auf die internationale Kritik reagierte Bukele entsprechend auf Twitter:

»An unsere Freunde in der internationalen Gemeinschaft: Wir wollen mit Ihnen zusammenarbeiten, Handel treiben, reisen, einander kennenlernen und auf jede erdenkliche Weise helfen. Unsere Türen sind offener denn je. Aber bei allem Respekt: Wir räumen unser Haus auf … und das geht Sie nichts an.«[13]

Immer wieder verweist er auf die nationale Souveränität und verwehrt sich mit diesem Argument gegen die Kritik (internationaler) Menschenrechtsorganisationen. Mit einem überwältigenden Votum von 84,65 Prozent bei den Präsidentschaftswahlen am 4. Februar 2024 wurde Bukeles Position massiv gestärkt, auch seine Partei kann mit 58 von 60 Sitzen das Parlament vollständig kontrollieren.

VON DER JUGENDGEWALT ZUR BANDENKRIMINALITÄT: DIE MARAS

Die beiden maßgeblichen Jungendbanden Mara Salvatrucha MS-13[14] und Barrio 18[15] kamen in den 1990er Jahren durch die Abschiebung straffälliger Jugendlicher aus den USA nach El Salvador. In den 1980er Jahren

11 Vgl. Ana María Méndez Dardón, Mass Trials in El Salvador Reflect Unsustainability of the State of Emergency, in: wola.org, 03.08.2023, tinyurl.com/indes234h3.

12 Vgl. hierzu die Beschlüsse im Einzelnen unter tinyurl.com/indes234h4.

13 Vgl. die entsprechende Nachricht auf dem Twitter-Account @nayibbukele vom 21.05.2022.

14 »Mara« ist ein mittelamerikanischer Begriff für eine Bande; »Salva« bezieht sich auf El Salvador; »Trucha« ist ein Slangausdruck für »smart« oder »clever«. Die Zahl 13 verweist auf die 13. Straße in Los Angeles, dem Entstehungsort dieser Jugendbande.

15 Die Jugendbande Barrio 18 entstand im historischen Gebiet der 18th Street in Los Angeles, in der sich Jugendliche aus verschiedenen Nachbarschaftsvierteln *(barrios)* zusammenfanden.

waren salvadorianische Bürger in mehreren Wellen nach Nordamerika geflohen, um dem Bürgerkrieg in El Salvador zu entkommen Viele Jugendliche schlossen sich Jugendbanden in Latino-Vierteln US-amerikanischer Großstädte wie Los Angeles an. Nach dem Ende des zwölf Jahre andauernden salvadorianischen Bürgerkriegs 1992 führten Änderungen des US-Einwanderungsgesetzes zu einer massiven Abschiebung von Salvadorianern, darunter Mitglieder der Jugendbanden MS-13 und Barrio 18. Damit wurde auch die US-amerikanische Bandenkultur nach Zentralamerika verpflanzt.[16] Barrio 18 oder Mara Salvatrucha beispielsweise übernahmen deren Namen und Organisationsmuster. Auf diese Weise avancierten die Jugendbanden zu einem transnationalen Phänomen in Zentralamerika, vor allem in El Salvador, Guatemala, Honduras und mit Ausläufern in Mexiko.[17] Aufnahmerituale (wie die Ermordung eines Bandenrivalen), auffällige Tätowierungen und die Zugehörigkeit zu bestimmten Cliquen bestimmen die Binnenstruktur der Banden, die meist aus männlichen Jugendlichen bestehen.[18] Die Bedingungen der Postkonflikt-Ära, die üblicherweise mit den Folgen von Bürgerkriegen und sozialen Verwerfungen verbunden sind, kombiniert mit sozialer Ausgrenzung und einer Vielzahl anderer sozialer Probleme bildeten ein günstiges Umfeld für das Aufkeimen einer konfliktiven Bandenkultur. Die deportierten salvadorianischen Einwandererjugendlichen organisierten sich dann in gleichnamigen Gangs wie Barrio 18 (mit ihren beiden verfeindeten Strömungen der »Revolucionarios« und der »Sureños«) oder der MS-13.[19]

Die Expansion dieser Gangs wurde in urbanen Kontexten zunächst befördert durch plurale Sicherheitsordnungen, da konkurrierende illegale Gruppen und offizielle Behörden in den von ihnen kontrollierten Gebieten jeweils ihre eigenen Regeln und Vorschriften festzulegen und durchzusetzen versuchten. Sie verfügten jedoch nicht über die unmittelbare territoriale Kontrolle, die für eine direkte Interaktion mit der Bevölkerung erforderlich ist, und griffen daher auf die Erpressung von Schutzgeldern und Entführungen zurück, um die Bevölkerung einzuschüchtern. MS-13 und die beiden konkurrierenden Fraktionen des Barrio 18 sind heute in fast allen Gemeinden El Salvadors vertreten. Ihr Wachstum und die Ausweitung der Delikttypen von Autodiebstahl, Raubüberfällen, Drogenverkauf, Vergewaltigungen, Morden bis zu Erpressungen und Zeugeneinschüchterungen sowie der Einsatz schwerer Waffen werden zumindest teilweise auf reaktive Methoden der Sicherheitsorgane nach dem Motto der »mano dura« (eiserne Faust) zurückgeführt, mit denen die verschiedenen Regierungen auf das neue Gewaltphänomen reagierten. Die Grausamkeit der

16 Vgl. Maria Micaela Sviatschi, Spreading Gangs: Exporting US Criminal Capital to El Salvador, in: American Economic Review, H. 6/2022, S. 1985–2024.

17 Vgl. Sonja Wolf, Maras Transnacionales: Origins and Transformations of Central American Street Gangs, in: Latin American Research Review, H. 1/2010, S. 256–265.

18 Vgl. Sonja Wolf, Die Maras: Ein neues Gesicht der organisierten Kriminalität in Zentralamerika? in: Günther Maihold & Daniel Brombacher (Hg.), Gewalt, Organisierte Kriminalität und Staat in Lateinamerika, Opladen 2013, S. 145–165.

19 Vgl. José-Miguel Cruz, Central American Maras: From Youth Street Gangs to Transnational Protection Rackets, in: Global Crime, H. 4/2010, S. 379–398.

Verbrechen und die wachsende Kontrolle von Schulen durch die Banden haben zu einer massiven Einschüchterung der Bevölkerung angesichts des Versagens der Polizei geführt, sodass die Maras zum »bedeutendsten Gesellschaftsfeind«[20] aufgestiegen sind. Sie werden unmittelbar für den Anstieg der Mordraten im Lande verantwortlich gemacht. Jüngsten Schätzungen zufolge gibt es etwa 70.000 Bandenmitglieder im Land, die mit Hilfe eines Unterstützungsnetzwerks von etwa 40.000 Personen agieren, das hauptsächlich aus Verwandten, Partnern und andere Personen besteht, die von den illegalen Aktivitäten der Banden abhängen.[21] Die Banden und ihr Netzwerk machten im Jahr 2020 6,9 Prozent der Bevölkerung El Salvadors aus. Erpressungen werden von Bandencliquen in ihrem eigenen Gebiet durchgeführt, das in der Regel ein oder mehrere angrenzende Stadtviertel umfasst. Dort erzwingen sie Abgaben von lokalen Unternehmen aus dem Bus-[22], Taxi- und Transportgewerbe, die in ihrem Revier ansässig oder tätig sind. Systematische Erpressung erfolgt auch aus den Gefängnissen heraus, wo die Insassen mit Hilfe eingeschmuggelter Mobiltelefone ihre Opfer bedrohen, um sich im Gefängnis eine persönliche Einnahmequelle zu verschaffen. Das Leben im Gefängnis wird dabei zum Dauerzustand, denn im lateinamerikanischen Vergleich liegt die durchschnittliche Freiheitsstrafe verurteilter Täter in El Salvador mit 14,7 Jahren an der Spitze, bei Mord mit 33,5 Jahren auf Platz zwei hinter Mexiko.[23]

VERHANDLUNGEN, HAFTBEDINGUNGEN UND DER »PENAL STATE«

Im März 2012 riefen die drei größten in El Salvador operierenden Jugendbanden, die Mara Salvatrucha 13 und die zwei antagonistischen Fraktionen des Barrio 18 einen Waffenstillstand aus. Kurz danach sank die Mordrate in El Salvador um etwa vierzig Prozent (vgl. Grafik 1). Die Organisation Amerikanischer Staaten (OAS) schaltete sich ein, um den politischen Rückhalt für den Verhandlungsprozess zu gewähren. Um Konflikte zwischen inhaftierten Bandenmitgliedern zu vermeiden, wurden sie je nach Bandenzugehörigkeit in unterschiedliche Haftanstalten verbracht. In der Folge erlaubte die separierte Gefangenschaft, dass sich die Haftanstalten in selbstverwaltete Kommandozentralen der jeweiligen Banden verwandelten, was mit dem Kontrollverlust der Sicherheitsorgane über die eigenen Einrichtungen einherging. Die Verlegung von Gefangenen nach den jeweiligen Verhandlungsoptionen erwies sich sodann jedoch als Instrument, mit dem die Regierung Druck auf die Binnenstruktur der Banden ausüben konnte. Als eine Maßnahme zur Verbesserung der geheimen und von der Öffentlichkeit abgeschirmten Verhandlungsprozesse auf dem

20 Wolf, Die Maras, S. 161.

21 Vgl. International Crisis Group, Mafia of the Poor: Gang Violence and Extortion in Central America. Latin America Report Nr. 62, Brüssel 2017.

22 Vgl. Bryan Avelar, La ruta de buses que institucionalizó la extorsión, in: Revista Factum, 12.11.2016, tinyurl.com/indes234h5.

23 Vgl. Bergman & Fondevila, S. 34.

Weg zu einen Waffenstillstand ermöglichte die damalige Regierung von Präsident Mauricio Funes (2009–2014) im März 2012 die Verlegung von dreißig Bandenführern der Mara Salvatrucha und der Barrio 18 aus dem Hochsicherheitsgefängnis Zacatecoluca in andere Gefängnisse. Diese Zusammenführung stärkte die Integration der Banden, bot aber gleichzeitig durch eine stärkere Kontrolle der Bandenaktivitäten auch außerhalb der Haftanstalten durch ihre Anführer eine Garantie dafür, dass die Vereinbarungen über den Verzicht auf Angriffe gegen andere Banden, Gewalt gegen Frauen sowie die Rekrutierung in Schulen eingehalten wurden. Erpressungen, Drogenhandel und die Übergabe von Waffenlagern waren nicht Teil der Vereinbarung.

Der Waffenstillstand zwischen den salvadorianischen Banden ist ein Beispiel für eine nationale Strategie der Anpassung, bei der die Interessen des Staates und der Banden in Einklang gebracht werden, um das Ausmaß der Gewalt drastisch zu verringern. Er war nur möglich, weil die rivalisierenden Banden ihre Reaktionen gegenüber dem Staat intern koordinierten und in der Lage waren, eine zuverlässige und konsistente Antwort auf die Interessen der Regierung zu geben.[24] Im Ergebnis konnte so die Reduzierung die Gewaltinzidenz insbesondere der Morde erreicht werden, ein Zugewinn territorialer Kontrolle des Staates hingegen stand nicht im Vordergrund – vielmehr konsolidierte sich der Zustand einer »hybriden politischen Ordnung«, bei der die kriminellen Akteure auch weiterhin als Ordnungsfaktor agieren.[25] Doch die Vereinbarung war nicht von Dauer, entsprechend stieg die Mordrate im Jahr 2015 wieder deutlich an.

[24] Vgl. José-Miguel Cruz, The Politics of Negotiating with Gangs. The Case of El Salvador, in: Bulletin of Latin American Research, H. 5/2019, S. 547–562.

[25] Vgl. Achim Wennmann, Negotiated Exits from Organized Crime? Building Peace in Conflict and Crime-affected Contexts, in: Negotiation Journal, H. 3/2014, S. 255–273, hier S. 264.

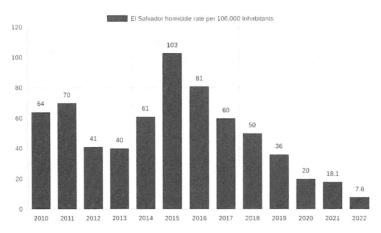

Quelle: tinyurl.com/indes234h6

Auch Präsident Bukele setzte zunächst auf die Veränderung der Haftbedingungen als Hebel, um nach seinem Amtsantritt im Jahr 2019 die Verhandlungen mit den verschiedenen Banden voranzubringen. Als deren Widerstand gegen die von ihnen erwarteten Zugeständnisse anwuchs, optierte die Regierung dafür, die innere Ordnung in den Haftanstalten zu straffen. »Sie werden im Dunkeln mit ihren Freunden aus den anderen Banden zusammen sein«, teilte Bukele per Twitter mit und ordnete eine Politik der harten Hand gegen inhaftierte Bandenmitglieder an. In der Folge wurden sämtliche Freizeit-, Sport- und Weiterbildungsaktivitäten in den Gefängnissen ausgesetzt, die vollständige Isolierung der Gefangenen für 24 Stunden angeordnet und die Sicherheitskräfte ermächtigt, tödliche Gewalt anzuwenden. Mit der Aufhebung der bis dahin vorherrschenden »Exklusivität« der Haftanstalten für die jeweiligen Banden wurden die bislang in getrennten Haftanstalten einsitzenden Mitglieder der beiden verfeindeten Banden zusammengeführt. Mitten in der COVID-19-Pandemie war mit dieser Zusammenlegung in den Gefängnissen eine massive Änderung der Haftbedingungen verbunden. Die jeweiligen Bandenmitglieder wurden zunächst in getrennten Zellen gehalten, eine Regelung, die jedoch schnell aufgehoben wurde. Zudem wurden die Zellen mit Metallplatten so versiegelt, dass die Kommunikation in bandentypischer Zeichensprache verhindert wurde. Es ging um Isolierung, ja Aussonderung eines Kollektivs von der Gesellschaft, also jene Merkmale, die unter dem Begriff des »penal state«[26] subsumiert werden – eine punitive Eindämmungspolitik als Regierungstechnik. Die Insassen haben Kontaktverbot zu Familienangehörigen beziehungsweise der Außenwelt, so dass über das Innenleben der neuen Haftanstalt bislang wenig nach außen dringen konnte. Der Präsident teilte lediglich mit, dass das Essen rationiert wurde, kein Hofgang gestattet werde und die Schlafmatten entzogen wurden.[27]

DER »BUKELISMO« ALS MODELL

Diese an die Gefängnissituation gebundenen Disziplinierungsmaßnahmen können als Muster für die gleichzeitig vorangetriebene Regulierung der Gesellschaft durch Einschränkung der Gewaltenteilung, des Rechtsstaats und der Presse- und Meinungsfreiheit beschrieben werden, das dem Ziel der (Re-)Etablierung gesellschaftlicher Normen dient, die vom Präsidenten des Landes vorgegeben werden. Journalisten der digitalen Zeitung *El Faro* mussten das Land verlassen und berichten nunmehr über Mittelsmänner; NGOs werden drangsaliert und überwacht. Präsident Bukeles Agieren im

---

26 Vgl. Markus-Michael Müller, The rise of the penal state in Latin America, in: Contemporary Justice Review, H. 1/2012, S. 57–76.

27 Vgl. die entsprechende Nachricht auf dem Twitter-Account @nayibbukele vom 31.03.2022 sowie tinyurl.com/indes234h7.

Ausnahmezustand hat die Militarisierung der Sicherheitsaufgaben im Land sowie Zensur und Einschränkung der Meinungsfreiheit befördert – alles weitere Schritte zu einer umfassenden Kontrolle der Gesellschaft. Dem ist noch die geplante, oben angerissene Einführung von Kollektivstrafen hinzuzufügen. Dieser punitive Populismus vollzieht sich im Zeichen einer anhaltenden Popularität des Präsidenten, die zwischen achtzig und neunzig Prozent liegt und sich auch im überwältigenden Stimmergebnis bei seiner Wiederwahl niederschlägt.

Gleichzeitig wird das »Modell Bukele« in vielen lateinamerikanischen Staaten als Vorbild für den Umgang mit der grassierenden Ausbreitung des organisierten Verbrechens betrachtet.[28] Der Fall El Salvador wirft ein Licht darauf, wie abrupte Veränderungen in institutionalisierten und ideologisch polarisierten Parteiensystemen stattfinden können.[29] In vielen formalen Demokratien Lateinamerikas wenden sich die Wähler von den etablierten Parteien ab. Da Bukeles stark personalisierte Politik einer Kombination aus »harter Hand«, Dispensierung der Gewaltenteilung und Durchsetzung des »penal state« sehr hohe Zustimmungsraten in der Bevölkerung erzielt, fungiert der »Bukelismo« geradezu als die sich empfehlende Handlungsfolie für politische Nachahmer in anderen lateinamerikanischen Staaten und darüber hinaus. Die überwältigenden Zustimmung der Bevölkerung für Bukeles Politik, der sich immer stärker als Nationalheld inszeniert, kommt geradezu einer bedingungslosen Unterwerfung der Bevölkerung unter seinen rigiden Politikstil nahe.

Indes ist die Vorstellung, eine Gesellschaft könne Menschen ins Gefängnis stecken und damit das zugrunde liegende Problem verdrängen, ein sehr alter Trugschluss. El Salvadors »Gefängnisfieber«[30] mag kurzfristig Wirkung und internationale Ansteckung entfalten, aber kriminelle Organisationen stellen ihre Aktivitäten nicht ein, weil ihre Mitglieder inhaftiert werden. Im Gegenteil üben sie ihre Macht und ihren kriminellen Einfluss sowohl innerhalb als auch außerhalb der Gefängnisse aus.

28 Vgl. Tiziano Breda, Why El Salvador's Anti-Crime Measures Cannot (and Should Not) Be Exported, in: IAI Commentaries, 1603.2023, tinyurl.com/indes234h8.

29 Vgl. Lucas Perelló & Patricio Navia, The disruption of an institutionalised and polarised party system: Discontent with democracy and the rise of Nayib Bukele in El Salvador, in: Politics, H. 3/2022, S. 267–288.

30 International Crisis Group, A Remedy for El Salvador's Prison Fever. Latin America Report, Nr. 96, Brüssel 2022.

Prof. Dr. Günther Maihold, geb. 1957, ist Professor für Politikwissenschaft am Lateinamerika-Institut der Freien Universität Berlin und war zwischen 2004 und 2023 stellvertretender Direktor Stiftung Wissenschaft und Politik in Berlin. Zu seinen neueren Publikationen gehören *Geopolitics of the Illicit. Linking the Global South and Europe* (Nomos 2022) sowie *Zwischen Moskau, Peking und Washington: Lateinamerika in der Großmachtkonkurrenz* (Nomos 2023).

WIEDERGELESEN

»TAUSCHE ABGEBÜSSTE HAFT GEGEN KOMPLETTE ENTSCHULDUNG«

AUSHANDLUNGEN UM SCHULD UND VERGEBUNG IN JEAN HATZFELDS *UNE SAISON DE MACHETTES* ÜBER DEN GENOZID IN RUANDA

Ξ Anne D. Peiter

»Avec Dieu, les paroles sont moins risquantes pour l'avenir, et plus soulageantes.«[1]

Der Tutsizid, der in den Monaten April bis Juni 1994 über eine Million Menschen das Leben kostete, hat Ruanda im »Danach« vor ein juristisches und organisatorisches Problem gestellt, das historisch beispiellos war. Die Beteiligungsrate an den Tötungen war aufseiten der Hutu derart hoch, dass bereits die Inhaftierung der Haupttäter:innen die Frage nach dem Weiterfunktionieren der ruandischen Gesellschaft aufwarf. Dieses Problem gewann an Brisanz, als die in Anrainerstaaten, zum Beispiel nach Zaire (in die heutige Demokratische Republik Kongo), geflohenen Täter:innen und ihre Familien ab 1996 nach und nach in ihr Land zurückkehrten. Die Frage nach den Möglichkeiten von Gerechtigkeit und gesellschaftlichem Zusammenhalt stellte sich nun mit neuer Dringlichkeit, was auch den Druck auf den juristischen Apparat erhöhte.

Im Folgenden geht es um die Selbstdeutungen und Zukunftsideen von Mördern, die von dem französischen Journalisten und Enkel von Shoah-Überlebenden Jean Hatzfeld in ihrem Gefängnisalltag im Rahmen eines ambitionierten, sich über viele Jahre erstreckenden Interviewprojekts befragt worden sind. Das Buch, auf dem die folgenden Überlegungen basieren, trägt den Titel *Une saison de machettes (Eine Jahreszeit der Macheten)* und zeigt, dass sich bei der Gruppe von Männern, mit denen Hatzfeld ins

1 Pancrace Hakizamungili, zit. nach Jean Hatzfeld, Une saison de machettes, Paris 2003, S. 229 (»Mit Gott sind die Worte in der Zukunft weniger risikobehaftet, und außerdem erleichternder.« [Übersetzung A. P.]). Zum Leben dieses Mannes vgl. ebd., S. 276.

Gespräch trat, eine Ökonomie des »Schuld-Wechsels« zu entwickeln begann. Gemeint ist die unter den Tätern verbreitete Idee, die Opfer müssten, sobald die Täter ihre Haft abgebüßt hätten, als »Gegengabe« ein totales Verzeihen »liefern« und damit den gewohnten, nachbarschaftlichen Alltag wieder aufnehmen, wie er vor dem Tutsizid geherrscht hatte.

EIN »GENOZID DER NÄHE«

Diese Erwartung verweist auf ein Konzept, das von der Forschung mit dem Begriff des »Genozids der Nähe« treffend beschrieben worden ist.[2] Zu etwas wie einem »Alltag« zurückzufinden, war fast unmöglich, weil die Überlebenden nun erneut im direkten Kontakt zu ihren einstigen Freund:innen, Nachbar:innen oder gar nahen Verwandte leben mussten, die kurz zuvor zu Mörder:innen geworden waren. Anders als in der Shoah war eine Voraussetzung der Massaker vielfach »übersprungen« worden – nämlich die administrative Identifizierung und Markierung derer, die getötet werden sollten –, weil Opfer und Täter:innen einander gemeinhin aus einem geteilten Alltag, durch den Besuch derselben Schulen und Kirchen sowie über vielfältige ökonomische und soziale Kontakte gekannt hatten. Man wusste also, wer zu ermorden war, und landesweite Straßensperren machten den Verfolgten die Flucht von den Orten, an denen jeder jeden kannte, praktisch unmöglich.[3]

Die Aufarbeitung des Genozids warf somit große Probleme auf. Das Gefängnis als Ort zu betrachten, nach dessen Verlassen – sprich: nach Absitzen der verhängten Haftstrafe – alles wieder »normal« werden würde, verkannte die Tatsache, dass Frauen, junge Mädchen, ja Kinder, die im Tutsizid Massenvergewaltigungen erlitten hatten und nur aufgrund dieser Gewalt eine höhere Chance verzeichneten, den Genozid zu überleben als Männer und männliche Kinder, massenhaft mit dem HI-Virus angesteckt worden waren, was konkret bedeutete, dass dem ersten Sterben im eigentlichen Genozid ein langgestrecktes, zweites Sterben folgte.[4] Die Überzeugung vieler Täter, mit Ablauf der Gefängnisstrafe werde »Gras« über die Toten gewachsen sein, ignorierte die Langfristigkeit der Traumata, mit denen die Überlebenden dann auch das Überleben zu überleben versuchen mussten.

DAS SCHEITERN DER RESOZIALISIERUNG

Indem Aussagen ins Zentrum rücken, in denen es um die Schwierigkeiten des Gefängnisalltags und die Erwartungen bezüglich der Zeit nach der Freilassung geht, möchte ich aus philologischer Perspektive das

2 Für die Beschreibung dieser Nähe zwischen Täter:innen und Opfern bleibt unverzichtbar: Hélène Dumas, Génocide au village. Le massacre des Tutsi au Rwanda, Paris 2014 und dies., Sans ciel ni terre. Paroles orphelines du génocide des Tutsi (1994–2006), Paris 2020. Vgl. auch Jean-Paul Kimonyo, der von einem »populären« bzw. »volkstümlichen Genozid« spricht: Jean-Paul Kimonyo, Rwanda. Un génocide populaire, Paris 2008. Materialreich ist die frühe Publikation eines amerikanischen Journalisten, der wie Jean Hatzfeld Nachkomme von Shoah-Überlebenden ist: Philip Gourevitch, Nous avons le plaisir de vous informer, que, demain, nous serons tués avec nos familles. Chroniques rwandaises, Paris 2002.

3 Die regionalen Unterschiede ebenso wie vergleichbare Strukturen bezüglich der Identifizierung der Opfer sind dokumentiert in dem überaus umfänglichen Buch von Human Rights Watch (Hg.), Aucun témoin ne doit survivre. Le génocide au Rwanda, Paris 1995.

4 Genaueres dazu bei Esther Mujawayo & Souâd Belhaddad, Survivantes, Paris 2011.

Scheitern von Resozialisierungsbemühungen im Kontext von Massengewalt thematisieren.

In Hatzfelds Interviews zeigt sich, dass die verurteilten Täter die Drohungen, die sie gegen aussagebereite Überlebende, die von der ruandischen Exilarmee befreit worden waren, aussprachen, sehr klar zu formulieren pflegten. Sie bekunden die Überzeugung, das Bedauerliche am Tutsizid sei vor allem, dass er nicht »restlos« zu Ende geführt worden sei. Noch im Gefängnis äußerten die Täter ohne Umschweife die Idee, dass, wenn man sie mit »zu vielen« Erinnerungen konfrontiere, nur eine verspätete »Rache« das gesellschaftliche »Gleichgewicht« wieder in Ordnung bringen könne. Überlebende Tutsi sind tatsächlich zum Opfer erneuter Morde geworden, und zwar sowohl vor als auch nach Einsetzung der so genannten *Gaçaça,* jener lokalen Gerichte, die zu einer Befriedung der ruandischen Gesellschaft beitragen sollten.

Dass auch die Kinder der Täter:innen mit den ökonomischen und sozialen Problemen zu leben hatte, die sich aus der »Tausch-Ökonomie« insbesondere der Väter in Sachen »Schuld« ergaben, bringen die Interviewten in den Gesprächen mit Hatzfeld praktisch nicht zur Sprache. Offenbar war den Vätern nicht klar, in welchem Alltag sich die eigenen Kinder während ihrer Haft bewegten. Das Buch zeigt neben diesem Realitätsverlust der Täter auch ihre Unfähigkeit, sich in die Situation der Überlebenden hineinzuversetzen. Doch Hatzfelds Beschäftigung mit Ruanda beschränkte sich nicht auf die Auseinandersetzung mit den Tätern. In einem weiteren Projekten hat er dann auch die Perspektive der Kinder der Täter einbezogen, so dass sich sein Panorama zu einer Studie zu den intergenerationellen Folgen des Genozids erweiterte. Die Geduld, mit der Hatzfeld stets von Neuem in denselben Ort und in dieselben Familien zurückkehrte, gehört zu den vielen Verdiensten seiner Arbeit.[5] Mit der Perspektive der Kinder (von Opfern wie von Tätern) ist ein Gegengewicht zu den »Tausch«-Illusionen impliziert, die sich zuvor aufseiten der schuldigen Väter abgezeichnet hatten.

DIE SELBSTVERSTÄNDLICHKEIT DES BEDAUERNS

Ein von Hatzfeld Befragter, ein gewisser Fulgence Bunani, der zum Zeitpunkt des Genozids 33 Jahre alt gewesen war, sich zuvor stark in der katholischen Gemeinde von Kibungo engagiert hatte und nach seiner Verhaftung zu zwölf Jahren Gefängnis verurteilt wurde – von denen er, da geständig, jedoch nur sechs abbüßte[6] – definiert, was seiner Ansicht nach unter dem Begriff der »Vergebung« zu verstehen sei: »Pardonner, c'est

5 Jean Hatzfeld, La stratégie des antilopes, Paris 2007.

6 Die biografischen Informationen zu diesem Mann finden sich in: Hatzfeld, saison de machettes, S. 275.

gommer la faute qu'un autre a commise contre vous.«[7] (»Zu vergeben, heißt, ein Vergehen, das jemand gegen Euch begangen hat, auszuradieren« [Übersetzung A. P.].)[8]

Diese Idee des »Verschwindens« der Schuld zieht sich wie ein roter Faden durch die Grundüberzeugungen dieses der Kirche verbundenen Mannes:

»Moi, j'ai demandé pardon aux familles éprouvées pendant le procès et je leur ai dit le mal que je leur avais fait. Je pense donc que je serais pardonné. Sinon tant pis, je prierai. Le pardon est une grande chance, il peut adoucir la punition et soulager les regrets, il facilite l'oubli.«[9]

»Ich selbst habe die Familien, die gelitten haben, während des Prozesses um Verzeihung gebeten, und ich habe ihnen gesagt, was ich ihnen Böses angetan habe. Ich denke also, dass mir verziehen werden wird. Wenn nicht, dann sei's drum. Vergebung ist eine große Chance, sie kann die Strafe abmildern und die Reue lindern, sie vereinfacht das Vergessen« [Übersetzung A. P.].

Wie bei vielen anderen Tätern auch muss das Wort »donc«, das heißt »also«, als Ausdruck eines Denkens in kausalen Zusammenhängen hervorgehoben werden. Fulgence ist der Überzeugung, aus Geständnis und Bitte um Vergebung müsse automatisch die Entschuldung folgen. Die Unmittelbarkeit, die er beim Übergang von der Schuld hin zu so etwas wie Schuldlosigkeit erwartet, zeugt von der Ungeduld, mit der er auf das Vergessen zusteuert: Wenn die Überlebenden nicht gewillt sind, die Verzeihung mit jener Promptheit zu bestätigen, die Fulgences Gefängnisalltag vereinfachen würde, weiß dieser längst, was zu tun ist: Er wird keine weitere Mühe auf die Frage verwenden, welche Gefühle seine Geständnisse bei den Überlebenden hervorgerufen haben – er wird sich an Gott wenden, weil dieser dann, anders als die Menschen, genau weiß, wie zu antworten ist. Insgesamt wird die Frage nach dem Austausch mit den Opfern also allein im Lichte der eigenen Zukunft gesehen und nicht als Versuch, sich die Konsequenzen der Verbrechen *für die Betroffenen* vorzustellen.[10]

DER NUTZEN DER REUE

Jean-Baptiste Murangira, der eine weiterführende Schule besucht und eine Frau aus einer Tutsi-Familie geheiratet hatte, bevor der Genozid begann, gehört zu den Tätern, die im Gefängnis jeden Kontakt zu seinen sechs Kindern verloren haben.[11] Genau wie Fulgence Bunani argumentiert auch er, die Buße müsse für die Verurteilten von Nutzen sein. Während

7   Fulgence Bunani, zit. nach ebd., S. 226.

8   Gemeint ist mit dem Verb *gommer* das »Vergessen-Machen«. Das ist jedoch ganz konkret zu verstehen – nämlich als »Ausradieren« mit dem Radiergummi.

9   Fulgence Bunani, in: ebd., S. 226f.

10   Zu weiteren Überlegungen zur Frage nach dem Umgang mit der Schuld sie Anne D. Peiter, Der Genozid an den Tutsi Ruandas. Von den kolonialen Ursprüngen bis in die Gegenwart, Marburg 2024.

11   Zu dieser Biografie vgl. Hatzfeld, saison de machettes, S. 278.

jedoch Bunani die Überlebenden noch mit einem wegwerfenden »Sei's drum« aus seinem Gesichtsfeld katapultiert hatte, deutet sich bei Jean-Baptiste explizit eine drohende Note an:

»En prison, le grand nombre rejette le pardon. Ils disent ›J'ai demandé pardon et je suis toujours en prison. A quoi ça sert, sauf à plaire aux autorités?‹ ou alors ils répètent: ›Voyez celui-là, il a demandé pardon à tout le monde à son procès et ça ne lui a pas évité une pénible condamnation. Le pardon, pour nous, c'est désormais peine perdue.‹ Voilà pourquoi ils préfèrent se planter dans leurs convictions d'antan.«[12]

»Im Gefängnis wehren die meisten die Vergebung ab. Sie sagen: ›Ich habe um Vergebung gebeten und bin noch immer im Gefängnis. Wozu soll das nutze sein, einmal abgesehen davon, dass es den Autoritäten entgegenkommt?‹ Oder sie wiederholen: ›Seht nur diesen da, er hat während seines Prozesses alle um Vergebung gebeten, und doch hat man ihm eine schwere Strafe aufgebrummt. Für uns ist Vergebung von nun an vergebliche Liebesmüh'.‹ Das ist der Grund, warum sie es vorziehen, sich in ihren einstigen Überzeugungen zu verwurzeln« [Übersetzung A. P.].

Die scheinbar distanzierte Beschreibung der Positionen, die seine Mitgefangenen verträten, kann nicht darüber hinwegtäuschen, dass Jean-Baptiste Murangira in Wirklichkeit von sich selbst spricht. Da sein Prozess zu einem frühen Zeitpunkt stattfand und er damit zu den ersten gehörte, die ins Gefängnis kamen, fiel seine Strafe strenger aus als die seiner Mithäftlinge, die er als »Kollegen« wahrnimmt, weil sie sich auf ähnliche Weise schuldig gemacht hatten wie er. Neben die Erwartung einer prompten »Belohnung« für Schuldbekenntnisse tritt in diesem Zeugnis eine Arithmetik der Aufrechnung, die Gerechtigkeit nach dem Strafmaß der anderen berechnet. Das vermeintliche Anrecht auf Vergebung mündet schließlich in eine quasi-bäuerliche Rhetorik, die sich aufs Pflanzenwachstum bezieht: Das reflexive Verb »se planter« bedeutet eigentlich »pflanzen«, kann hier aber übersetzt werden mit »Verwurzelung« oder der »Postierung« seiner selbst im Garten, Die einstigen, genozidalen Überzeugungen und Ambitionen werden nicht aufgekündigt, sondern vielmehr bestätigt und für dauerhaft gültig erklärt werden. Die Pflanze steht, wo sie immer stand, sie hat ihre Position auf keine Weise verändert.

Adalbert Muzingura zieht also aus der Nutzlosigkeit der Bußfertigkeit den Schluss, den Überlebenden müsse verdeutlicht werden, welchen

12 Jean-Baptiste Murangira, zit. nach ebd., S. 227.

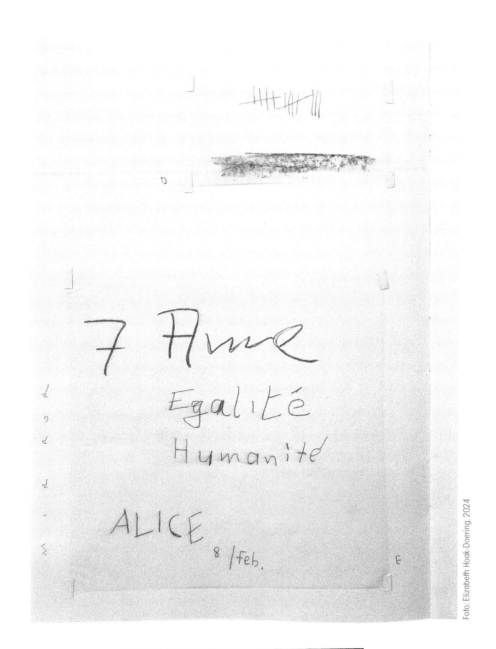

Notizen, Zelle 329. Gruppenzelle.

Nutzen sie aus der Bereitschaft, zu vergeben, zögen: Ohne Vergebung würden die Täter bleiben, was sie sind – nämlich bereit, die begonnene »Arbeit« (so der seit Jahrzehnten verbreitete Euphemismus für das Töten[13]) zu Ende zu führen, hin zu der »Endlösung«, die in einem »tutsifreien« Ruanda bestünde.

»Si je suis pardonné par les autorités, si je suis pardonné par Dieu, je vais être pardonné par mes avoisinants. Le temps va nous faire attendre, les efforts seront pénibles, mais ce pardon est nécessaire. Sans le pardon, de terribles tueries vont pouvoir recommencer. Le pardon est une décision de la nouvelle politique des autorités de Kigali. C'est trop pénalisant pour un avoisinant éprouvé, de contrer la justice de son pays et la religion.«[14]

»Wenn mir von Seiten der Autoritäten vergeben wird, wenn mir von Gott vergeben wird, wird mir auch von meinen Nachbarn vergeben werden. Die Zeit wird uns warten lassen, die Anstrengungen sind beschwerlich, doch die Vergebung ist notwendig. Ohne Vergebung können die furchtbaren Massaker von Neuem beginnen. Die Vergebung ist eine Entscheidung der neuen Politik der Autoritäten in Kigali. Für einen Nachbarn, der gelitten hat, bringt es zu viele Nachteile mit sich, sich der Rechtsprechung seines Landes und der Religion zu widersetzen« [Übersetzung A. P.].

OPFER-TÄTER-UMKEHR

Wer hier der Bestrafte ist und wer der zu Bestrafende, wer der Täter und wer das Opfer, ist in Muzinguras Ausführungen nicht mehr recht erkennbar. Eine Opfer-Täter-Umkehr zeichnet sich ab, der eine Logik der Drohung folgt. Adalbert Muzingura glaubt, nicht nur die Rechtsprechung, sondern auch die Religion auf seiner Seite zu haben. Wer nicht schleunigst vergibt, wird mit neuen Massakern zu rechnen haben. Der Moment der Befreiung der Täter werde kommen, und damit die Abrechnung, die der Befragte offenbar im Einklang mit seinen religiösen Prinzipien weiß: Gott immerhin hat schon verziehen. Die Überlebenden müssen es also Gott nachtun und gleichfalls mit der gebotenen Bereitwilligkeit verzeihen.[15]

Wie real die Lebensgefahr war, in der aussagewillige »Davongekommene« nach der vermeintlichen Beendigung des Genozids weiterhin schwebten, kann paradigmatisch anhand der Autobiografie des heute im Schweizer Exil lebenden Révérien Rurangwa nachvollzogen werden. Seine ganze Familie – insgesamt 43 Menschen – war vor seinen Augen von einem

---

13 Zur langen Vorgeschichte des Genozids seit 1959 vgl. Gérard Prunier, The Rwanda Crisis. History of a Genocide 1959–1994, London 1995.

14 Adalbert Munzigura, in: Hatzfeld, saison de machettes, S. 228.

15 Allgemein zur modernen Gewaltgeschichte vom Kolonialismus bis hin zum Kalten Krieg vgl. Anne D. Peiter, Träume der Gewalt. Studien der Unverhältnismäßigkeit zu Texten, Filmen und Fotografien. Nationalsozialismus – Kolonialismus – Kalter Krieg, Bielefeld 2019.

Nachbarn und seinen Helfern umgebracht worden. Er, der durch die furchtbaren Verstümmelungen seines Gesichts, ein ausgestochenes Auge und eine abgehackte Hand auf den ersten Blick als Genozidopfer erkennbar war, musste feststellen, wie korrekt die Aussage einer befreundeten Überlebenden, der schon zitierten Esther Mujawayo, war: »Un rescapé qui ose demander des comptes est un rescapé de trop.«[16] (»Ein Überlebender, der die Rechnung verlangt, ist ein Überlebender zu viel.« [Übersetzung A. P.])

Entsprechend wirkt es wie ein Echo von Adalbert Muzinguras Drohungen, wenn ein weiterer Mitgefangener namens Alphonse Hitiyaremye, Bauer und Geschäftsinhaber aus Kanzenze, Jean Hatzfeld gegenüber zu Protokoll gibt:

»Moi, si je suis pardonné par les autorités et si je sors de prison ma peine terminée, je pourrais dire sur la colline encore plus de vérité qu'au procès. Je pourrais ajouter des aveux, et des souvenirs, que j'ai gardés en cachette pour mes avoisinants. Si je suis libre, je pourrais perfectionner des détails et des déroulements sur la situation dans les marais. Je pourrais faire des visites dans les maisons et raconter comment ça s'est passé pour celui-ci et pour celui-là, pour satisfaire leur besoin de savoir personnel, et pour recevoir leur pardon. Mais si je suis trop pénalisé et que je doive rester trop longtemps en prison, je continuerai à vivre ici en tueur. Sans pardon, ni courage, ni vérité. C'est-à-dire comme une personne qui a tout perdu, pas seulement matériellement.«[17]

»Wenn mir von den Autoritäten vergeben wird und wenn ich nach Abbüßung meiner Strafe aus dem Gefängnis komme, könnte ich auf dem Hügel [das heißt, in seinem heimatlichen Ort; A. P.] noch mehr Wahrheiten mitteilen als während des Prozesses. Ich könnte Geständnisse hinzufügen, und auch Erinnerungen, die ich für meine Nachbarn geheim gehalten habe. Wenn ich frei bin, könnte ich Einzelheiten und Abläufe bezüglich der Situation in den Sümpfen genauer ausführen. Ich könnten in den Häusern Besuche machen und erzählen, wie's für den einen da abgelaufen ist und für jenen, um so ihr Bedürfnis nach persönlichem Wissen zu befriedigen und ihre Vergebung zu erlangen. Doch wenn ich zu stark bestraft werde und wenn ich zu lange im Gefängnis bleiben muss, werde ich weiterhin wie ein Mörder leben. Weder mit Vergebung noch mit Mut noch mit Wahrheit. Das heißt, wie eine Person, die alles verloren hat, und zwar nicht nur materiell« [Übersetzung A. P.].

16 Révérien Rurangwa, Génocide. Récit, Paris 2006, S. 78. Rurangwa gibt an, der Satz stamme von der mit ihm befreundeten Esther Mujawayo. Dieser ist wiederum das überaus wichtige Buch zu verdanken, das schon genannt wurde: Mujawayo, SurVivantes.

17 Alphonse, zit. nach Hatzfeld, saison de machettes, S. 229.

TOTENEHRUNG

Dass auch hier ein quasi-händlerisches Angebot unterbreitet wird, ist unverkennbar. Die Überlebenden, die oft nicht wussten, ob man ihre Angehörige verscharrt, sie in Latrinen ertränkt oder aber über Flüsse an die Orte »zurückgeschickt« hatte, von denen die Tutsi, so das Grundkonzept der so genannten »hamitischen Theorien«, einst »als Fremde« nach Ruanda »eingewandert« seien[18], waren mitunter bereit, den Mördern Geld zu bezahlen, um nach Auffindung der Körper den Ermordeten zu einem christlichen Begräbnis zu verhelfen.

Alphonse Hitiyaremye ist sich dieses Bedürfnisses der Hinterbliebenen, Genaueres über die letzten Momente und die Umstände der Ermordung von Verwandten und Freund:innen zu erfahren, bewusst, denn er brüstet sich regelrecht mit dem Wissen, das er im Falle seiner Entlassung im Gepäck mit sich führen und in die verschiedenen Häuser tragen würde. Doch auch dieses »Angebot« endet letztlich mit der Ankündigung, ohne entsprechende Gegenleistungen werde er der Täter bleiben, den die Menschen seiner Heimatregion gefürchtet hatten. Das obige Zitat beweist, dass die Androhung, keinen inneren Wandel zu vollziehen, auf die Absicht hinausläuft, den Genozid weiterzuführen. Dass sich im Gefängnis regelrechte »Mordgemeinschaften« herausbildeten, die darüber nachsannen, wie die Hutu die Macht zurückerobern könnten, gehört zu den starken Eindrücken, die sich aus der Lektüre von Hatzfelds Buch ergeben.

Der Täter hatte von den Opfern Vergebung erhofft, ja regelrecht eingefordert. Dies zeigte sich darin, dass er beteuerte, man könne auf seine Reue zählen. In Wirklichkeit stellte sich die Reue jedoch als Haltung dar, die fest mit der Vergebung von Seiten der Opfer rechnete. Wenn sie ausbleiben würde, so wird impliziert, werde er sich die Vergebung nach seiner Entlassung aus dem Gefängnis mit Gewalt verschwaffen.

Die Interviewten nutzten ihre Gespräche mit Hatzfeld nicht für den Versuch zur Introspektion. Sie bemühten sich nicht um eine christlich motivierte Prüfung des eigenen Gewissens, sondern machten die Gespräche zu einem Schauplatz, auf dem sie ihre fortgesetzten Vernichtungspläne öffentlich kundtaten. Elie Mizinge, der erst als Soldat, dann als Polizist, schließlich als Bauer gearbeitet hatte, formuliert dies auf ebenso konzise wie unumwundene Weise: »En prison et sur les collines, tout le monde regrette évidemment. Mais le grand nombre des tueurs regrettent de ne pas avoir bouclé le boulot.«[19] (»Im Gefängnis und auf den Hügeln bedauern's selbstverständlich alle. Aber die meisten Mörder bedauern, dass sie ihren Job nicht zu Ende gebracht haben« [Übersetzung A. P.].)

---

[18] Für das Verständnis der »Ethnogenese« Ruandas im kolonialen Zeitalter bleiben wichtig: Jean-Pierre Chrétien, Hutu et Tutsi au Rwanda et au Burundi, in: Jean-Loup Amselle & Elikia M'Bokolo, Au cœur de l'ethnie. Ethnies, tribalisme et Etat en Afrique, Paris 1999, S. 129–166 und Jean-Pierre Chrétien & Marcel Kabanda, Rwanda. Racisme et génocide. L'idéologie hamitique, Paris 2016. Lohnend, da kenntnisreich: Peter Rohrbacher, Die Geschichte des Hamiten-Mythos, Wien 2002.

[19] Elie Mizinge, zit. nach: Hatzfeld, saison de machettes, S. 184.

AUSBLICK

Nachdem die Minderheit der Tutsi im Zuge einer beispiellosen, historischen Beschleunigung einer ebenso grausamen wie effizienten und von langer Hand geplanten Mordmaschinerie ausgesetzt gewesen war, auf die die Internationale Gemeinschaft nur zögerlich zu reagieren vermochte (beziehungsweise reagieren wollte), stellt sich abschließend die Frage, inwieweit der Genozid als ›abgeschlossenes Projekt‹ betrachtet werden kann. Enthält die Gewaltbereitschaft, die sich in den Zeugnissen der zitierten Tätergruppe zeigt, nicht die Möglichkeit einer »Fortsetzung«? Lassen die Schwierigkeiten, zu einer wirklichen, juristischen Aufarbeitung im umfassendsten Sinn zu finden, nicht die Befürchtung aufkommen, dass das ruandische Versöhnungsprojekt, das auf einer strikten Tabuisierung aller ethnischen Unterscheidungen beruht, letztlich Stückwerk bleiben wird?

Versöhnung und Vergebung haben die Todesdrohung zur Grundlage, und daran hat auch die Gefängnisstrafe wenig ändern können. So erklärt sich, dass die abschließende Stellungnahme keine Ausnahme darstellt, sondern eine Regel, die in die ruandische Zukunft hineinwirken würde:

»Moi, je dis, si je suis pardonné comme il faut, je vais récupérer un esprit normal, ma mentalité d'auparavant; si je ne suis pas pardonné, je vais garder celle d'un fauteur. Mais, ce n'est pas moi qui peux prononcer les mots d'une bonne intention, ce sont les rescapés. Raison pour laquelle je suis impatient. Un pardon, c'est toujours très avantageux pour celui qui le reçoit.«[20]

»Wenn mir, so sage ich, vergeben wird, wie's sich gehört, werde ich einen normalen Geisteszustand zurückgewinnen, meine Mentalität von einst; wenn mir hingegen nicht vergeben wird, werde ich die eines Schuldigen behalten. Doch es ist nicht an mir, diese Worte der guten Absicht auszusprechen, es ist an den Überlebenden. Darum bin ich so ungeduldig. Eine Vergebung ist für denjenigen, der sie erhält, immer äußerst vorteilhaft« [Übersetzung A. P.].

[20] Ignace Rukiramacumu, zit. nach Hatzfeld: Saison de machettes, S. 229.

Dr. habil. Anne D. Peiter arbeitet seit ihrer Promotion zum Thema *Komik und Gewalt. Zur literarischen Verarbeitung der beiden Weltkriege und der Shoah* (Böhlau) als Germanistikdozentin an der Universität von La Réunion. 2018 habilitierte sie sich an der Sorbonne Nouvelle mit der Arbeit *Träume der Gewalt. Lektüren der Unverhältnismässigkeit zu Texten, Filmen und Fotografien. Nationalsozialismus – Kolonialismus – Kalter Krieg* (transcript). Ihr jüngstes Buch: *Der Genozid an den Tutsi Ruandas. Von den kolonialen Ursprüngen bis in die Gegenwart* (Büchnerverlag 2024).

ABHANDLUNG

STIMMEN DES WIDERSTANDS IM MEDIUM DER STILLE

EIN ERSTER BLICK AUF DIE GRAFFITI IM EHEMALIGEN STASI-UNTERSUCHUNGSGEFÄNGNIS BERLIN-HOHENSCHÖNHAUSEN[1]

Ξ Elizabeth Hoak-Doering

Stellen Sie sich ein frühes MTV-Video vor, das den einzigen Gast eines leeren Restaurants zeigt, einen jungen Mann mit schulterlanger blonder Mähne und finsterem Gesichtsausdruck. Als die Kamera sich ihm nähert, öffnet er den Mund; die Kamera taucht ein – nicht in seine Kehle, sondern in den endlosen Gang irgendeiner Institution. Schnitt. Nun ist ein Szenario zu sehen, in dem seine Bandkollegen ihn in eine Betonkiste zwängen. Schnitt. Es folgen Naturszenen, in denen sie gemeinsam auftreten und auf ihre V-Modell-E-Gitarren eindreschen. Einige Schnitte später treten sie mit den Füßen gegen eine Zementwand, die mit Stacheldraht bewehrt ist. Für den Refrain von *I Want Out* kehrt das Video zu dem alptraumhaften Trip durch den Gang in irgendeiner Institution zurück.

[1] Die Autorin dankt der Gedenkstätte Berlin-Hohenschönhausen: dem Direktor Dr. Helge Heidemeyer für den Zugang zu den Gefängniszellen während der Recherche, Dr. Elke Stadelmann-Wenz für ihre Unterstützung und kritische Durchsicht sowie André Kockisch für sein frühes Interesse.

Abb. 1: Zählstriche und »Helloween«. Zelle 326, Berlin-Hohenschönhausen. Foto: Elizabeth Hoak-Doering

Eines der Probleme bei eingeritzten Graffiti, vielleicht bei Graffiti im Allgemeinen, besteht darin, dass die Betrachtenden die Tendenz ihres Verstandes das zu sehen, was er sehen will, überlisten müssen. In der Gefängniszelle 326 scheint das Wort »Helloween« auf den ersten Blick »Halloween« zu meinen; es ist in der für einen auf Augenhöhe schreibenden Rechtshänder typischen Neigung gekratzt (Abb. 1). Doch der Tausch eines »a« gegen ein »e« macht den Unterschied zwischen einem Feiertag und einer bahnbrechenden Power-Metal-Band aus Hamburg. Helloween warb mit dem skizzierten Musikvideo 1988 für die Hitsingle *I Want Out,* die später auch auf dem beliebten Album *Keeper of the Seven Keys II* zu finden war.[2] Für jemanden, der dort inhaftiert ist, wo das Graffito auftaucht, nämlich in Berlin-Hohenschönhausen, war dieser Song offenbar ein echter Ohrwurm. Eindrücklich dürfte es auch die Bildsprache des Videos mit dem geraden, leeren Flur gewesen sein, die sich stark mit der Hohenschönhauser Knastrealität überschneidet. An der schlecht getünchten Wand neben dem »Helloween«-Graffito erscheint, von einer anderen Hand geschrieben, »Metallica«. Obwohl die Graffiti anonym sind, können Betrachtende über die Musik die Denkweise oder zumindest den mentalen Soundtrack eines Häftlings in Zelle 326 um das Jahr 1988 oder danach erahnen.

Der folgende Bericht ist eine Originalrecherche und -dokumentation von Graffiti, die in den Jahren 2017–2022 in der ehemaligen zentralen Untersuchungshaftanstalt des Ministeriums für Staatssicherheit (MfS, gemeinhin kurz: Stasi), der heutigen Gedenkstätte Berlin-Hohenschönhausen, durchgeführt wurde.[3] Es handelt sich um die erstmalige systematische Erfassung dieser Graffiti aus den letzten Jahren der Deutschen Demokratischen Republik (DDR).[4] Bei der Recherche wurden die ältesten in den Zellen gefundenen Graffiti auf die Zeit um 1987 und die jüngsten auf Anfang 1990 datiert. Ungeschützt und fragil, befinden sie sich in einem prekären Erhaltungszustand. Dabei sind sie wertvolle Hinweise auf Individualität in einem System, das Konformität erzwingen soll. Als dem größten der 17 über die gesamte DDR verteilten Untersuchungsgefängnissen kam dem Stasi-Untersuchungsgefängnis in Hohenschönhausen ein besondere Rolle bei der Machtsicherung des SED-Regimes zu.[5] Zwar fiel die Behandlung der Häftlinge von Fall zu Fall und im Laufe der Zeit sehr unterschiedlich aus, *indes* mussten viele Gefangene intensive und oft willkürliche Verhöre, den Entzug der Privatsphäre, extreme Einsamkeit und psychische Folter ertragen. Körperliche Gewalt allerdings wurde in den späteren Jahren der DDR zumindest offiziell nicht geduldet. Um jedoch die große Zahl Gefangener, die politischer Verbrechen beschuldigt

2   Kai Hansen & Helloween, »I Want Out« (offizielles Musikvideo), 14.08.2006, tinyurl.com/indes234j1.

3   Die Initiative, Graffiti im in der ehemaligen Haftanstalt Hohenschönhausen zu untersuchen, kam von außerhalb der Einrichtung. Während eines einjährigen internationalen Künstleraufenthalts in Berlin besuchte ich das Gefängnis, um mir die dortigen Aufzeichnungen über die modernen Inschriften anzusehen. Aufgrund meines empirischen Ansatzes wurde ich in den dritten Stock geführt, wo mir eine Fülle von Graffiti auffiel, die nicht in den Aufzeichnungen enthalten waren (siehe FN 3). Daraufhin schlug ich eine eingehende Untersuchung und Aufzeichnung aller Beschriftungen im dritten Stock vor, was zu meiner Doktorarbeit führte.

4   Einige Graffiti wurden 2006 in einem internen Bericht des Restaurierungsteams Boerger und Boerger in Zusammenarbeit mit dem Kompetenzzentrum Kriminaltechnik des Landeskriminalamts beschrieben. Der Bericht befasst sich mit ausgewählten Graffiti in den Zellen, den Markierungen der Wärter in den Gängen und den Bedingungen vor Ort.

5   Ihrem Selbstverständnis nach war die Stasi »Schild und Schwert« der Partei.

wurden, schon vor Prozessbeginn und Verurteilung zu einer Selbstbezichtigung oder zu einem Geständnis zu bewegen, unterliefen und manipulierten die Vernehmungsbeamten diese offiziellen Richtlinien.

Die Tatsache, dass Graffiti in diesem spezifischen Kontext eine andere Betrachtungsweise erfordern als Graffiti in anderen Zusammenhängen, selbst als solche in anderen Gefängnissen, wird hier nur am Rande gestreift, aber in meiner Doktorarbeit *Intentions Through Hands and Time* (Arbeitstitel, erscheint voraussichtlich 2024) ausführlich behandelt. Darin sowie in *An Autopsy of Plain Lines: Examples from the former Stasi prison, Berlin-Hohenschönhausen* (Buchkapitel, erscheint 2024) finden sich auch methodische und theoretische Modelle zu ihrer Analyse, die hier nicht berücksichtigt werden können. Vorliegender Bericht betrachtet vordergründig den Inhalt ausgewählter Graffiti sowie die sie ans Licht bringenden gegenkulturellen und sozialen Spezifika der 1980er Jahre. Dies geschieht vor der Hintergrundfolie der Institution, in der sich die Graffiti befinden: des ehemaligen zentralen Stasi-Untersuchungsgefängnisses, der heutigen Gedenkstätte Berlin-Hohenschönhausen. Die Geschichte dieses Gefängnisses ist geprägt von Gewalt, Repression, düsterer Architektur und politischen Machenschaften. Nachstehend soll es allerdings primär um das gehen, was an der Oberfläche liegt, und um die Hinweise, die die Graffiti auf die Kulturen und Haltungen einiger der letzten Inhaftierten geben.

BERLIN-HOHENSCHÖNHAUSEN, 1989 UND DAVOR

Mithilfe sowjetischen Einflusses entwickelte sich die Haftanstalt Hohenschönhausen in den späten 1940er und frühen 1950er Jahren zu einem gefürchteten Ort, wo mittels brutaler Verhörtechniken der Widerstand gegen die entstehende sozialistische Diktatur gebrochen werden sollte. Nach dem Bau der Berliner Mauer im August 1961 konzentrierte man sich darauf, Regimegegner:innen mit psychologischen Techniken innerhalb und außerhalb des Gefängnisses einzuschüchtern und zum Schweigen zu bringen. Zu den Insass:innen aus dieser Zeit gehörten prominente Dissident:innen und Bürgerrechtler:innen wie Jürgen Fuchs (1976–77 in Hohenschönhausen inhaftiert), Ulrike Poppe (1983–84), Bärbel Bohley (1983–84 und 1988) oder Freya Klier (1988). Auch Kulturaktivist:innen und Musiker:innen wurden eingesperrt, darunter Christian Kunert (1976–77), Jürgen Pannach (1976–77) und Stephan Krawczyk (1988).[6] Diese prominenten Ex-Häftlinge gehörten zu den mehr als 10.000 Personen, die zwischen April 1951 und Januar 1990 in diesem Gefängniskomplex inhaftiert waren. Doch trotz der Umwandlung des Gefängnisses in eine

6 Vgl. Ulrike Lippe, Prison Biographies, tinyurl.com/indes234j2.

Gedenkstätte und der Einrichtung eines Zeitzeugenarchivs mit mehr als 150 Beiträgen schweigen die meisten ehemaligen Häftlinge, insbesondere diejenigen aus der letzten Phase des Gefängnisses.

Gefängnismauern und Wachtürme dienen den Bürger:innen in der Regel als manifeste visuelle Symbole für bestimmte Prinzipien von Recht und Ordnung einer Gesellschaft. Sie strahlen Macht aus, weil das Gefängnis entweder zentral (La Bastille) oder extrem abgeschieden liegt (Alcatraz, ADX Colorado USA).[7] Hohenschönhausen hingegen war weitestgehend unsichtbar. Als ideale Gefängnisarchitektur für ein Regime der Geheimhaltung lag es in einer Sperrzone in einem Randbezirk von Berlin; auf zivilen Landkarten war das Gefängnis nicht verzeichnet. Das Haftpersonal lebte größtenteils in den die Haftanstalt umgebenden Wohnblöcken. Fensterlose Lieferwagen (meist ein umgebauter Barkas B1000) brachten die Gefangenen, denen zusätzlich oft die Augen verbunden waren. Darauf Tarnaufschriften wie »Back Kombinat« oder »Frischer Fisch auf den Tisch« – manchmal waren es auch Leichen- oder Wäschewagen.[8] Für die orientierungslosen Häftlinge konnte die Gefängniszelle überall in Berlin sein; für die SED waren die praktischen Unterschiede zwischen Kriminellen und Bürger:innen ähnlich unscharf.[9] Selbst als sich nach dem Fall der Berliner Mauer die übrig gebliebenen Machtstrukturen der DDR auflösten, blieb der Gefängniskomplex in Berlin-Hohenschönhausen eine Art Mysterium.[10] Im Winter 1989/90, als DDR-Bürger:innen andere Regierungsgebäude stürmten, blieb das Gefängnis in Betrieb und schwer bewacht. Bis zur Generalamnestie im Dezember 1989 waren dort Häftlinge inhaftiert. Sogar als die MfS-Zentrale in Berlin-Lichtenberg im Januar 1990 aufgelöst wurde, stellte das Gefängnis seinen Betrieb nicht offiziell ein – es wurde schlicht nicht mehr genutzt.[11] Ab Februar 1990 war es wieder ein Untersuchungsgefängnis, diesmal allerdings nicht mehr für politische, sondern für sogenannte normale Gefangene. Zwischen November 1989 und Januar 1990 beseitigte die Stasi Spuren von all dem, was »internationalen Rechtsnormen widersprach«[12], einschließlich sämtlicher Häftlingsakten[13] – aber nicht aller Graffiti.

DIE GEDENKSTÄTTE: GESCHICHTE UND SAMMLUNG

Der Grund und Boden von Hohenschönhausen scheint das Substrat für ein System der Unterordnung bereitgestellt zu haben, das im Laufe der Generationen wuchs und immer massivere Triebe ausbildete. Es begann Ende des 19. Jahrhunderts, als Fabrikanten Teilbereiche eines großen landwirtschaftlichen Anwesens, Hohenschönhausen, in ein ausgedehntes

7 Elizabeth Fransson hat eine detailreiche Essaysammlung über die Auswirkungen von Gefängnisarchitektur auf Gesellschaft und Insass:innen zusammengestellt. Vgl. Elizabeth Fransson u. a., Prison, Architecture and Humans, Oslo 2018.

8 Vgl. Elizabeth Martin, »Ich habe mich nur an das geltende Recht gehalten«: Herkunft, Arbeitsweise und Mentalität der Wärter und Vernehmer der Stasi-Untersuchungshaftanstalt Berlin-Hohenschönhausen, Baden-Baden 2014, S. 168. Von einem offiziellen Standpunkt aus könnte der Wahrheitsgehalt dieser Anekdoten angezweifelt werden, aber sie stammen aus Interviews mit Zeitzeugen, die an der Gedenkstätte Hohenschönhausen durchgeführt wurden (1996, 1999, 2001, 2007) und im dortigen Zeitzeugenarchiv zu finden sind.

9 Vgl. Jens Gieseke & David Burnett, The History of the Stasi: East Germany's Secret Police, 1945–1990, New York 2014, S. 48–76.

10 John Schofield and Wayne verfügen über eine gute Karte des Gefängnisses im Jahr 1989, die das Gefängnis in einem ausgedehnten, nicht frei zugänglichen Stasi-Komplex verortet zeigt. Vgl. John Schofield & Wayne Cocroft, Hohenschönhausen: Visual and Material Representations of a Cold War Prison Landscape, New York 2011, S. 247.

11 Vgl. Carola S. Rudnick, Die andere Hälfte der Erinnerung. Die DDR in der Deutschen Geschichtspolitik nach 1989, Bielefeld 2014, S. 231.

[12] Werner H. Krause, Ein Wiedersehen am Ort des Leidens, in: Berliner Morgenpost, 15.09.1994: »Unmittelbar nach der Wende veranlasste die Modrow-Regierung, all dies in der Haftanstalt zu beseitigen, was internationalen Rechtsnormen widersprach. [...] Es ging ihr [der Regierung] dabei ausschließlich darum, belastende Spuren zu beseitigen.«

[13] Aufgrund der Vernichtung von Gefängnisakten ist unklar, ob die Stasi Graffiti dokumentiert hat. Julia Spohr hat für ihre Recherchen das vollständige Häftlingsregister von Hohenschönhausen in den Unterlagen der Strafvollzugsabteilung herangezogen. Vgl. Julia Spohr, In Haft bei der Staatssicherheit. Das Untersuchungsgefängnis Berlin-Hohenschönhausen 1951–1989, Göttingen 2015, S. 23.

[14] Das umkreiste A kann als Anarcho-A interpretiert werden, war aber in der DDR auch für »Ausgang« gebräuchlich. Da sich das Graffito nicht in Türnähe befand und zum Auskratzen einlud, sollte es in diesem Fall wahrscheinlich als Anarcho-A verstanden werden.

[15] Vgl. Peter Erler & Hubertus Knabe, Der verbotene Stadtteil: Stasi-Sperrbezirk Berlin-Hohenschönhausen, Berlin 2014. Ich danke Dr. Elke Stadelmann-Wenz, Leiterin Forschung an der Gedenkstätte Hohenschönhausen, für ihre Klarstellungen und Ergänzungen, die sich in der Standortgeschichte widerspiegeln.

[16] Vgl. Suzanne Buckley-Zistel, Detained in the Memorial Hohenschönhausen: Heterotopias, Narratives and Transitions from the Stasi Past in Germany, Cambridge 2014.

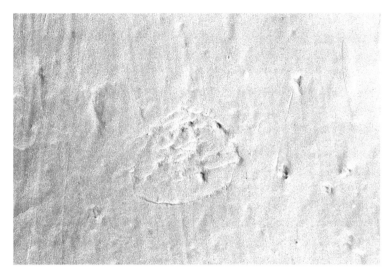

Abb. 2: Umkreistes A, ausgekratzt, Zelle 331, Berlin-Hohenschönhausen.[14] Foto: Dirk Vogel

Industriegebiet mit Fabriken und Arbeiterwohnungen verwandelten. Eigentümer des Grundstücks, auf dem sich später der MfS-Komplex mit dem Gefängnis befand, war ein Maschinenhersteller, der Fleischverarbeitungsmaschinen produzierte. 1938 erwarb die Nationalsozialistische Volkswohlfahrt das Grundstück mitsamt seinen Einrichtungen, nutzte einige davon um und errichtete eine moderne Großküche für die Versorgung der Berliner Rüstungsarbeiter:innen. In der Umgebung errichtete sie Baracken für Kriegsgefangene und Zwangsarbeiter:innen, die in den Fabriken arbeiten mussten. Hohenschönhausen wurde damit zu einer militärischen Zone. Als die sowjetischen Besatzungstruppen 1945 das Gelände und die Betriebe übernahmen, bauten sie den Keller der Großküche zunächst zu einem kerkerartigen Gefängnis für Gefangene der sowjetischen Militäradministration um. 1951 übergaben die Sowjets die Kontrolle über das Gefängnis an das MfS, das es bis 1960 weiterhin intensiv nutzte. Als sich der Schwerpunkt der Inhaftierungen von antikommunistischen zu zivilen Massenverhaftungen verlagerte, benötigte die Stasi ein größeres zentrales Untersuchungsgefängnis. Der Neubau in Hohenschönhausen, der von zur Zwangsarbeit verpflichteten Insassen errichtet wurde, galt 1960 als hochmodern.[15]

Fast ein Jahrhundert lang war Hohenschönhausen ein Ort sozialer Unterordnung, sei es von Fabrikarbeiter:innen, Soldaten oder Gefangenen. Es sei ein Ort, an dem eine Foucault'sche Struktur in die nächste überging, so Suzanne Buckley-Zistel,[16] wobei die Architektur und die

Methoden zur Verwahrung der Menschen Schritt für Schritt aus der Vergangenheit übernommen worden seien. Dieses scheinbar autochthone Herrschaftssystem möchte ich anhand der Graffiti untersuchen, die sich so zaghaft in der Wandtünche präsentieren. Gibt es alternative Formen des Widerstands in diesen Äußerungen, die in das Medium des Schweigens eingekratzt sind?

Das Gefängnis wurde 2001 zu einer Gedenkstätte, nachdem ehemalige Häftlinge und Bürgerinitiativen mehr als ein Jahrzehnt lang Petitionen eingereicht hatten. Sie ist sowohl eine Gedenkstätte zur Erinnerung an die Menschen, die dort gelitten haben, als auch ein Museum, das Führungen anbietet, um heutige und künftige Generationen über die Vergangenheit aufzuklären. Problematisch war, dass mindestens zwei Häftlingsgruppen um das Gedenken konkurrierten. Bereits 1988 forderten die Opfer stalinistischer Verfolgung einen Gedenkort auf dem Gefängnisgelände, während andere politische Gefangene zur selben Zeit im Gefängnis Stasi-Maßnahmen erdulden mussten.[17] Carole Rudnick befasst sich in ihrem Buch[18] ausführlich mit den Anfängen der Gedenkstätte und mit den verschiedenen Varianten, wie sich diese Gruppen als Opfer des Staates definierten. Während das übergeordnete Anliegen der Gedenkstätte heute Menschenrechte und soziale Gerechtigkeit sind, kann sie verstanden werden als die jüngste in einer Reihe von Institutionen auf ebendiesem Gelände, in der Zigtausende menschlichen Erfahrungen verwahrt werden. Ihr erklärtes Ziel ist es, an das an diesem Ort begangene Unrecht zu erinnern[19], was sie durch die kuratierte Ausstellung von Artefakten und inszenierten Geschichten, Archivierung, die Sammlung von Zeitzeugenberichten und die Förderung von Führungen durch ehemalige Häftlinge tut.

GRAFFITI IN EINEM GEDENKKONTEXT

Es ist vielleicht bezeichnend, dass die Sammlung der Gedenkstätte per se keine Graffiti enthält. Dies wirft nicht nur die Frage auf, wo sie in der Institution ihren Platz finden könnten, sondern vor allem auch, welche Arten von Stimmen dadurch übergangen werden. Dabei geht es nicht nur um eine Frage der Anerkennung. Ein Großteil des Problems liegt im Material selbst. Verglichen mit den Graffiti anderer ehemaliger deutscher Gefängnisse, die heute Gedenkstätten sind – etwa das El-De-Haus in Köln aus der Zeit des Nationalsozialismus[20], das sowjetische Untersuchungsgefängnis in der Leistikowstraße[21] oder das Lindenstraßen-Gefängnis in Potsdam, das mehrere Regime überdauerte[22] – sind jene Graffiti in Berlin-Hohenschönhausen weniger spektakulär. Von den vielen möglichen Gründen,

17 Vgl. Rudnick, S. 227.

18 Vgl. Rudnick.

19 Vgl. Ulrike Lippe, Gedenkstätte Berlin-Hohenschönhausen, tinyurl.com/indes234j4 [eigene Übersetzung].

20 Vgl. Werner Jung, Wände, die sprechen, Köln 2013.

21 Vgl. Ines Reich & Maria Schultz, Sprechende Wände, Häftlingsinschriften im Gefängnis Leistikowstraße Potsdam, Berlin 2015.

22 Vgl. Sebastian Stude, Namen in der Wand, Potsdam 2020.

warum sich die Gedenkstätte Hohenschönhausen nicht so stark für ihre Graffiti interessiert hat wie die letztgenannten Einrichtungen, sollen hier zwei näher in Betracht gezogen werden. Erstens haben die beispiellos repressiven Bedingungen in der Gedenkstätte Hohenschönhausen Graffiti hervorgebracht, die schwer zu sehen (und zu fotografieren) sind, in Eile entstanden, spärlich gesät, vielleicht banal – und meist anonym. Womöglich scheinen sie deshalb, und das ist der zweite Grund, für traditionelle Wissenschaftler:innen nicht viel Substanz zu bieten. Mit den Worten des ehemaligen Direktors: »Man weiß doch schon«, wer in diesen Zellen gesessen hat, warum sollte man sich diese Graffiti ansehen?[23] Trotz oder gerade wegen seiner Skepsis hinsichtlich ihrer Authentizität und Relevanz habe ich den Wert anonymer oder unbekannter Stimmen untersucht. Ich werde hier argumentieren, dass Graffiti, wenn sie als inoffizielle Zeugnisse verstanden werden können, offenbar etwas anderes bieten als offizielle Zeitzeugenaussagen. Unter anderem bieten die Muster materieller Eigenschaften und Orten von Graffiti alternative Möglichkeiten, die Erfahrung von Unterdrückung und ständiger Überwachung zu verstehen. Genauer gesagt sind die Variationen in diesen Mustern von Interesse, weil sie – wie auch der Inhalt der Graffiti – Einblicke in individuelle, unangepasste Reaktionen auf Autoritäten geben. Weil dieses Thema weitaus größer ist, als es der Platz hier zulässt, möchte ich im Folgenden nur einen Überblick geben und die Leserschaft für alle weiteren Fragen auf meine demnächst erscheinenden Texte (s. o.) verweisen.

Zurzeit befinden sich die Graffiti in einem prekären Erhaltungszustand. Das Gebäude aus dem Jahr 1960 verfügt über drei Stockwerke mit Gefängniszellen, von denen das erste und zweite Stockwerk renoviert worden sind. Das dritte Stockwerk, in dem sich die untersuchten Graffiti befinden, ist für unbegleitete Besucher gesperrt. Das zweite Stockwerk wies ebenfalls Graffiti aus der Gefängnisära auf, doch wurden die Wände zudem von Reisegruppen beschriftet, wodurch der Eindruck einer Verunreinigung entstand, was mutmaßlich das Misstrauen des ehemaligen Direktors erklärt. In der Tat ist die Frage der Authentizität ein ständiges Problem, nicht nur für Graffitistudien im Allgemeinen, sondern vor allem im Kontext der forensischen Geschichtsforschung in dieser Einrichtung. Das zweite Stockwerk wurde somit 2019 renoviert, ohne die Wandinschriften zu erhalten. Ich argumentiere an anderer Stelle[24], dass sich Ort, Art und Inhalt von Graffiti, die unter repressiven Bedingungen entstanden sind, völlig von späteren Graffiti unterscheiden, insbesondere von denen der Tourist:innen. Zeitgenössische Besucher:innen streben

23 Gespräch der Autorin mit der Gefängnisverwaltung, Frühjahr 2018.

24 Vgl. Elizabeth Hoak-Doering, Intentions Through Hands and Time (Arbeitstitel). Dissertation, erscheint voraussichtlich 2024.

typischerweise eine hohe Sichtbarkeit an und schreiben ihre Namen mit selbstbewussten Strichen auf die Wände; die meisten Gefangenen taten nichts von alledem – wie das Material aus dem dritten Stockwerk zeigt. Eine Sensibilisierung für den Blick des Wärters und die Art und Weise, wie er sogar jene Entscheidungen beeinflusste, wo Graffiti platziert wurden, wäre ein interessanter pädagogischer Aspekt gewesen. Dies wird besonders deutlich, wenn man es kartiert.[25] Im dritten Stockwerk wurden Ende 1989 zwölf Zellen gründlich getüncht, was das fast völlige Fehlen von Graffiti dort erklärt. Im Jahr 2022 wurden diese Zellen für Lagerzwecke ausgewählt, darunter auch die Zellen mit den verbliebenen Graffiti aus der DDR-Zeit, die Gegenstand dieses Berichts sind. In Wandtünche geritzte Graffiti sind so fragil, dass sie durch die geringste Berührung zerstört werden können. Daher sind sie möglicherweise auch für andere Arten von Schäden anfällig. Im Jahr 2022 stellte die Gedenkstätte freundlicherweise den Fotografen Dirk Vogel ein, der mich begleitete, um die Graffiti unter diesen Umständen so gut wie möglich zu dokumentieren; viele Fotos dieses Berichts stammen von ihm.

DIE GRAFFITI: INHALT, PLATZIERUNG UND BESTAND

In einundzwanzig der dreiunddreißig Zellen im dritten Stockwerk befinden sich über 300 Markierungen. Acht davon sind Gruppenzellen für drei oder mehr Insass:innen, zwölf für eine oder zwei Personen und eine Einzelzelle – wobei diese Zahlen je nach Gesamtbelegung und den Wünschen der Verwaltung variiert haben dürften. Alle Zellen verfügen über einheitliche Glasbausteinfenster und dünne Lüftungsschlitze für die Außenluftzufuhr. Jede Zellentür ist mit einem runden Türspion versehen, in den Gruppenzellen befindet sich zusätzlich ein rechteckiger Panoramaspion. Die Wärter:innen kontrollierten die Insassen vierundzwanzig Stunden am Tag, manchmal alle zwei Minuten, und so konzentrieren sich die meisten Graffiti in den blinden Flecken der Zellen, in Bereichen, die vom Türspion aus weniger gut sichtbar sind. Viele der Graffiti scheinen eilig, leicht und fein in die pulverige Tünche eingeritzt worden zu sein, wahrscheinlich mit dem Fingernagel oder einem Utensil. Auf bemerkenswerte Ausnahmen von diesen Materialbeobachtungen wird später eingegangen.

Zunächst ist es notwendig zu erklären, dass der Begriff »Graffito« in einem solchen repressiven Kontext sehr weit gefasst ist.[26] Mein Ansatz besteht darin, so viele Arten von Markierungen wie möglich einzubeziehen, denn die Beschädigung der Wände war ein ausdrücklicher Verstoß gegen die Regeln: Jeder Einschnitt ist eine Übertretung, unabhängig von

25 Vgl. ebd.

26 Vgl. dazu meine Erläuterungen in ebd. sowie in Elizabeth Hoak-Doering, An Autopsy of Plain Lines: Examples from the former Stasi prison Berlin-Hohenschönhausen (erscheint voraussichtlich 2024).

Abb. 3: Unter diesen extremen Bedingungen ist jedes Kratzen bedeutungsvoll. Zwei Striche in Zelle 310. Berlin-Hohenschönhausen. Foto: Dirk Vogel

seiner Lesbarkeit und seinem Inhalt.[27] Schon ein einziger Kratzer in der Wand konnte als Ergebnis einer intentionalen oder sogar existenziellen Handlung verstanden werden, wobei es nur eine kleine Zahl Gefangener war, die Graffiti in die Wand ritzten. Viele hatten diesen Impuls nicht oder waren durch die Verhöre zermürbt und trauten sich nicht – oder aber: Das, was sie in die Wände kratzten, wurde mit Tünche überdeckt. Kurzum: Viele Stimmen schweigen noch immer. Die meisten, aber nicht alle, die bis heute überliefert wurden, sind anonym. Es gibt fünfzehn Fälle von Initialen und einundzwanzig Namen, von denen acht mit Gefängnisakten übereinstimmen. Einige, wie z. B. »NENA« in Zelle 306 beziehen sich auf Dritte – in diesem Fall dürfte die gleichnamige Sängerin gemeint sein.

Die auf der Website der Gedenkstätte Hohenschönhausen vorgestellten Häftlinge sind Oppositionelle aus den 1980er Jahren, die ihre Ablehnung des Regimes durch Entschlossenheit und organisierten Widerstand zum Ausdruck brachten. Eine andere Einstellung kommt in einigen Graffiti aus demselben Zeitraum zum Ausdruck: die Apathie und der Trotz von Punks und Anarchisten. Wie der Punk-Musiker Henryk Gericke sagte, verhandelte die Opposition mit der Regierung, während Punks die Haltung an den Tag legten, keinerlei politische Überzeugung zu vertreten, was in der DDR »etwas sehr Befreiendes«[28] gewesen sei. In diesem Sinne kann ein großes, selbstbewusstes Graffito im Blickfeld des Gefängniswärters eine gewisse gegenkulturelle Einstellung zur Autorität offenbaren. Während ich angedeutet habe, dass jede Art von Kratzern an den Wänden eine Geste des Widerstands ist, ist dies eine andere Strategie, nämlich sich

[27] Das Handbuch zur Einhaltung der Hausordnung für die Aufseher enthält in den Abschnitten 1.3 und 1.4 Vorschriften über Graffiti: »Die Zellenwände, Einrichtungsgegenstände, sanitären Anlagen […] dürfen nicht verunstaltet, beschmutzt, beschädigt oder zerstört werden. Ohne Erlaubnis dürfen keine Markierungen jeglicher Art vorgenommen werden, auch nicht durch Unterstreichen von verteilten Druckschriften und Literatur. Bei Zuwiderhandlungen stehen dem Aufseher vier Stufen von Disziplinarmaßnahmen zur Verfügung, die von der Missbilligung bis zu 14 Tagen Arrest reichen.« Abt. XIV BstU 000380 BdL/35/198.

[28] Henryk Gericke, Too Much Future!, in: UNEARTHING THE MUSIC (Blog), 14.05.2019, tinyurl.com/indes234j3. Gericke war nicht in Hohenschönhausen.

trotzig in das Blickfeld des Aufsehers zu begeben. Ein einzigartiges Beispiel ist Zelle 307 mit den großen Schriftzügen »Freedom for Skinheads« und »Skinheads Forever«, die leicht um die Tür herumgekratzt sind; dreißig Zentimeter hohe zum Peace-Zeichen geformte Cartoon-Hände an den Seitenwänden, ein kleines eingekreistes »A« neben der Tür und »Ausgang« über der Tür, deren Guckloch während des Einritzens wohl blockiert worden sein muss.[29] Dieses Graffito ist um Einiges ausdrucksstärker als die meisten anderen in der Studie. Häufiger ist demonstrative Apathie oder das Risiko einer zusätzlichen Bestrafung der Grund, nicht einmal etwas Banales oder Lustiges an die Zellenwand zu schreiben: Das ist eine andere Art von Widerstand. Nehmen wir zum Beispiel das sorgfältig geschriebene »body-building« [sic] (Abb. 4). Das Graffito befindet sich in einer Ecke neben einem Schrank, ein typischer Ort, da er nicht direkt im Blickfeld des Aufsehers liegt, zumal die bewusst kursiv gehaltene Schrift mit dem eingerollten »y« und »g« keine Eile erkennen lässt. Der Schriftzug steht über einer Reihe von Zählzeichen, die oft mit den im Gefängnis verbrachten Tagen in Verbindung gebracht werden. Der Humor liegt in der Gegenüberstellung: Was könnte gezählt werden, Liegestütze? Das Risiko liegt in dem angedeuteten Fitnessprogramm, denn Sport war ein extremer Verstoß gegen das Häftlingsprotokoll – und die offizielle Meinung der DDR zum Bodybuilding lautete, ihn als Narzissmus zu verurteilen. Ende der 1980er Jahre wurde es zwar rehabilitiert, allerdings nur als »Kraftsport«, nicht als das westliche »Bodybuilding«.[30]

29 Siehe FN 14. Hier stimmt das eingekreiste »A« mit den anderen Graffiti in der Zelle überein, während »Ausgang« über der Tür vollständig ausgeschrieben ist.

30 Vgl. John M. Hoberman, The Transformation of East German Sport, Champaign 1990, S. 67.

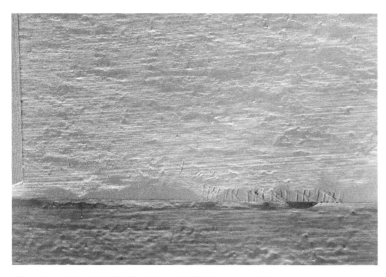

Abb. 4: »Body-building« [sic]. Zelle 311, Berlin-Hohenschönhausen. Foto: Dirk Vogel

In einer anderen Zelle grüßt ein eher humorvolles Graffito die Westberliner, das von Maggi stammt, die sich mit § 213 (»Ungesetzlicher Grenzübertritt«) identifiziert, dem sehr verbreiteten Anklagepunkt, aus der DDR fliehen zu wollen (Abb. 5).[31] Auch dieses Graffito ist sorgfältig geschrieben, vor allem das Paragraphen-Symbol »§«, und es befindet sich in einem weiteren typischen Versteck, auf der anderen Seite des Zellenschranks. Die Paragraphen 213, 219 (»Ungesetzliche Verbindungsaufnahme«), 211 (»Wahlfälschung«) des DDR-Strafgesetzbuches und andere finden sich oft in Gefängniszellen. Die Besonderheit dieses Paragraphen-Graffitos allerdings, die zugleich dessen Echtheit nahelegt und bei der Verwaltung ein gewisses Interesse weckte, waren die drei darin enthaltene Angaben: die persönliche Identifikation mit einem Paragraphen des DDR-Gesetzbuches, die dezentrale Lage des Schriftzuges, der zwar sichtbar ist, aber nicht im Blickfeld des Aufsehers liegt, und ein ironischer Gruß an die Westberliner.

Mitte der 1980er Jahre waren die meisten Ostdeutschen in der Lage, Fernsehsender aus dem Westen zu empfangen (mit Ausnahme der der Einwohner:innen Dresdens, das aus diesem Grund »das Tal der Ahnungslosen« genannt wurde). Dies erklärt, warum in den Graffiti Elemente der westlichen Kultur auftauchen, wie ein MTV-Logo und die groß gezeichnete Zeichentrickfigur Ottifant (47 × 38 cm), die mit ihrem Fahrrad durch eine kahle, aber weitläufige Landschaft radelt (Abb. 6). Dieses Graffito war das erste von mehreren »Staubzeichnungen«, die ich entdeckte. Meine anfängliche Überraschung, einen Ottifanten im natürlichen Nachmittagslicht zu

31 Gieseke & Burnett stellen das DDR-Gesetzbuch und dessen am häufigsten verwendete und für die Verwendung in den späten 1980er Jahren zurechtgebogenen Abschnitte ausführlich dar. Vgl. Gieseke & Burnett, insbes. S. 137.

Abb. 5: »Maggi aus Bln/Wee's grüßt alle § 213« [sic]. Zelle 308, Berlin-Hohenschönhausen. Foto: Dirk Vogel

sehen, wurde nur noch von der Frage übertroffen, wie es entstanden ist, denn es befindet sich oberhalb der Augenhöhe, oberhalb der normalen Tünche und anderer eingeritzter Graffiti. Es scheint, dass ein linkshändiger Häftling auf der rechten Fensterbank einer Gruppenzelle stand und mit einem Tuch oder vielleicht Toilettenpapier und in Schmutz (Staub, Zigarettenrauchflecken) zeichnete, der sich auf der Oberfläche der mittleren Wand angesammelt hatte. Dabei hielt er sich vermutlich mit der rechten

Abb. 6: Ottifant, Zeichnung im Staub, aus einem Winkel betrachtet. Zelle 330, Berlin-Hohenschönhausen.
Foto: Dirk Vogel

Hand an einem Loch im Lüftungsschacht fest. Neben diesem Loch steht »HOLT MICH HIER« geschrieben; später fügte jemand »RAUS« hinzu. Diese Graffiti ergeben ein comicartiges Gesamtbild, nicht nur des Ottifanten, sondern auch der Kapriolen der Häftlinge wegen und – ungeachtet der Ergänzung »raus« – angesichts einer vermeintlichen Unbekümmertheit gegenüber der Kontrolle der Wärter, denen das alles nicht verborgen geblieben sein kann: Auf ihrer Seite der Tür nämlich ist unter dem Türspion ein Stück Klebeband mit dem Schriftzug »Fernsehn raum« angebracht.

Obwohl sie ihr Bestes taten, um westliche Einflüsse zu unterbinden, zogen die ostdeutschen Behörden Ende der 1980er Jahre in Erwägung, den Empfang westdeutscher TV-Sender auf Dresdner Wohnsiedlungen auszudehnen, um zumindest den Anschein eines fairen Zugangs zu den begehrten Fernsehprogrammen zu erwecken.[32] Der misslungene Abwehrversuch des Ostens gegen westliche Einflüsse zeigt sich in den Graffitis, vor allem in den Staubzeichnungen, aber auch in der Nennung westlicher Musikgruppen wie Helloween, Metallica und The Cure. Punks, Goths, Metalheads und Co. gehörten meist der jüngeren Generation an und zogen mit ihrem demonstrativen Musikgeschmack und ihrer Attitüde nicht nur (oft absichtlich) Verdacht auf sich, sondern auch scharfe MfS-Kontrollen und gezielte Verhaftungen. Worte aus den DDR-Oppositionshymnen des ungeheuer einflussreichen Wolf Biermann kommen *indes* nicht vor.[33]

Bemerkenswert ist das häufige Vorkommen der *piča,* der vor allem in Mittelosteuropa verbreiteten symbolischen Darstellung der Vulva in Form eines spitzen Rhombus.[34] In den meisten Gefängnis-Graffiti überwiegt die phallische Symbolik, und obwohl sie im Stil variieren kann, wage ich zu behaupten, dass sie fast durchgängig verbreitet ist. Nicht so in Berlin-Hohenschönhausen, wo sich unter über dreihundert Graffiti kein einziges phallisches Symbol und nur ein textlicher Hinweis auf Selbstbefriedigung findet. Mehrere Opferberichte resümierend bekundete ein ehemaliger Häftling, der 1987 inhaftiert war, dass Selbstbefriedigung trotz der ständigen polizeilichen Überwachung keine Seltenheit war.[35] Für ihn bedeuteten die Haftbedingungen jedoch einen lähmenden und schmerzhaften »Entzug des Privatlebens«; er hatte andere Dinge im Kopf als sexuelles Verlangen. Anderen Gefangenen muss es ähnlich ergangen sein, wobei das Phallussymbol nicht unbedingt sexuell konnotiert sein muss, sondern auch abwertend gemeint sein kann. Das Gleiche gilt für die *piča.* Diese Rautenform mit einer halbierenden Linie findet sich neben »SED« (Zelle 305) und unter »OSTEN« (Zelle 309, Abb. 7), an fünf weiteren Stellen steht sie für sich allein. Im Gegensatz zu zwei anderen, detaillierteren

---

32 Vgl. ebd., S. 136.

33 Obwohl das Singen eines seiner Lieder einem Häftling 1989 einen längeren Aufenthalt ohne Bewegung im Freien bescherte, was die Autorin aus einem persönlichen Gespräch mit Harro Hübner im Mai 2022 erfuhr, der Ende 1989 fünf Monate in Zelle 326 inhaftiert war.

34 Der Begriff selbst meint die Vulva in tschechischer und slowakischer Vulgärsprache.

35 Vgl. Christina Lazai u. a., Das zentrale Untersuchungsgefängnis des kommunistischen Staatssicherheitsdienstes in Deutschland im Spiegel von Opferberichten: Die Haftbedingungen in der Untersuchungshaftanstalt Berlin-Hohenschönhausen 1947–1989, Berlin 2009, S. 21 f.

und cartoonesken Darstellungen der weiblichen Anatomie (Zelle 307, 329), hat das *piča*-Symbol unterschiedliche profane Bedeutungen: »F*ck die SED«, »F*ck den Osten« oder etwas wie »Der Osten ist eine Bitch«. Interessanterweise wird es am häufigsten in der Tschechischen Republik, in Ungarn und in der Slowakei verwendet, wo es als hochgradig beleidigend aufgefasst werden kann. Ungarn war eines der Grenzländer, in das Ostdeutsche flüchteten und wo sie zu jener Zeit häufig verhaftet wurden.

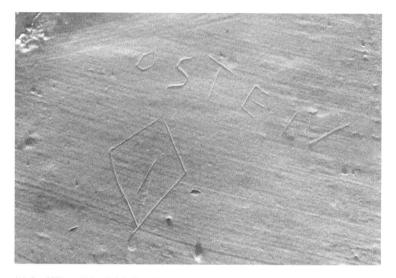

Abb. 7: »oSTEN« und Vulva (F*ck the East). Zelle 309, Berlin-Hohenschönhausen. Foto: Dirk Vogel

FAZIT

Viele Deutsche aus Ost und West waren sich des Ausmaßes und der Auswirkungen der Veränderungen, die in den Monaten der Friedlichen Revolution stattfanden, nicht bewusst. Das gilt umso mehr für die Gefangenen: Die Welt, in der sie inhaftiert waren, die Welt, von der sie isoliert waren, veränderte sich rapide. Die Menschen, die 1989 inhaftiert wurden, waren unter Umständen festgenommen und inhaftiert worden, die die zusammenbrechende, zerfallende kommunistische Diktatur widerspiegelten. Sie wurden unter ganz anderen Umständen entlassen: in eine Gesellschaft, die neue Freiheiten erkundete und 1990 auf die Wiedervereinigung zusteuerte. Ehemalige Häftlinge gehen mit ihren Gefängniserfahrungen sehr unterschiedlich um. Viele haben sie verdrängt – und in gewisser Weise hat auch die Gesellschaft sie verdrängt, abgelenkt von den Freiheiten und den neuen Möglichkeiten, die mit der Friedlichen Revolution einhergingen. Äußerlich wurde das Ziel erreicht. Innerlich gab und gibt es immer noch Menschen, die von den persönlichen Kosten dieser Freiheit überwältigt sind.[36] Ein ehemaliger Häftling erzählte mir, dass er nach seiner Entlassung Ende 1989 einige Zeit gebraucht habe, um zu begreifen, dass es nicht mehr zwei verschiedene Länder gab, dass die Amnestie, die er gewonnen hatte, nutzlos war, und dass er den Wert seiner lang ersehnten Zugfahrkarte in den Westen infrage stellte.[37] Die Häftlinge von 1987 bis 1989 schweigen heute zumeist, aber ihre Graffiti zeigen, dass sie laut, idealistisch und rebellisch waren, und sie zeigen ihre Interessen und das, woran einige von ihnen so sehr glaubten, dass sie riskierten, es an die Wände zu schreiben.[38]

Vor allem aber lassen sich in dieser großen Unvernunft Anzeichen von Humor erkennen. So gesehen repräsentiert die Masse aller Markierungen an den Wänden eine vielfältige Schar des Widerstands: eine Selbstbehauptung, die in gewisser Weise nicht zu der in der DDR-Geschichtsschreibung oft verwendeten Opfer-Täter-Erzählung passt. In diesem Sinne sind diese Graffiti ein wesentlicher Bestandteil des laufenden Projekts zur Analyse dessen, was im Gefängnis und mit den neu freigelassenen Häftlingen in der turbulenten Wendezeit in Deutschland geschah. Das durch die Graffiti illustrierte Zeitfenster ist ein besonderes Zeugnis der Art und Weise, wie sich die DDR ihrem Ende näherte: Während die Zeitzeugen ihre persönlichen Erfahrungen durch die Linse der Erinnerung beitragen, präsentieren die Graffiti kollektive und anonyme Ansichten in einem bestimmten historischen Moment. Diese Erzählungen stützen sich gegenseitig; und sie sind beide notwendig, um die Vergangenheit besser zu verstehen.

Übersetzung: Simon Braun und Tom Pflicke

Dieser Beitrag hat ein Double-blind-Peer-Review-Verfahren durchlaufen. Autorin und Redaktion danken den Gutachter:innen für ihre Mitwirkung.

36 Vgl. Buckley-Zistel, S. 113–115.

37 Aus einem persönlichen Gespräch mit Harro Hübner im Mai 2022.

38 Von 2022 bis Anfang 2023 wendete sich die Gedenkstätte Berlin-Hohenschönhausen mit einem Aufruf in den sozialen Medien an Zeitzeugen aus den späten 1980er Jahren, die bereit waren, über ihre Erinnerungen an Graffiti im Gefängnis zu sprechen. Es gingen nur zwei Antworten ein.

Elizabeth Hoak-Doering schreibt ihre Doktorarbeit mit dem Titel *Intentions Through Hands and Time* an der Humboldt-Universität zu Berlin im Fach Klassische Archäologie. Ihre Forschung beschäftigt sich mit abstrakten Markierungen in eingravierten Graffiti, sowohl in der Antike als auch in der Moderne. Sie ist eine international anerkannte bildende Künstlerin. www.hoak-doering.com.

UNPROFITABLE AUSBEUTUNG?

DAS WIENER ZUCHT- UND ARBEITSHAUS IN DER FRÜHEN NEUZEIT

Ξ Teresa Petrik

Das Strafen ist eine historische Konstante: Rund um den Globus und quer durch die Epochen wurden und werden verschiedene Praktiken des Bestrafens von Herrschenden dazu eingesetzt, bestimmte Verhaltensweisen zu delegitimieren und ihnen vorzubeugen, Macht zu demonstrieren, Zugehörigkeit oder Nicht-Zugehörigkeit zu signalisieren und, damit einhergehend, Ein- und Ausschlüsse zu produzieren. Gleichzeitig tragen Ansichten über die Legitimität bestimmter Strafpraktiken zur kulturellen Identität von Gesellschaften bei: So ist insbesondere das Selbstbild der modernen westlichen Welt von einer doppelten Abgrenzung von einem vormodernen »Anderen« auf der einen und einem nicht-westlichen »Anderen« auf der anderen Seite geprägt. Die Abwertung der Strafpraktiken dieser »Anderer« als unmenschlich, unzivilisiert und destruktiv dient innerhalb dieses Deutungsmusters der Funktion, die »eigenen« Formen der Strafe als zivilisiert, menschlich und rational zu positionieren.[1] In politischen und medialen Diskursen sind Erzählungen dieser Art noch heute präsent, nicht zuletzt in der Auseinandersetzung mit islamischen Staaten.

KRITIK AN LINEAREN NARRATIVEN

In der Geschichtswissenschaft hingegen ist dieses eurozentrische und teleologische Narrativ seit dem Ende des 20. Jahrhunderts Gegenstand von immenser Kritik geworden, nicht zuletzt aufgrund der Interventionen durch Historiker:innen, die aus der Perspektive der Globalgeschichte und der Postcolonial Studies argumentieren.[2] Doch nicht nur im Forschungsfeld der Straf- und Gefängnisgeschichte haben solche »Meistererzählungen«[3] mit ihren weitreichenden Annahmen über den Charakter der westlichen Moderne Brüche bekommen: Auch in der Geschichte der Arbeit, die lange Zeit von der Gleichsetzung des Aufstiegs von Lohnarbeit mit Freiheit und Demokratie geprägt war, haben Kritiker:innen in den letzten Jahrzehnten vehement an der Dekonstruktion dieser Gleichung gearbeitet und die Beharrlichkeit von Unfreiheit und Zwang in Arbeitsverhältnissen der

[1] Vgl. Guy Geltner, Flogging Others: Corporal Punishment and Cultural Identity from Antiquity to the Present, Amsterdam 2014, S. 11.

[2] Stellvertretend für die vielen Publikationen in diesem Feld vgl. Mary Gibson, Global Perspectives on the Birth of the Prison, in: The American Historical Review, H. 4/2011, S. 1040–1063.

[3] Zum Begriff der Meistererzählung vgl. Frank Rexroth, Meistererzählungen und die Praxis der Geschichtsschreibung: Eine Skizze zur Einführung, in: Ders. (Hg.), Meistererzählungen vom Mittelalter: Epochenimaginationen und Verlaufsmuster in der Praxis mediävistischer Disziplinen, München 2007, S. 1–22.

Moderne ebenso wie die Vielfältigkeit von Arbeitsbeziehungen in nicht-kapitalistischen Gesellschaften aufgezeigt.[4]

Die Zucht- und Arbeitshäuser der europäischen Frühen Neuzeit sind an der Schnittstelle dieser zwei historiografischen Debattenfelder mit ihren jeweiligen Meistererzählungen angesiedelt. Die Ausbreitung dieser Anstalten, die Einsperrung und Zwangsarbeit miteinander verbanden, wurde von Historiker:innen spätestens seit den 1990er-Jahren als *Vorstufe* zum »modernen« Gefängnis interpretiert und damit in die Erzählung einer linearen Entwicklung vom vormodernen zum modernen Strafen eingebettet.[5] Innerhalb dieses Narrativs, das im Wesentlichen auf Michel Foucaults *Überwachen und Strafen* zurückgeht,[6] gilt die Zeit des späten 18. und frühen 19. Jahrhunderts als Wendepunkt hin zu einer zunehmenden Rationalisierung und Ökonomisierung herrschaftlicher Strafpraktiken. Das Gefängnis wurde innerhalb dieser Debatten zu einem Symbol von Modernität stilisiert, während andere Formen der Strafe als Relikte aus vergangenen Zeiten galten. Was durch diese Erzählung verschleiert wird, so die Kritik (unter anderem) aus der Globalgeschichte, ist die anhaltende Bedeutung von Strafarbeit, Deportation und Exil, deren Geschichte in der Moderne nicht auf die Konzentrationslager des Nationalsozialismus und die Gulags der Sowjetunion reduziert werden kann, sondern die im Gegenteil von durchgehenden Kontinuitäten, insbesondere in der (post-)kolonialen Welt geprägt war und ist.[7] Obwohl diese Kritik in erster Linie von Historiker:innen mit Blick auf nicht-europäische Gebiete artikuliert wurde, lässt sie sich nicht auf diesen (Groß-)Teil der Welt beschränken: Auch in Europa selbst war die Geschichte des Einsperrens und Strafens wesentlich vielfältiger, widersprüchlicher und konfliktreicher, als der Blick in die Geschichtsbücher oft vermuten lassen mag. Die Auseinandersetzung mit dieser Geschichte ist eine unabdingbare Voraussetzung, um die Rolle von Gewalt und Zwang, die Arbeitsverhältnisse ebenso wie den Umgang mit Kriminalität bis heute prägen, aufzeigen und die Selbstinszenierung der westlichen Welt als Vertreterin von Zivilisation und Freiheit kritisieren zu können.

Dieser Beitrag geht der Frage nach, wie sich diese Vielfältigkeit, Widersprüchlichkeit und Konflikthaftigkeit am Beispiel einer konkreten Institution fassen lässt. Der Blick wird dafür auf das Zucht- und Arbeitshaus in Wien gerichtet, das in den 1670er-Jahren errichtet wurde, und – mit wechselnden Bezeichnungen und Zuständigkeiten – bis weit ins 19. Jahrhundert in Betrieb war. Zentral ist dabei das Argument, dass die Entwicklung der Strafarbeit nicht als bloßer Ausdruck eines Rationalisierungsprojekts

---

4 Vgl. Christian G. De Vito u. a., From Bondage to Precariousness? New Perspectives on Labor and Social History, in: Journal of Social History, H. 2/2020, S. 644–662.

5 Vgl. Pieter Spierenburg, The Prison Experience: Disciplinary Institutions and their Inmates in Early Modern Europe, New Brunswick & New York 1991. Zur Kritik siehe Johan Heinsen, Historicizing Extramural Convict Labour: Trajectories and Transitions in Early Modern Europe, in: International Review of Social History, H. 1/2021, S. 111–133, hier S. 114–116.

6 Michel Foucault, Überwachen und Strafen, Frankfurt a. M. 1994.

7 Vgl. Christian G. De Vito u. a., Transportation, Deportation and Exile: Perspectives from the Colonies in the Nineteenth and Twentieth Centuries, in: International Review of Social History, Sonderheft 26 (2018), S. 1–24.

gefasst werden kann. Ganz im Gegenteil: Die im Zucht- und Arbeitshaus von Häftlingen geleistete Arbeit war meist unprofitabel. Trotz der mangelnden Profitabilität wurde diese Art der Arbeitsorganisation lange beibehalten. Eine auf den ersten Blick irrationale Entscheidung – die sich doch erklären lässt: Nicht allein die ökonomische Logik der effizienten Verwertung von Arbeitskraft bestimmte den Einsatz von Zwangsarbeit, sondern auch ihr ideologischer Wert als Form der Buße, der ihr im katholischen Wertesystem der Habsburgermonarchie zugeschrieben wurde. Gleichzeitig ist die Geschichte des Zucht- und Arbeitshauses von dem Widerspruch zwischen der sicheren Einsperrung der Gefangenen zur Verhinderung von Ausbrüchen und der zur Nutzung ihrer Arbeitskraft notwendigen Mobilisierung geprägt.

WARUM STRAFARBEIT?

Die Entstehung des Zucht- und Arbeitshauses lässt sich nur mit Blick auf die gesellschaftlichen Prozesse verstehen, in die sie eingebettet war. Diese Prozesse lassen sich auf zwei Ebenen verorten. Zum einen handelt es sich dabei um Dynamiken, die ein *Angebot* an Gefangenen bereitstellten, die als Arbeitskräfte genutzt werden konnten, zum anderen geht es um die *Nachfrage* nach Strafgefangenen als Arbeiter:innen.

Zu erstgenannten Dynamiken gehören: erstens, eine sich verändernde Bewertung von Armut und Nicht-Arbeit, im Rahmen derer der Anspruch auf Almosen zunehmend auf eine Gruppe von ansässigen und körperlich arbeitsunfähigen Armen beschränkt wurde. Jene außerhalb dieser Gruppe wurden als der Unterstützung »Unwürdige« kategorisiert, ihr Betteln kriminalisiert und ihre bloße Anwesenheit Gegenstand gewaltsamer Verfolgung. Die diskursive Unterscheidung zwischen »würdigen« und »unwürdigen« Armen bot eine ideologische Legitimierung für den Widerspruch zwischen dem christlichen Ideal des Almosengebens auf der einen und der real stattfindenden Beschränkung sozialer Fürsorge auf der anderen Seite. Im Zusammenhang damit stand die zunehmende Abwertung des »Müßiggangs«, der nicht nur als Sünde, sondern auch als Verweigerung der gesellschaftlichen Pflichterfüllung verstanden wurde.[8] Zweitens verhärteten sich in der Frühen Neuzeit ständische Strukturen, die jeder sozialen Gruppe einen festen Platz in der gesellschaftlichen Ordnung zuwiesen.[9] Folglich wurde mit aller Schärfe gegen jene Personen vorgegangen, die sich den straffen Hierarchien dieser Strukturen verweigerten – etwa Dienstbot:innen, die gegenüber ihren Herr:innen Ungehorsam zeigten, oder Lehrlinge, die gegen ihre Meister rebellierten. Drittens ist die – wenngleich in der Praxis nicht immer durchzusetzende – Regulierung des Alltags durch die

8 Vgl. beispielsweise Helmut Bräuer, Arbeitende Bettler? Bemerkungen zum frühneuzeitlichen Bettler-Begriff, in: Comparativ, H. 6/1993, S. 79–91.

9 Vgl. Richard van Dülmen, Formierung der europäischen Gesellschaft in der frühen Neuzeit. Ein Versuch, in: Geschichte und Gesellschaft, H. 1/1981, S. 5–41, hier S. 20.

zunehmend einer zentralisierten Gewalt unterstehenden Obrigkeiten zu nennen, die besonders plakativ in den Policeyordnungen frühneuzeitlicher Städte wahrzunehmen ist.[10] Auf der Seite der *Nachfrage* waren es vor allem der Militärkomplex der nahezu durchgehend kriegführenden Habsburgermonarchie sowie die rapide wachsende Textilindustrie, deren hoher Arbeitskräftebedarf teilweise durch den Einsatz von Gefangenen als Zwangsarbeiter:innen gedeckt wurde. Gleichzeitig darf der Zusammenhang zwischen der Entwicklung des Strafvollzugs und dem Bedarf nach Arbeitskräften nicht überschätzt werden – nicht selten beklagten sich Obrigkeiten im Wien des 18. Jahrhunderts über die Vielzahl von Gefangenen, die nicht alle mit Arbeit belegt werden konnten.

In diesem Kontext konkretisierten sich 1671 die Pläne der Stadt Wien, ein Zuchthaus zu errichten. Begründet wurde die Notwendigkeit einer solchen Anstalt damit, dass

„[...] durch dieses Mittel die leichtfärtigen Weibsbilder von Ihrem bösen Leben abgeschräcket, die starcken und unwürdigen Bettler, wie auch das herrn und heilose Gesünd von der Stadt vertreiben, die übermüthigen Dienstbothen und Handwerkspurschen in Zaum gehalten auch die Kinder selbsten gegen Ihren Eltern und Gerhabern[11] zu mehreren Gehorsam angetrieben werden können.“[12]

Bereits zuvor waren alle genannten Gruppen Objekt von Züchtigung und Disziplinierung gewesen; die bis dato zum Einsatz kommenden Strafen, darunter etwa die Landesverweisung, wurden von den zuständigen Obrigkeiten jedoch als nicht effektiv genug betrachtet. Ziel der Anstalt war daher eine langfristigere Exklusion der als »delinquent« Markierten aus dem öffentlichen Raum und eine Intensivierung der Strafe durch die Kombination von Arbeit, Einsperrung und körperlicher Züchtigung. Gleichzeitig wurde dem Zuchthaus auch ein präventiver Charakter zugeschrieben – bereits die Androhung einer Zuchthausstrafe sollte abschreckend wirken und unerwünschte Personen davon abhalten, die Stadt zu betreten. Auf einer symbolischen Ebene kann die Zielsetzung des Hauses als zweifache *Reinigung* betrachtet werden: Auf individueller Ebene sollte die Zuchthausstrafe dazu dienen, »Delinquent:innen« von ihren Sünden zu reinigen, und ihnen somit die Reintegration in die Gemeinschaft der Christenheit ermöglichen. Auf kollektiver Ebene sollte das Gemeinwesen – das im Laufe des 18. Jahrhunderts zunehmend auch als *Staat* bezeichnet wurde – von all jenen Personen gereinigt werden, die nicht der erwünschten sozialen Ordnung entsprachen.

10 Vgl. Karl Härter, Soziale Disziplinierung durch Strafe? Intentionen frühneuzeitlicher Policeyordnungen und staatliche Sanktionspraxis, in: Zeitschrift für Historische Forschung, H. 3/1999, S. 365–379.

11 »Gerhaber« war eine Bezeichnung für einen Vormund minderjähriger Kinder.

12 Niederösterreichisches Landesarchiv (NÖLA), Verwaltung vor 1740, Karton 16/50, hier fo. 371v.

Alle Zellen haben Gucklöcher in der Tür. In Gruppenzellen gibt es zusätzlich ein Panoramagguckloch mit Klappe, wie hier abgebildet.

Das Wiener Zuchthaus war, nach dem 1668 in Breslau eröffneten Haus, die zweite solche Institution im Herrschaftsgebiet der Habsburger.[13] Die ersten Jahrzehnte der Institution waren von Krisen geprägt: Während der Belagerung Wiens durch das Osmanische Reich im Jahr 1683 wurde das Gebäude schwer beschädigt, zu Pestzeiten wurde es teilweise geschlossen und zu einem Lazarett umfunktioniert.[14]

In den 1720er-Jahren wurde die Anstalt schließlich umgebaut, erweitert und als »Zucht- und Arbeitshaus« wiedereröffnet. Während im Zuchthaus verurteilte Straftäter untergebracht werden sollten, war das Arbeitshaus nun für jene Insass:innen vorgesehen, die man wegen ihres Bettelns, Vagabundierens oder sonstigen »Müßiggangs« eingesperrt hatte. In der Praxis wurde diese Trennung allerdings kaum oder nur mit Mühe aufrechterhalten. Diese Vereinigung unterschiedlicher Zwecke und Zielgruppen ist bezeichnend für die Geschichte des Zucht- und Arbeitshauses. Das lag zum Teil daran, dass unterschiedliche Herrschaftsinstanzen – die höfischen Behörden in Wien, die niederösterreichische Regierung, die Stadt etc. – unterschiedliche Ziele verfolgten und versuchten, das Zuchthaus in ihrem jeweiligen Interesse einzusetzen. Trotz der eindeutigen Sprache der programmatischen Dokumente entsteht so immer wieder der Eindruck, dass das Haus keine kohärente Strafform in sich darstellte,

13 Vgl. Hannes Stekl, Österreichs Zucht- und Arbeitshäuser: Institutionen zwischen Fürsorge und Strafvollzug, Wien 1978, S. 62.

14 Vgl. Martin Scheutz, »Hoc disciplinarium ... erexit«: Das Wiener Zucht-, Arbeits- und Strafhaus um 1800 – Eine Spurensuche, in: Gerhard Ammerer & Alfred Stefan Weiß (Hg.), Strafe, Disziplin und Besserung: Österreichische Zucht- und Arbeitshäuser von 1750 bis 1850, Frankfurt a. M. 2006, S. 63–94, hier S. 64.

sondern vielmehr als flexibles Herrschaftsinstrument eingesetzt wurde. Neben der Einflussnahme konkreter Akteure lag die Multifunktionalität des Hauses auch darin begründet, dass es als Knotenpunkt zwischen verschiedenen gesellschaftlichen Feldern und deren jeweiligen Logiken, Praktiken, und Diskursen fungierte.

Die Spuren der Betroffenen, die im Zuchthaus eingesperrt und bestraft wurden, sind verwischt, verstreut in den Akten, die die Herrschenden in der Verwaltung des Strafkomplexes hinterlassen haben. Und doch sind sie da. Sie erzählen Geschichten von Kindern und Jugendlichen, die beim Betteln auf der Straße aufgegriffen wurden und Strafe statt Unterstützung fanden. Von Männern und Frauen, die den ihren Grundherren zustehenden Zwangsdienst, die Robot, verweigerten, und zur Disziplinierung einige Wochen in die Stadt geschickt wurden. Und sie erzählen Geschichten von den etlichen Personen, für die Kleinkriminalität – Diebstähle, unerlaubtes Jagen, Tabakschmuggel – zu einem selbstverständlichen Teil ihrer (Über-)Lebensstrategien geworden war.

ARBEIT UND ZÜCHTIGUNG

Der Einsatz von Arbeit als Strafe war keineswegs neu: Bereits vor der Gründung des Zuchthauses kannte die Strafgesetzgebung der Habsburgermonarchie verschiedene Formen der Strafarbeit. Verurteilte Personen wurden beispielsweise nach Ungarn transportiert, um dort in Grenzfestungen harte Arbeit zu verrichten, zum Galeerendienst nach Venedig oder Neapel verschickt, im Wiener Stadtgraben eingesetzt oder von ihren Grundherrschaften selbst zu verschiedenen Tätigkeiten, etwa dem Straßenkehren, angehalten. Viele dieser Strafpraktiken waren eng mit dem Militärkomplex verknüpft, andere auf der lokalen Ebene angesiedelt. Das Zuchthaus ersetzte dieses bestehende Strafrepertoire nicht, sondern wurde darin integriert. Charakteristisch für die Zuchthausstrafe war dabei, dass die Institution verschiedene Straflogiken miteinander kombinierte: Bereits der Name der Institution verweist auf die Bedeutung der körperlichen Züchtigung, die als Mittel zu Buße und Besserung, aber auch als Abschreckung gesehen wurde. Insbesondere Rutenstreiche waren Teil der Bestrafungsroutine. Das Ausmaß der körperlichen Bestrafung wurde individuell festgelegt: In den Dekreten, in denen die Verwalter des Zucht- und Arbeitshauses über die Übernahme von Häftlingen in die Institution informiert wurden, wurde auch spezifiziert, wie die Strafe der jeweiligen Person aussehen sollte. Üblich war dabei die Angabe einer genauen Zahl an Rutenstreichen oder Peitschenhieben, die jemand als »Willkomm und Abschied«

bei der Einweisung in das Haus und der Entlassung bekommen sollte. In einigen Fällen wurde auch eine monatliche, viertel- oder halbjährliche Züchtigung angeordnet. Das Ausmaß der körperlichen Züchtigung war also höchst reguliert – man fühlt sich an Michel Foucaults Formulierung der »differenzierten Produktion von Schmerzen«[15] erinnert – und musste in jedem Fall vom Hausverwalter genehmigt werden. Das traf auch auf jene Strafen zu, die über das bei der Einweisung angeordnete Maß hinausgingen. Die »Züchtlinge« konnten für jeden Verstoß, die Verweigerung von Arbeit oder das Zeigen von Ungehorsam gegenüber der Wache und den Aufsehern bestraft werden. Eine Instruktion von 1771 erwähnt explizit, dass in diesem Falle die Züchtigung »vor und in dem Angesicht der übrigen«[16] stattfinden sollte. Die Strafe hatte somit immer auch eine nach außen gerichtete und performative Funktion. Neben dem Auspeitschen konnte eine Strafe auch durch Anlegen von Fußfesseln oder den zeitweisen Entzug von Brot und Wasser verschärft werden. Dem durch Körperstrafen verursachten Schmerz wurde dabei nicht nur eine strafende, sondern auch eine reinigende Funktion zugeschrieben, die den Häftlingen bei der Buße ihrer Sünden behilflich sein sollte.

WIDERSPRÜCHE DER ZUCHTHAUSARBEIT

Als das Wiener Zuchthaus in den 1670er-Jahren eröffnet wurde, bot es Raum für ungefähr 200 Leute. Den Verantwortlichen waren diese bescheidenen Ausmaße bewusst und sie setzten sich das Wachstum der Institution explizit als Ziel. Knapp ein Jahrhundert später war bereits Platz für 469 Personen. Viele dieser Personen wurden nur für eine kurze Zeit in das Haus aufgenommen, etwa wenn sie auf die Abschiebung in ihren Heimatort oder die Verschickung an einen anderen Strafort warteten. Auch viele jener Insass:innen, die sich für eine längere Zeit im Zucht- und Arbeitshaus befanden, wurden nach ihrer Strafzeit abgeschoben oder des Landes verbannt. Im Gegensatz zu den Personen, die sich nach ihrer Entlassung weiter im Land aufhalten durften, galten die Abgeschobenen und Verbannten nicht als gereinigt, sondern wurden weiterhin als moralisch korrumpiert und in ihrer Ehre beeinträchtigt angesehen. Von den Administratoren des Hauses wurde das stetige Anwachsen der Häftlingspopulation im 18. Jahrhundert zunehmend problematisiert, da die große Anzahl an Personen in keinem Verhältnis zu der schlecht finanzierten und nur aus wenigen Köpfen bestehenden Wache stand und Ausbrüche somit nicht effektiv verhindert werden konnten. Tatsächlich glich die Realität des Zuchthausalltags nicht der umfassenden Überwachung eines Panopticons,

[15] Foucault, S. 47.

[16] Wiener Stadt- und Landesarchiv (WStLA), Alte Registratur, Hof- und Regierungsdekrete, 15.12.1771.

sondern war vielmehr geprägt vom ständigen Kampf der Verwalter und Aufseher:innen gegen die Handlungsspielräume, die sich Gefangene aufgrund der mangelhaften institutionellen Kontrolle verschaffen konnten.

Eine grundlegende Dynamik, die das obrigkeitliche Handeln in diesem Kontext prägte, war der Zielkonflikt zwischen der möglichst umfassenden Einsperrung, die eine Voraussetzung für die Verhinderung von Ausbrüchen gewesen wäre, und der für den Arbeitseinsatz notwendigen Mobilität der Gefangenen – sowohl innerhalb der Anstalt als auch zwischen dem Zuchthaus und anderen Orten in der Stadt. Dieser Widerspruch war den Handelnden durchaus bewusst: So gelang 1761 einer Gruppe von Wildschützen der Ausbruch aus dem Gefängnis. Als Ursache wurde ihre Bewegung durch die verschiedenen Gebäudeteile und Höfe des Hauses identifiziert, die zur Erledigung verschiedener Arbeitsschritte notwendig war. In der Folge wurde diskutiert, ob diese als besonders gefährlich und widerspenstig geltende Gruppe von der Arbeitspflicht im Haus ausgenommen werden sollte. Zwar waren sich alle beteiligten Obrigkeiten einig, dass die Mobilität der Wildschützen eine Gefahr darstellte, dennoch wurden – bis auf das Lippenbekenntnis zu einer strengeren Überwachung derselben – keine Maßnahmen getroffen, da die Wildschützen als besonders kräftige Arbeiter galten, die für bestimmte Produktionsschritte dringend benötigt wurden.[17]

Die Hauptbeschäftigung der Zuchthausinsass:innen war die Textilproduktion. Für ihre Arbeit erhielten sie einen Stücklohn, der je nach Art der Tätigkeit unterschiedlich hoch war. Als Versorgung erhielten sie aus den Mitteln des Hauses bloß Wasser und Brot, alle anderen Lebensmittel mussten sie im Haus von ihrem Lohn kaufen. Die Produktivität eines Sträflings wirkte sich also unmittelbar auf seine Lebensqualität aus – die Arbeitsorganisation war so angelegt, dass harte Arbeit belohnt und Müßiggang auch innerhalb der Anstalt bestraft wurde. Trotz ihres Zwangscharakters handelte es sich also um kommodifizierte Arbeit – wie so oft in der Geschichte wird auch hier deutlich, dass Lohnarbeit keineswegs mit der Existenz von »freien« Arbeiter:innen gleichzusetzen ist. Die Einbindung des Arbeitshauses in Produktionsnetze diente darüber hinaus der Finanzierung der Einrichtung selbst. Zwar wurde die Rentabilität der Textilproduktion angestrebt, in der Realität reichten die durch den Verkauf von Waren gewonnenen Einnahmen jedoch bestenfalls zur Deckung der entstandenen Kosten. Gewinnbringend war lediglich die Produktion von Kotzen, einem groben Wollstoff, dessen Hauptabnehmer das Militär war. Alle anderen Tätigkeiten – Baumwollspinnen, Weben oder die Herstellung

17 NÖLA, Theresianische Verwaltung 1740–1780, Hofresolutionen in publicis (Monatsbuschen), Karton 78 (1761), No. 16.

von Strümpfen – waren ein Verlustgeschäft. Dass diese unprofitablen Tätigkeiten trotzdem beibehalten wurden, lag daran, dass der Wert der Arbeit im Zuchthaus nicht nur als Mittel zur Produktion von Waren galt und nach ökonomischer Logik bemessen wurde: Die Arbeit der Häftlinge wurde – unabhängig von ihrem Produkt – auch als Form der körperlichen Strafe und als Mittel zur Buße konzeptualisiert. Die Arbeitsverhältnisse im Zuchthaus waren also in verschiedene Wertesysteme zugleich eingebunden, die situationsabhängig und von unterschiedlichen Akteur:innen mobilisiert und priorisiert werden konnten.

SEGREGATION ALS ORGANISATIONSPRINZIP

Das Zusammenleben im Zuchthaus war von einer paradoxen Gleichzeitigkeit geprägt: Die Insass:innen lebten auf engstem Raum, und doch war eines der Grundprinzipien der Institution das der Segregation. Das betraf zum einen die Trennung zwischen Männern und Frauen – diese schliefen nicht nur in separaten Zimmern, sondern sollten zu jeder Tageszeit voneinander ferngehalten werden. So wurde etwa der Aufseher im Zuchthaus, der sogenannte Zuchtmeister, 1673 instruiert, er solle dafür sorgen, dass Männer und Frauen weder bei der Arbeit noch bei anderen Gelegenheiten zusammen Zeit verbringen könnten. Sollte ihr Aufeinandertreffen doch unumgänglich sein, dann sollten sie keinesfalls miteinander sprechen oder gar scherzen.[18] Die zweite Form der Segregation stand in engem Zusammenhang mit dem Konzept der Korrektion, dem sich das Zucht- und Arbeitshaus verschrieben hatte. Immer und immer wieder betonten Obrigkeiten, dass das Zucht- und Arbeitshaus kein »infamierender Strafort«, sondern ein »Reinigungsort« sein sollte.[19] Diese Zielsetzung stand im Gegensatz zu den Beobachtungen zeitgenössischer Kommentator:innen, die die Institution gar als »Schule des Verbrechens«[20] bezeichneten, die statt zur Besserung zum weiteren moralischen Verfall der Gefangenen beitrage. Die Absonderung der »ruchlose[n] und verkehrte[n] Bösewicht[e]« von den »annoch wohlgearteten Leuten [...] damit keiner den anderen verführen möget«[21] war daher ein zentraler Bestandteil der räumlichen Organisation des Zuchthauses. Diese Form der Segregation war einerseits ein abstraktes Leitprinzip, wurde aber auch individuell implementiert: In mehreren Fällen finden sich Anweisungen, konkrete Häftlinge von anderen zu isolieren – entweder um sie selbst vor vermeintlich schädlichen Einflüssen zu schützen (besonders im Fall junger Häftlinge) oder um andere vor ihnen zu schützen. Implementiert wurde diese Absonderung, wenn es der Platz zuließ, durch die Zuweisung von eigenen

18 WStLA, Hauptarchiv, Akten und Verträge, A1.8/1673.

19 Österreichisches Staatsarchiv (OeStA), Finanz- und Hofkammerarchiv, SUS Patente 141.04.

20 NÖLA, Theresianische Verwaltung 1740–1780, Hofresolutionen in Publicis (Monatsbuschen), Karton 195 (1780), No. 43.

21 OeStA, Allgemeines Verwaltungsarchiv, Justiz OJSt JS TS 32.1.1.

Zimmern. So erinnerte der niederösterreichische Statthalter die Erzherzogin Maria Theresia 1762 daran, dass im Zuchthaus stets einige Zimmer für Personen »von Distinktion« oder Kinder, die von ihren Eltern zur »Korrektion« eingewiesen wurden, freistehen sollten, damit diese »von dem übrigen boshaften Gesind nicht etwa noch mehr Übel erlernen« würden.[22] Ein zusätzliches Mittel zum Schutz junger Häftlinge vor potenziell schädlichen Einflüssen bestand darin, dass ihnen eine andere inhaftierten Person als Aufsicht zugeteilt wurde. Das geschah beispielsweise im Fall der zwölfjährigen Katharina Geigerin, die 1775 als Brandstifterin in das Zuchthaus eingewiesen wurde. Ihr wurde die bereits seit 1771 im Haus inhaftierte Elisabeth Hutterin als eine »fromm anscheinende Person« zugeteilt, welche die Aufgabe hatte, Katharina Geigerin von anderen Insass:innen abzusondern.[23] Auch über das religiöse Erziehungsprogramm der Zuchthausinsass:innen wurde individuell entschieden. Mehrere tägliche Gebetsstunden gehörten zum Tagesplan aller Häftlinge. In einzelnen Fällen wurde eingewiesenen Personen zusätzlich ein Seelsorger zugewiesen, der sie persönlich im christlichen Glauben unterrichten sollte, um so ihren »christlichen Lebenswandel« zu fördern.

ÜBERPRODUKTION VON KRIMINELLEN

Historiker:innen, die zur Geschichte von Bestrafung forschen, haben immer wieder die These diskutiert, dass sich verändernde Strafregime durch den – von den jeweiligen Produktionsverhältnissen abhängigen – Arbeitskräftebedarf von Staaten (und anderen Herrschaftsgebilden) erklären lassen. Es waren Georg Rusche und Otto Kirchheimer, die als erste diese These vom kausalen Zusammenhang zwischen Arbeitsmarkt und Strafvollzug aufstellten.[24] Im Fall des Wiener Zucht- und Arbeitshauses lässt sich eher eine gegenteilige Dynamik beobachten: Immer wieder hatten Obrigkeiten Schwierigkeiten damit, ausreichend Beschäftigungsmöglichkeiten für Sträflinge zu finden. Die Strafpraxis war gekennzeichnet durch ein ständiges Missverhältnis zwischen der Anzahl der kriminalisierten und als disziplinierungsbedürftig angesehenen Menschen und den räumlichen und finanziellen Möglichkeiten, um sie einzusperren und zu beschäftigen.

Die umfassenden Disziplinierungsansprüche der Obrigkeiten und die Kriminalisierung von Armut und Mobilität führte zu einer Überproduktion von Delinquent:innen, denen die Kapazitäten des Staates nicht gerecht werden konnten. Mitte des 18. Jahrhunderts wurde versucht, dieses Problem durch eine räumliche Auslagerung des kriminalisierten »Gesindels« zu lösen: Zwischen 1744 und 1768 wurden im Rahmen des sogenannten

22 NÖLA, Theresianische Verwaltung 1740–1780, Hofresolutionen in publicis (Monatsbuschen), Karton 84 (1762), No. 8.

23 WStLA, Alte Registratur, Berichte, 107/1776.

24 Vgl. Georg Rusche & Otto Kirchheimer, Sozialstruktur und Strafvollzug, Frankfurt a. M. & Köln 1974.

Wasserschubs mehr als 3.000 Personen zwangsweise in den Banat, vor allem in die dort gelegene Stadt Temesvar (heute Timişoara in Rumänien), verschickt und dort zu Zwangsarbeiten verpflichtet.[25] Die Transporte gingen direkt vom Wiener Zucht- und Arbeitshaus ab und erfüllten in den Augen der Verwalter explizit auch die Funktion, dieses zu »leeren«. 1769 wurde der Wasserschub schließlich auf Initiative von Joseph II. (dem damaligen Mitregenten seiner Mutter Maria Theresia) abgeschafft; das Projekt einer (internen) Strafkolonie war damit gescheitert. Grund dafür war neben den kritisierten menschenunwürdigen Verhältnissen auch die Ineffektivität der Bestrafung – immer wieder hatten sich die Verantwortlichen darüber beklagt, dass viele der Deportierten ausbrechen und nach Wien zurückkehren würden.[26] Die Abschaffung des Wasserschubs führte zu einer Krise der heimischen Zucht- und Arbeitshäuser, die sich nun mit einer noch sehr viel größeren Anzahl an Einzusperrenden konfrontiert sahen. In diesem Kontext wurde zunehmend auf die Anstellung von Gefangenen für sogenannte »öffentliche« Arbeiten, wie etwa Straßenkehren, zurückgegriffen. Auch die Insass:innen des Wiener Zucht- und Arbeitshauses wurden vermehrt zu Arbeiten außerhalb des Hauses selbst eingesetzt und somit der Stadt als billige Arbeitskräfte zur Verfügung gestellt. Profit konnte die Institution daraus keinen schlagen – trotzdem befürworteten ihre Verwalter den Rückgriff auf diese ältere Form der Strafarbeit. Neben dem unmittelbaren Nutzen für die Stadtverwaltung lag der Zweck dieser Arbeit vor allem im ideologischen Kampf gegen den Müßiggang, der angesichts des Mangels an Arbeitsmöglichkeiten innerhalb des Hauses befürchtet wurde.

Trotzdem wurde die Krise des Zucht- und Arbeitshauses nie vollständig gelöst – sie dürfte vielmehr ein Mitgrund dafür gewesen sein, dass das Zucht- und Arbeitshaus in den 1780er-Jahren aufhörte, in der bisherigen Form zu existieren. Zuchthaus und Arbeitshaus wurden zunächst voneinander getrennt, das Zuchthaus bald darauf zu einem »Provinzialstrafhaus« für ganz Niederösterreich umstrukturiert. Kontinuitäten blieben in der konkreten Strafpraxis zwar bestehen, das multifunktionale Unterfangen »Zucht- und Arbeitshaus« aber kam zu einem Ende.

(VOR-)MODERN?

Die Geschichte des Wiener Zucht- und Arbeitshauses zeigt, wie komplex die Verstrickung von Armutsbekämpfung, Bestrafung und Produktivität an der Schwelle zur sogenannten Moderne war. Die Entstehung »moderner« Strafanstalten kann nicht auf eine einzige historische Entwicklungslinie

25 Vgl. Stephan Steiner, Rückkehr unerwünscht: Deportationen in der Habsburger Monarchie der Frühen Neuzeit und ihr europäischer Kontext, Wien u. a. 2014, S. 299–384.

26 Ebd., S. 363.

zurückgeführt werden – vielmehr waren Gefängnisse, Zuchthäuser, Arbeitshäuser und andere Verwahrungsorte als Teil der Gesellschaft auch Orte, an denen unterschiedliche Traditionen, Praktiken und Interessen aufeinandertrafen und ausgehandelt wurden. Sie koexistierten mit anderen Formen der Strafarbeit ebenso wie mit Körper- und Todesstrafen, mit Verbannung und Ausweisung.

Die Geschichte des Zucht- und Arbeitshauses zeigt auch, was es in der Gesellschaft der Frühen Neuzeit bedeutete, als arbeitsscheu oder kriminell kategorisiert zu werden. Sie zeichnet das Bild einer Gesellschaft, in der für Abweichungen wenig Platz war. Und trotz der Distanz zu diesem gewaltvollen Aspekt der Strafjustizgeschichte und des Befremdens, das wir angesichts des harten Züchtigungsregimes empfinden mögen, kommt man nicht umhin, auch Parallelen und Kontinuitäten zu entdecken. Eine Erweiterung des Blickes in die nachfolgenden Jahrhunderte zeigt, dass **viele der gewaltvollen Straf- und Exklusionspraktiken des Zuchthauses keineswegs Überbleibsel einer »vormodernen« Zeit waren, sondern dass von einer Kontinuität bis ins 20. Jahrhundert ausgegangen werden kann.** Es handelte sich eben nicht nur um »Relikte archaischer Haltungen gegenüber den sozial schwächeren Gruppen«[27], sondern um ein konstitutives Merkmal der Herrschaftsverhältnisse moderner Staaten. Auch heute haben Abwertung und Straflust im Umgang mit marginalisierten Gruppen Konjunktur – sei es in Debatten um die Kürzung von Sozialleistungen, die von zunehmendem Sozialchauvinismus geprägt sind, oder in Forderungen nach der Einführung einer Arbeitspflicht für Asylsuchende. Während sich die strukturellen Bedingungen, die Exklusion, Ausbeutung und Zwang begründen, grundlegend gewandelt haben, zeigt sich in den diskursiven Mustern der Abwertung eine erschreckende Kontinuität, die demonstriert, dass der Mythos der Freiheit und Gleichheit im modernen Westen immer auch zur Verschleierung tatsächlicher Herrschaftsverhältnisse beigetragen hat.

[27] Stekl, S. 298.

Dieser Beitrag hat ein Double-blind-Peer-Review-Verfahren durchlaufen. Autorin und Redaktion danken den Gutachter:innen für ihre Mitwirkung.

Teresa Petrik ist Sozialhistorikerin und wissenschaftliche Mitarbeiterin am Institut für Geschichte des ländlichen Raums in St. Pölten (Niederösterreich). Sie studierte Geschichte, Soziologie und Politikwissenschaft an der Universität Wien und forscht zur Geschichte von Armut, Gefängnissen und Strafarbeit in der Habsburgermonarchie der Frühen Neuzeit.

WIEDERGEHÖRT

CASH IM GEFÄNGNIS

FOLSOM STATE PRISON, 13. JANUAR 1968

☰ Frank Decker

»Hello, I'm Johnny Cash« – mit dieser simplen Begrüßung beginnt am 13. Januar 1968 eines der legendärsten Konzerte der Popmusikgeschichte. Es findet an einem denkbar ungewöhnlichen Ort statt: einem Hochsicherheitsgefängnis in Kalifornien, etwa dreißig Kilometer von der Hauptstadt Sacramento entfernt. Der Interpret, damals 35 Jahre alt, ist ein bekannter, erfolgreicher und wegen seiner Drogenprobleme zugleich berüchtigter Countrysänger. Weil es ihm seit einigen Monaten gelingt, seine Sucht in den Griff zu kriegen, hat er – nach für seine Verhältnisse zuletzt eher schwachen Platten – nun endlich den Kopf frei, um einen lang gehegten Plan zu realisieren: ein Live-Album in einem Gefängnis aufzunehmen

Dass der Auftritt in Folsom stattfinden sollte, war naheliegend, verdankte der Ort doch schon zu dieser Zeit seine Bekanntheit einem von Cashs besten Songs – dem zu Beginn seiner Karriere 1955 bei Sun Records erschienenen *Folsom Prison Blues*. Nach der Vorführung eines im Folsom-Gefängnis spielenden Kinofilms hatte Cash den Titel 1953 während seiner Zeit als Soldat in Deutschland geschrieben, wobei ihm Gordon Jenkins' im selben Jahr veröffentlichter *Crescent City Blues* als Vorlage diente (Cash sollte dafür später eine Ausgleichszahlung leisten). Zwei wichtige Themenmotive der Countrymusik – Gefängnisse und die Eisenbahn – verbindend, haftet Cashs Text vor allem wegen der Liedzeile »I shot a man in Reno/Just to watch him die« im Gedächtnis.

Zum Klassiker wurde der *Folsom Prison Blues* aber auch durch die Musik. Das ikonische Intro und das nicht minder ikonische Gitarrensolo des Songs verbinden sich bis heute mit Luther Perkins, der Johnny Cashs unverwechselbaren »Boom Chicka Boom«-Sound seit den Anfängen in Memphis maßgeblich kreierte. Cash-Fans lieben das *Folsom Prison*-Album auch deshalb, weil sich Luther auf ihm verewigt hat. Denn am 5. August 1968, nur wenige Wochen, nachdem die Platte erschienen und an die Spitze der Charts gestürmt war, kam der Gitarrist bei einem tragischen Unfall im eigenen Haus ums Leben. Heute sind auf YouTube Dutzende Videos mit Anleitungen zu finden, wie man Luthers Rhythmus und Soli originalgetreu nachspielen kann.

GEFÄNGNISLIEDER

Der frühe Erfolg des *Folsom Prison Blues* führte dazu, dass Cash seit 1957 regelmäßige Einladungen erhielt, in Strafanstalten aufzutreten. In den darauffolgenden zehn Jahren summierten sich die Gefängniskonzerte, für die er keine Gage beanspruchte, auf etwa dreißig. Als bei einem der Auftritte nach einem Gewitter der Verstärker ausfiel, sang und spielte Cash trotz strömenden Regens unbeirrt weiter. Das sprach sich unter den Gefängnisinsassen herum. Am Neujahrstag 1959 trat er zum ersten Mal in San Quentin auf. Die in der Nähe von San Francisco gelegene Anstalt war wegen ihres Todestrakts noch berüchtigter als Folsom. Im Publikum saß damals Merle Haggard, der eine dreijährige Haftstrafe verbüßte. Als Haggard 1970 Gast in der »Johnny Cash Show« war, wurde er vom Gastgeber gebeten, dem Publikum seine kriminelle Vergangenheit zu offenbaren. Eine solche hätten die meisten wohl eher bei Cash vermutet, verstand dieser es doch geschickt, sein Outlaw-Image zu pflegen. Wegen einer Straftat hinter Gittern gesessen hatte Johnny Cash freilich nie, auch wenn er in den 1960er Jahren wegen seiner Exzesse wiederholt manche Nacht in der Zelle verbringen musste. Eine dieser Episoden verarbeitete er später in dem – auf dem San Quentin-Album enthaltenen – Song *Starkville City Jail*.

Auch in Cashs Repertoire finden Gefängnislieder, die das Country-Genre seit den 1920er Jahren begleiten, von Beginn an einen festen Platz. Für sein erstes, bei Sun erschienenes Album *With His Hot And Blue Guitar* nimmt er den Titel *Doin' My Time* auf. Und nach seinem ersten Auftritt in San Quentin schreibt Cash mit *Give My Love to Rose* selbst einen Prison-Song, dem viele weitere folgen. Das Lied handelt von einem todkranken Sträfling, der nach zehn Jahren aus der Haft entlassen wird. Auf dem Weg nach Hause bittet er, ehe er stirbt, einen Fremden, Frau und Sohn auszurichten, dass er sie liebe. Neben der auf dem *Folsom*-Album enthaltenen Live-Version gibt es von *Rose* gleich drei Studio-Aufnahmen – die letzte spielte Cash 2002 für sein noch zu Lebzeiten erschienenes Album *The Man Comes Around* ein. Sie wurde im selben Jahr mit einem Grammy für die beste männliche Gesangsdarbietung in der Countrymusik ausgezeichnet.

Überlebensgroß. In Kaliforniens Hauptstadt Sacramento erinnert ein Wandbild auf einem 15-stöckigen Haus an Cashs Auftritt in Folsom.
Foto: Daniel James

GREYSTONE CHAPEL

Der Auftritt in Folsom ist gut vorbereitet. Bob Johnston, Cashs neuer Produzent bei Columbia, treibt das Vorhaben engagiert voran. Geplant sind zwei Shows im Speisesaal 2 vor jeweils tausend Insassen. Die erste soll um 9.40 Uhr beginnen. Sie gerät so gut, dass von der zweiten, ab 12.40 Uhr stattfindenden Show nur zwei Titel Eingang in das finale Album finden. Wie die Setlisten verraten, haben Johnston und Cash ein Konzeptalbum im Sinn, nur dass dieses im Unterschied zu Cashs hochgelobten Konzeptalben aus den 1960er Jahren – *Ride This Train* (1960), *Blood, Sweat and Tears* (1962), *Bitter Tears* (1964) und *Ballads of the True West* (1965) – diesmal live aufgenommen wird. Statt *Ring of Fire* und *I Walk the Line* stehen Mörderballaden wie *Cocaine Blues, 25 Minutes to Go* und *The Long Black Veil* sowie *Working Men*-Songs wie *Busted, Dark As A Dungeon* und

The Legend of John Henry's Hammer auf dem Programm. Auch der Humor kommt mit *Dirty Old-Egg-Sucking Dog*, *Joe Bean* und *Flushed from the Bathroom of Your Heart* nicht zu kurz. Einen Teil seines Repertoires bestreitet Cash sitzend und ohne Band nur mit der Gitarre – ein Vorgeschmack auf seine *American Recordings* in den 1990er und 2000er Jahren. Gleichzeitig gibt er Konzert-Favoriten und Hits wie *Orange Blossom Special* oder *Jackson* zum Besten. Für das letztgenannte Duett mit June Carter, die er sechs Woche nach dem Folsom-Auftritt heiraten wird, hatten die beiden kurz zuvor einen Grammy erhalten. Neues Material enthält das *Folsom*-Album nicht – mit einer Ausnahme.

Einen Tag vor dem Konzert wird Cash von einem befreundeten Geistlichen ein Tonband zugesteckt, auf dem sich eine Aufnahme eines in Folsom einsitzenden Häftlings befindet. Glen Sherley, so lautet sein Name, ist wegen Raub zu lebenslanger Haft verurteilt, mit der Möglichkeit auf Bewährung nach fünf Jahren. Der Song heißt *Greystone Chapel* und handelt von der kleinen Kapelle auf dem Folsom-Gelände, der »Andachtsstätte in diesem Sündenpfuhl«, wie es im Text heißt. Cash hört sich das Band wieder und wieder an und probt den Song im Ranch Motel, in dem er sich mit seiner Truppe einquartiert hat, um die Show vorzubereiten. Am selben Ort hält sich zur selben Zeit wegen einer anderen Veranstaltung Kaliforniens Gouverneur Ronald Reagan auf. Cash begrüßt ihn, als er bei Proben kurz vorbeischaut. Reagan wird Johnny Cash später behilflich sein, als sich dieser für eine vorzeitige Entlassung von Sherley einsetzt.

Johnny Cash ist in Folsom in Bestform. Er legt sich so ins Zeug, dass ihm die Stimme manchmal zu versagen droht. Sein Publikum reißt das nur deshalb nicht von den Sitzen, weil das nicht gestattet ist und es in diesem Fall zum Abbruch des Konzerts käme – so hat es die Gefängnisleitung klargestellt. Umso lauter jubeln die Häftlinge Cash während seines streng bewachten Auftritts zu. Den emotionalen Höhepunkt erreicht das Konzert am Ende, als er das Lied von Sherley ankündigt. Dieser sitzt in der ersten Reihe und wird von Cash direkt angesprochen: »Ich hoffe, wir werden Deinem Song gerecht, Glen. Wir geben unser Bestes.«

EIN 1968ER ALBUM

Bei der Abmischung und Zusammenstellung versucht Johnston die Gefängnisatmosphäre einzufangen, indem er Durchsagen für einzelne Häftlinge und die abschließenden Dankes- und Grußworte auf dem Album belässt. Wie bei Cashs vorherigen Platten glauben die Columbia-Bosse nicht an einen Verkaufserfolg, als *Johnny Cash at Folsom Prison* und der als Single ausgekoppelte *Folsom Prison Blues* im Mai 1968 erscheinen. Statt Anzeigen in den Mainstream-Medien zu schalten, promoten sie das Album vor allem in der Underground-Szene, wo es den unruhigen Geist der Zeit trifft. Cashs rebellische Ader und die nur halbherzig dementierten Geschichten über seine eigene Knastvergangenheit sollen eine Brücke zum lukrativen Markt der Popkonsumenten schlagen. Single und Album steigen in den Charts tatsächlich rasch nach oben, bevor es am 5. Juni zu einem herben Rückschlag kommt, als die Ermordung des demokratischen Präsidentschaftskandidaten Robert F. Kennedy die durch das tödliche Attentat auf Martin Luther King zwei Monate zuvor bereits traumatisierte Nation erneut unter Schock setzt. Viele Radiosender nehmen Folsom wegen der anstößigen »I shot a man in Reno«-Zeile jetzt aus dem Programm. Dem Drängen der Plattenfirma, die Stelle herauszuschneiden, gibt Cash widerstrebend nach. Den Erfolg des Originals kann das aber nicht aufhalten. Im Juli und August steht die Single vier Wochen lang an der Spitze der Country-Charts. In den Pop-Charts hält sich das *Folsom*-Album 122 Wochen und verkauft sich allein in den USA über drei Millionen Mal.

Die Authentizität des Albums, die von Kritikern bis heute gerühmt wird, rührt auch daher, dass Cash sein Eintreten für die Gefangenen nicht auf die Auftritte beschränkt. Er ist ein engagierter Fürsprecher einer Reform des Strafvollzugs und nutzt seine Popularität, um sich bei Politikern für dieses Anliegen einzusetzen. 1971 gelingt es ihm, Glen Sherley aus dem Gefängnis freizubekommen. Er vermittelt ihm einen Vertrag als Songschreiber und lässt ihn im Vorprogramm seiner Show auftreten. 1972 nehmen Cash und Sherley in Washington an einer Senatsanhörung teil, um für eine Veränderung der Zustände in den Gefängnissen zu werben. Tatsächlich verändern sollte sich allerdings wenig und auch die Sache mit Sherley nimmt kein gutes Ende. Der entlassene Häftling kommt mit seinem neuen Leben in Freiheit nicht zurecht. Als er Mitglieder von Cashs Band bedroht, zieht dieser die Reißleine und trennt sich von ihm. Sherley zieht in den folgenden Jahren vagabundierend durchs Land, bevor er sich 1978 im Alter von 42 Jahren eine Kugel in den Kopf schießt.

DAS ERSTE COMEBACK

Obwohl Glen Sherley nicht wieder im Gefängnis gelandet war, steht sein Scheitern sinnbildlich für Cashs eigenes Scheitern in den Bemühungen um eine Gefängnisreform. Die Konzerte in den Gefängnissen setzt er in den 1970er Jahren trotzdem fort – auch nach Folsom kehrt er 1977 nochmals zurück. Cash merkt allerdings, dass die Häftlinge jetzt längst nicht mehr so geschlossen hinter ihm stehen wie früher. Sein eigener Lebenswandel und die Hinwendung zur Religion kratzen an seiner Glaubwürdigkeit. In den 1980er Jahren stellt er die Gefängnisauftritte ganz ein, um sich anderen sozialen Anliegen zuzuwenden. Von nun an sind es vor allem Kinder- und Altenheime, die er mit Benefizkonzerten unterstützt.

Mit dem *Folsom*-Album gelingt Cash der Durchbruch zum nationalen und internationalen Superstar. Es ist das erste triumphale Comeback in seiner zu diesem Zeitpunkt 13-jährigen, turbulenten Karriere – das zweite sollte in den 1990er Jahren folgen, als er sich mit Rick Rubin zusammentut und die *American*-Alben herausbringt. Die Heirat mit June und die Geburt des gemeinsamen Sohnes John Carter Cash 1970 bringen Ordnung in Cashs Privatleben. Seinen Drogenkonsum kann er bis Ende der 1970er Jahre unter Kontrolle halten. Nach Folsom startet Cash mit seiner Karriere voll durch. Das im Februar 1969 aufgenommene Album *Johnny Cash at San Quentin* ist noch erfolgreicher als der Vorgänger. Es beschert dem Sänger mit *A Boy Named Sue* und dem selbst geschriebenen *San Quentin* zwei weitere Hits und öffnet die Tür für eine wöchentliche Fernsehshow zur besten Sendezeit, die Cash endgültig zur US-amerikanischen Ikone machen wird. 1972 nimmt er im Rahmen einer Europatournee in der Nähe von Stockholm ein drittes Gefängnisalbum auf. Schon fast wie ein Studioalbum klingend, ist *Johnny Cash pä Österaker* dezenter als *Folsom* oder *San Quentin* und kann bei Weitem nicht an deren Erfolg anknüpfen. Dennoch zeigt es den Sänger auf dem Höhepunkt seiner Kunst.

Auch wenn die Gefängniskonzerte in den 1980er Jahren abbrechen, sind die Prison-Songs bis zum Schluss ein essenzieller Bestandteil von Johnny Cashs Live-Repertoire. Neben *Folsom Prison Blues* und *San Quentin* gilt das zum Beispiel für *The Wall oder The Long Black Veil,* die er in seinen Shows nur selten auslässt. Die Traurigkeit, die sich in der Freiheitsmetaphorik dieser Lieder ausdrückt, spiegelt Cashs eigene Persönlichkeit und Biografie. Die Sehnsucht, auszubrechen, hat ihn nicht nur den Baumwollfeldern in Arkansas entkommen lassen, die seine Kindheit und Jugend prägten, sie bleibt für ihn auch in den künstlerisch und kommerziell enttäuschenden 1980er Jahren eine wichtige Triebfeder, ohne die das Comeback in den 1990ern nicht möglich gewesen wäre. Ob und wie man sich an Cash in fünfzig oder hundert Jahren erinnern wird, weiß niemand. Sein heutiger Nachruhm – mehr als zwanzig Jahre nach dem Tod – ist jedenfalls gewaltig. Die *American*-Alben haben daran gewiss einen großen Anteil. Begonnen hat es aber mit dem *Folsom*-Album und – noch früher – dem *Folsom Prison Blues.*

MATERIAL

Johnny Cash at Folsom Prison, Columbia CS 9639/CBS 63308.
Das im Mai 1968 erschienene Originalalbum enthält 16 Songs, von denen 14 in der ersten und zwei in der zweiten Show aufgenommen wurden.

Johnny Cash at Folsom Prison, Columbia/Legacy CK 65955.
Die 1999 herausgebrachte Neuauflage auf CD enthält drei bis dahin nicht veröffentlichte zusätzliche Titel *(Busted, Joe Bean, The Legend of John Henry's Hammer)*, die alle der ersten Show entstammen.

Johnny Cash at Folsom Prison, Columbia Legacy 88697 38176 2.
Die 2008 erschienene Doppel-CD-Ausgabe enthält sämtliche Aufnahmen beider Shows einschließlich des von Carl Perkins und den Statler Brothers bestrittenen Vorprogramms.

Michael Streissguth, *Johnny Cash at Folsom Prison. Die Geschichte eines Meisterwerks,* Berlin 2006.
In dem Buch werden die Vorgeschichte, der Verlauf und die Rezeption des Auftritts in Folsom anschaulich und detailliert rekonstruiert.

Johnny Cash at Folsom & San Quentin. Photographs by Jim Marshall, London 2018.
Der großformatige Bildband enthält 66 Fotoaufnahmen von der Show in Folsom und 26 vom Konzert in San Quentin, darunter das berühmte, bei den Proben entstandene »Stinkefinger«-Foto.

Johnny Cash at Folsom Prison, Dokumentarfilm, Northern Light Productions, 2008.
Dem neunzigminütigen, auf dem Buch von Streissguth basierenden Film gelingt das Kunststück, einen Live-Auftritt zu dokumentieren, von dem es – anders als vom San Quentin-Konzert – keine bewegten Bilder gibt. Im Mittelpunkt steht das Schicksal des Gefangenen Glen Sherley.

Prof. Dr. Frank Decker, geb. 1964, ist Professor für Politische Systeme am Institut für Politische Wissenschaft und Soziologie der Rheinischen Friedrich-Wilhelms-Universität Bonn und seit 2022 Herausgeber der INDES. Letzte Buchveröffentlichung: Thomas Hartmann-Cwiertnia, Jochen Dahm & Frank Decker (Hg.), *Europa 2050. Souverän, sozial handlungsfähig,* Bonn 2024.

WIEDERGESEHEN

X-MEN: DAYS OF FUTURE PAST (1981)

EINE COMICBOOK-REFERENZ DER FERNSEHSERIE HOLOCAUST (1978) ALS JÜDISCHE SELBSTERMÄCHTIGUNG

Ξ Andreas Neumann

Heute zählen die X-MEN zu den progressivsten Superheld:innen. Sie repräsentieren das Streben nach Gleichberechtigung von unterdrückten Minderheiten, schließlich bilden die Mutant:innen in ihrer Welt eine von der ›normalen‹ Bevölkerung im besten Falle skeptisch beäugte, im schlimmsten Szenario mit allen Mitteln verfolgte Randgruppe der Gesellschaft. Beispielsweise war mit Northstar bereits 1992 ein Mutant im Comicbook als homosexuell zu erkennen und die X-MEN-Filmreihe der 2000er Jahre gilt aufgrund einiger offen queerer Crew-Mitglieder (Bryan Singer, Ian McKellen und Elliot Page) sowie unter anderem der sogenannten *outing-scene* im zweiten Teil als explizite Analogie zu den Lebensumständen der LGBTQI-Community. Dass die Mutant:innen stellvertretend für alle in der Welt ausgegrenzten Bevölkerungsgruppen stehen, war jedoch nicht von Anfang an ersichtlich. Von Stan Lee und Jack Kirby konzipiert, bestand die Gruppe in der ersten Ausgabe von 1963 noch ausschließlich aus weißen Mittelschicht- und Upperclass-Sprösslingen, die der Rest der Gesellschaft aufgrund ihrer individuellen Begabungen als Bedrohung ansieht. Seit der ersten Ausgabe bildet der Metall manipulierende Magneto den Antagonisten des X-MEN-Universums. Mit seiner Brotherhood of Evil Mutants versucht dieser Erzschurke immer wieder, die Herrschaft über die Welt zu erlangen, auch wenn dies die vollkommen rechtlose Unterordnung der Menschheit unter den Homo Superior, also die Mutant:innen, zur Folge haben sollte. Anfänglich wird er dabei auch von den Geschwistern Piotr und Wanda Maximoff unterstützt, die als osteuropäische ›Zigeuner‹ beschrieben werden. Deshalb spricht Terrence R. Wandtke dem ersten Run der X-MEN-Comics unter Federführung von Lee und Kirby ab, bereits als eine Parabel auf in der Gesellschaft herrschenden Antisemitismus und anderweitige rassistische Intoleranz lesbar zu sein. Für seine Argumentation zieht Wandtke auch die jüdische Identität des Erzfeindes Magneto als Beleg heran.[1] Dies erscheint jedoch ungerechtfertigt, da Magnetos jüdische Herkunft erstmals im Jahr 1981, in UNCANNY X-MAN #150, enthüllt wurde.

Dennoch mutet Wandtkes Einschätzung bezüglich der ersten Jahre plausibel an, schließlich ändert sich die Zusammensetzung der Gruppenmitglieder erst im Jahr 1975 nach einer Wiederbelebung der Reihe durch neue kreative Köpfe wie die jüdischen Autoren Len Wein und Chris Claremont sowie den Zeichner Dave Cockrum. Von den ursprünglichen Mitgliedern der Gruppe, die allesamt zu der die USA lange Zeit kulturell, politisch und ökonomisch dominierenden Bevölkerungsgruppe der White Anglo-Saxon Protestants (WASP) gehörten, blieb vorerst nur Scott Summers (Cyclops) bei den X-MEN. Alle anderen Mitglieder der Gruppe wurden durch Personen anderer Ethnien oder anderer Religionen ersetzt: Ororo Munroe (Storm), Tochter einer kenianischen Prinzessin; der deutschsprachige, vom Glauben römisch-katholische und vom Phänotyp dämonenartig erscheinende Kurt Wagner (Nightcrawler), der im Zirkus beim ›fahrenden Volk‹ aufgewachsen ist; der mitunter wie eine wilde Bestie wütende Kanadier Logan (Wolverine); der aus einer sibirischen Kolchose stammende Atheist Peter Rasputin (Colossus); wenn auch nur kurz: der Apache John Proudstar (Thunderbird) und später schließlich die amerikanische Jüdin Kitty Pryde (Ariel/Shadowcat). Ab GIANT-SIZE X-MEN #1 und UNCANNY X-MEN #94 wurden Professor Xaviers Superheld:innen bunter und der Herkunft nach sehr viel heterogener. Auch wenn der Ausschluss der Mutant:innen aus der Mehrheitsgesellschaft schon zu Beginn der Heftreihe eindeutig rassistische Züge trug, bot die zweite, ethnisch und religiös heterogenere Generation der X-MEN für Mitglieder realer Minderheiten weitaus bessere Anknüpfungspunkte, um sich mit ihnen zu identifizieren.

Auch den Bösewichtern wurde nach und nach mehr Charaktertiefe verliehen, indem man sie unter anderem mit einer Vorgeschichte ausstattete. Magnetos Kampf für eine Welt, in der Mutanten frei und sicher leben können, wurde für die Leser:innen unter Claremont deutlich nachvollziehbarer, indem enthüllt wird, dass er als Kind miterleben musste, wie die Nazis seine jüdische Familie in Auschwitz ermordeten. Magneto wird nun als tragische Figur gezeichnet.[2] Er hat am eigenen Leib erfahren, wohin der Hass der Mehrheit gegenüber Minderheiten führen kann. Wie Professor Charles Xavier, der überaus mächtige Telekinet und väterliche

[1] Vgl. Terrence R. Wandtke, Introduction: Once Upon a Time Once Again, in: Ders. (Hg.), The Amazing Transforming Superhero! Essays on the Revision of Characters in Comic Books, Film and Television, Jefferson, S. 5–32, hier S. 18.

[2] Vgl. Marc DiPaolo, War, Politics and Superheroes: Ethics and Propaganda in Comics and Film, Jefferson 2011, S. 225.

Mentor der X-MEN, tritt auch er für die Rechte der Mutant:innen ein. Allerdings ist er im Gegensatz zu Xavier zu der Überzeugung gelangt, dass Mutant:innen nicht in Frieden leben können, solange der normale Mensch ihnen gegenüber noch stark und machtbewusst auftritt. Oftmals werden die beiden und die von ihnen jeweils als notwendig erachteten Methoden mit den unterschiedlich geführten Kämpfen von Malcom X und Dr. Martin Luther King Jr. für die Rechte von People of Color in den USA verglichen.[3] Magneto und seine Ideale werden häufig aber auch mit den Zielen und der Herangehensweise rechter israelischer Regierungen und deren Vorgehen gegen Palästinenser:innen in Verbindung gebracht.[4] In diesem Sinne werden die Gründe für das jeweilige Handeln Magnetos zwar anerkannt, der Weg der Gewalt jedoch als falsch verurteilt. Einen möglichen Ausweg aus derartigen Konfrontationen zeigt das X-MEN-Universum ebenfalls auf: Magnetos Ambivalenzen kommen auch dadurch zum Ausdruck, dass er während einer längeren Abwesenheit Xaviers als Anführer der X-MEN agiert. Die *Days of Future Past*-Storyline offenbart sogar eine Zukunft, in der er mit den X-MEN kooperiert, um zu verhindern, dass ein den Mutant:innen feindlich gesinnter Politiker ermordet wird. Zu diesem Zeitpunkt ist sich Magneto der Folgen gewahr geworden, die aus unversöhnlichem Hass entstehen. Der Magneto der Zukunft hat den Weg Xaviers – den Weg der Aussöhnung und der Verständigung – als den zielführenden zum Überleben der Mutant:innen erkannt.

Anders als die meisten anderen Superhelden des Golden und Silver Age kämpfen die X-MEN von Anfang an nicht bloß um die Restitution des gesellschaftlichen Status quo, der von einem Superschurken bedroht oder außer Kraft gesetzt wird. Da sie selbst von der ersten Ausgabe an als Teil einer marginalisierten und ausgeschlossenen Minderheit dargestellt werden, kann es gar nicht um die Wiederherstellung der althergebrachten gesellschaftlichen Ordnung gehen, sondern um deren Überwindung. Geht man vom topologischen Analysemodell des Literatur- und Kultursemiotikers Juri Lotman aus, streben die X-MEN nicht nach einer, wie Ditschke und Anhut für andere Superhelden durchaus richtig bemerken, normalen Grenzüberschreitung, bei der der Ursprungsraum einfach wiederhergestellt werden soll,[5] sondern verfolgen eine Raumzerstörung, aus der neue Räume mit dazugehörigen Werten hervorgehen.[6] Die X-MEN setzen sich für eine neue und fortschrittliche Gesellschaft ein, in der Mutant:innen als gleichberechtigte Mitglieder angesehen werden.

Indes stehen in den Ausgaben #141 und #142 von UNCANNY X-MEN aus dem Jahr 1981 nicht nur semantische Räume im Mittelpunkt. Vielmehr

---

3 Vgl. ebd., S. 237.

4 Vgl. Greg Garrett, Holy Superheroes! Exploring the Sacred in Comics, Graphic Novels, and Film, Westminster 2008, S. 101 f.

5 Vgl. Stephan Ditschke & Anjin Anhut, Menschliches, Übermenschliches: Zur narrativen Struktur von Superheldencomics, in: Stephan Ditschke u. a. (Hg.), Comics: Zur Geschichte und Theorie eines populärkulturellen Mediums, Bielefeld 2009, S. 131–178, hier S. 141–153.

6 Vgl. Michael Titzmann, Semiotische Aspekte der Literaturwissenschaft: Literatursemiotik, in: Roland Posner u. a. (Hg.), Semiotik: Ein Handbuch zu den zeichentheoretischen Grundlagen von Natur und Kultur, 3. Teilband, Berlin 2003, S. 3028–3103, hier S. 3075–3084.

befindet sich ein ganz konkreter Ort als einer der Brennpunkte der Handlung im Fokus des Geschehens: ein Internierungslager im dystopischen New York des Jahres 2013.

UNCANNY X-MEN #141 UND #142 (1981) – »CONCENTRATION CAMP« ALS GESELLSCHAFTLICHE ZUSTANDSBESCHREIBUNG

Die ersten Panels von *Days of Future Past,* so der Titel der zweiteiligen Story, zeigen ein dystopisches New York im Jahre 2013. Die dem Mädchenalter lange entwachsene Kitty Pryde schleicht durch die zerstörten und verlassenen Straßenzüge der Metropole. Sie trägt einen grünen Overall, der auf Brust und Rücken mit einem M gekennzeichnet ist. Dieses M steht für Mutant:in. Regiert werden die USA, in denen die Straßenbahnen wieder von Pferden gezogen werden – ein deutliches Zeichen für eine zivilisatorische Regression –, von den Sentinels. Diese riesigen Roboter wurden einst im Auftrag der Regierung eingesetzt, um Mutant:innen ausfindig zu machen und zu bekämpfen. Die Sentinels gingen jedoch davon aus, dass sie ihre Direktiven am besten erfüllen können, indem sie die Macht im Lande gleich ganz übernehmen. Zudem befindet sich die Welt am Vorabend einer nuklearen Apokalypse. Da die anderen Staaten sich weigern, sich den Instruktionen der Sentinels zu unterwerfen, steht ein Angriff der Kampfmaschinen auf die übrige Welt kurz bevor. Der nukleare Gegenschlag der anderen Nationen würde die Zerstörung der Erde bedeuten. Um den Planeten vor diesem Schicksal zu bewahren, haben sich die letzten überlebenden X-MEN dazu entschlossen, den Geist von Kitty Pryde mit Hilfe der Telepathin Rachel ins Jahr 1980 zurückzuschicken, um dort im Körper der jungen Kitty die anderen X-MEN vor den kommenden Ereignissen zu warnen. Der Ursprung der aggressiven Anti-Mutant:innenpolitik wird von den Mutant:innen der Zukunft in den Ereignissen des Jahres 1980 vermutet, als die Brotherhood of Evil Mutants den äußerst mutant:innenfeindlich eingestellten US-Präsidentschaftskandidaten Robert Kelly getötet hat. Dieses Ereignis löste eine Kettenreaktion aus Anfeindungen, Hass und Antimutant:innengesetzen aus, die schließlich in der oben beschriebenen düsteren Zukunft kulminiert.

Auch aufgrund der jüdischen Identität von Lee, Kirby und Claremont sind die rassistisch motivierte Verfolgung und der Massenmord an den Jüdinnen:Juden im ›Dritten Reich‹ in den X-MEN-Comics seit jeher omnipräsent. In *Days of Future Past* sind die gezogenen Parallelen zum Umgang mit den Jüdinnen:Juden in der Zeit des Nationalsozialismus jedoch evident und nicht mehr nur angedeutet, wie beispielsweise die Uniformierung und

Kennzeichnung der verschiedenen ›Menschenklassen‹ mit den entsprechenden Buchstaben unmissverständlich zeigen. Das Internierungslager, in dem die überlebenden Mutant:innen seit Jahren ihr Dasein fristen und wo der Tod der Insass:innen von den Betreibern scheinbar billigend in Kauf genommen wird, bezeichnet Wolverine dann auch direkt als »Concentration Camp«. Schmierereien an den Häuserwänden in den zerfallenen Straßenzügen New Yorks rufen zu Gewalt an »Muties« auf. Die im Comic beschriebenen, den verschiedenen Bevölkerungsgruppen auferlegten Fortpflanzungsbeschränkungen erinnern stark an die Eugenik und die Rassengesetze der Nazis. In den zu Affekten unfähigen Sentinel-Robotern materialisiert sich die von Hannah Arendt festgestellte »Atmosphäre totaler moralischer Indifferenz, in der sich die ›Endlösungs‹-Politik vollzog« und die »ausschließlich technokratische Natur«[7] der NS-Tötungsmaschinerie. Nicht zuletzt zeigt die Bemerkung von Xaviers Mitarbeiterin Moira MacTaggert zu Aussagen Kellys vor dem US-Senat im Jahr 1980 deutlich, in welche Richtung sich die Dinge entwickeln werden: »If you ask me Charles, that sod's already made up his mind. Registration of mutants today, gas chambers tomorrow.« Hier wird ein direkter Zusammenhang zwischen den Antimutant:innengesetzen der X-MEN-Comics und der ›Endlösung der Judenfrage‹ im Nationalsozialismus geschaffen, die nur möglich war, weil die jüdische Bevölkerung ab 1933 Schritt für Schritt aus der Gesellschaft ausgegrenzt und entrechtet wurde, sodass sie am Ende als ›unwertes Leben‹ ermordet werden konnte.

In *Days of Future Past* werden aber nicht nur direkte Anknüpfungspunkte zum Umgang mit den Jüdinnen:Juden im ›Dritten Reich‹ hergestellt, sondern auch indirekte Bezüge über die Ikonografie der 1978 in den USA ausgestrahlten TV-Serie HOLOCAUST (USA, Regie: Marvin J. Chomsky) konstruiert. Die Serie löste bei der Erstausstrahlung in Deutschland 1979 eine große gesellschaftliche Debatte aus. Erstmals beschäftigten sich breite Teile der Bevölkerung mit dem Genozid an den Jüdinnen:Juden, der Schuld der Menschen und der daraus resultierenden Verantwortung für die Bundesrepublik. Auch in den USA schalteten 120 Millionen Zuschauer:innen den Fernseher ein.[8] Der große Einfluss, den HOLOCAUST auf die Gesellschaft und die Kultur hatte, wird auch an *Days of Future Past* sichtbar. Gerade in der Bildsprache treten deutliche Verweise auf die Fernsehserie auf.

Auffallend ist, dass sich der X-MEN-Comic vor allem an der Bildsprache derjenigen Einstellungen und Szenen aus HOLOCAUST orientiert, die in Zusammenhang mit dem Warschauer Ghetto stehen. Es wird auf

7 Vgl. Hans Mommsen in Hannah Arendt, Eichmann in Jerusalem. Ein Bericht von der Banalität des Bösen, München 1986, S. 22 f.

8 Vgl. Marcus Stiglegger, Auschwitz-TV: Reflexionen des Holocaust in Fernsehserien, Wiesbaden 2015, S. 35 f.

Bilder Bezug genommen, die Facetten des Widerstandskampfes zeigen, alles Einstellungen, die meist des Nachts im Dunkeln situiert sind: Widerstandskämpfer:innen, die sich um Häuserecken zerstörter Straßenzüge schleichen; Straßenlampen und Scheinwerfer, die an den Wänden lange Schatten entstehen lassen; Tunnel, die als Fluchtwege vor den Verfolgern dienen: All diese Elemente und Motive kommen in den Zeichnungen von UNCANNY X-MEN #141 und #142 explizit zum Tragen.

Abb. 1: Moses und Aaron verlassen einen Tunnel, der ins Warschauer Ghetto führt.
(Screenshot aus: Holocaust. Die Geschichte der Familie Weiss, DVD Weltbild 2008, Folge 3, 0:35:04)

Abb. 2: Kitty Pryde und Wolverine verlassen einen Tunnel in New York City im Jahr 2013.
(THE UNCANNY X-MEN #141 [1981])

So erinnern Art und Weise, wie Kitty Pryde und Wolverine durch New York City schleichen, an die Wege, die Moses und Aaron während der Erledigung ihrer konspirativen Aufgaben zurücklegen. Exemplarisch hierfür steht das Panel (Abb. 2), in dem die beiden X-MEN dem Tunnel entsteigen, der, wie ein Hinweisschild andeutet, an einer Sektorengrenze liegt. Dies wirkt wie eine direkte Übernahme einer Szene aus HOLOCAUST, in der Moses und Aaron einen Tunnel in einer Mauer verlassen, der das Ghetto mit der Außenwelt – also Gefängnis und Freiheit – verbindet (Abb. 1). Nicht nur, dass sowohl Kitty als auch Moses bei ihrer Tätigkeit das Ziel verfolgen, durch den Schmuggel von Waffen beziehungsweise Geräten die eigene Kampfkraft zu erhöhen. Beide Darstellungen sind außerdem in der Halbtotalen fotografiert beziehungsweise gezeichnet und komplettieren so den Eindruck der direkten Übernahme in der Graphic Novel.

Ähnlich verhält es sich mit der Übernahme einer Szene, in der Ghettobewohner:innen, die sich dem Aufstand angeschlossen haben, vor einem deutschen Angriff durch die Tunnel unter den Häusern fliehen (Abb. 3).

Abb. 3 (links) & Abb. 4 (rechts): Gemeinsamer Marsch durch einen Fluchttunnel. (Abb. 3: Screenshot aus: Holocaust. Die Geschichte der Familie Weiss, DVD Weltbild 2008, Folge 4, 1:10:31. Abb. 4: UNCANNY X-MEN #141)

Auffällig ist hier, dass das Motiv der Fürsorge, in HOLOCAUST durch die Umarmung eines Jungen symbolisiert, auch im Panel von *Days of Future Past* Verwendung findet, wenn Colossus die sich mental in der Vergangenheit befindende Kitty Pryde trägt und Franklin und Rachel sich gegenseitig halten (Abb. 4). Beiden Darstellungen ist zugleich gemein, dass den Protagonist:innen unmittelbare Gefahr durch ihre Verfolger droht. Dies ist zwar in den Ausschnitten nicht direkt ersichtlich, das kontextuelle Wissen darum fügt den Bildern jedoch noch eine zusätzliche emotional Ebene hinzu, gerade im Verhältnis zu der direkt sichtbaren Fürsorge.

Auch ein drittes Panel von *Days of Future Past* weist deutliche Parallelen zu einer Einstellung aus HOLOCAUST auf (Abb. 5 und 6). Beide Darstellungen begleiten einen Protagonisten dabei, wie er Kontakt mit anderen

Abb. 5: Moses blickt während der Untergrundtätigkeit im Ghetto vorsichtig um eine Ecke.
(Screenshot aus: Holocaust. Die Geschichte der Familie Weiss. DVD Weltbild 2008, Folge 3, 1:19:39)

Abb. 6: Auch Wolverine beobachtet das Geschehen vorsichtig. (THE UNCANNY X-MEN #141)

Widerstandskämpfer:innen aufzunehmen sucht. Was für ein gefährliches Unterfangen dies jeweils darstellt, bei dem unbedingte Vorsicht geboten ist, wird eingefangen, indem die Rezipient:innen dem Helden über die Schulter um eine Ecke schauen und dabei dessen persönliche Perspektive einnehmen. So ist der Blick von Moses auf einen Zug gerichtet, der Jüdinnen:Juden transportiert, während Wolverine unter anderem einen gegen Mutant:innen gerichteten Aufruf zur Gewalt sieht, der an einen Bretterzaun geschmiert wurde. Als Symbole für Deportationen beziehungsweise Pogrome stehen sie für dem Protagonisten explizit drohende Gefahren. Mit der Einnahme des Blickfelds wird Identifikation mit dem Widerständler selbst erzeugt und gleichzeitig dessen Anspannung in dieser gefährlichen Situation auf die Betrachtenden übertragen.

Abb. 7 (links): Das Cover von #141 von UNCANNY X-MEN steht mit dem Fahndungsplakat und dem Lichtkegel des Suchscheinwerfers ganz im Zeichen von Flucht und Verfolgungsdruck.

Abb. 8 (rechts): Das Titelbild von #142 von UNCANNY X-MEN offenbart die den Mutant:innen allgegenwärtig drohenden Gefahren.

Die Analysen der aus HOLOCAUST in *Days of Future Past* übernommenen Darstellungen offenbaren, dass die Künstler:innen nicht einfach nur Anordnung und Einstellungen des Abgebildeten von einer Fernsehproduktion in einen Comic transferiert haben, sondern dass mit ihnen gleichzeitig immer auch ähnliche inhaltliche Motive verbunden sind. Während das erste beschriebene Panel gleichzeitig das Motiv der Grenzüberschreitung zum Schmuggel von Waffen übernimmt, ist es im zweiten beschriebenen Panel das Spannungsverhältnis von Flucht, Verfolgung und Fürsorge. Das dritte Panel zeigt dann die Thematik der vorsichtigen Kontaktaufnahme. Gleichzeitig mit den Motiven findet zudem eine Übertragung der emotionalen Zustände der Charaktere statt. Zentraler Ausgangspunkt ist dabei immer das Ghetto/KZ, aus dessen Innerem vorsichtig in Richtung außen getastet wird, stets an der Schwelle zum Tod beziehungsweise im Ringen zwischen mörderischer Haft und Freiheit. Die Relevanz dieses Ortes und seiner Kontexte für die Handlung der gesamten Story – die immerhin zu großen Teilen in der Gegenwart des Jahres 1980 spielt – ist bereits an den Coverabbildungen beider Ausgaben von UNCANNY X-MEN abzulesen, die genau diese Stimmungen aufgreifen (Abb. 7 und 8).

Die bewusste oder unbewusste Übernahme von Bildern aus der prägenden TV-Serie zeigt sich auch am Eingangsbereich des South Bronx Mutant Internment Centers (Abb. 10). Die Darstellung des Tores erinnert stark an das Lagertor zum KZ-Buchenwald, wie es HOLOCAUST zeigt (Abb. 9). Obwohl der Serie ansonsten großes Bemühen um historische Akkuratesse bescheinigt wird,[9] sieht das in ihr dargestellte Tor zum KZ-Buchenwald doch eigentlich ganz anders aus. Umso interessanter, dass das Lagertor zum »South Bronx Concentration Camp«, wie Wolverine es bezeichnet, dem historisch falschen Eingang aus HOLOCAUST frappierend ähnelt. Dabei hat das Aussehen des tatsächlichen Lagertors mit seiner markanten Bauweise und dem gusseisernen Schriftzug »JEDEM DAS SEINE« ebenfalls traurige Berühmtheit erlangt.

EINE JÜDISCHE SUPERHELDIN RETTET DIE MENSCHHEIT VOR DEM »NUKLEAREN HOLOCAUST«

Auch inhaltlich werden in *Days of Future Past* einige Kernanliegen der Serie übernommen. In HOLOCAUST wird stark auf die fehlende Wehrhaftigkeit und Lethargie eines Großteils der europäischen Jüdinnen:Juden verwiesen. An zahlreichen Stellen der Serie werden Aussagen getätigt – sowohl von

[9] Vgl. Jürgen Wilke, Die Fernsehserie »Holocaust« als Medienereignis, in: Historical Social Research, H. 4/2005, S. 9–17.

Abb. 9 (links) & Abb. 10 (rechts): Die Lagertore vom KZ Buchenwald und vom South Bronx Mutant Internment Center ähneln sich sowohl vom Aussehen als auch von der dargestellten Perspektive. (Abb. 9: Screenshot aus: Holocaust. Die Geschichte der Familie Weiss, DVD Weltbild 2008, Folge 2, 0:06:27. Abb. 10: UNCANNY X-MEN #141)

deutschen Täter:innen als auch von jüdischen Opfern –, die suggerieren, dass die Jüdinnen:Juden sich nicht wirklich gegen ihre Vernichtung gewehrt hätten. Dies wird auch anhand der Familie Weiss deutlich, die als Entsprechung der gesamten jüdischen Bevölkerung Europas interpretiert werden kann. Einzig der jüngere Sohn Rudi überlebt den Krieg. Rudi hat nicht gewartet, bis die Deutschen auch ihn von zu Hause abgeholt haben. Er hat sich allein auf den Weg gemacht, ist Partisan geworden, hat Widerstand geleistet und um sein Leben gekämpft. Alle anderen Mitglieder der Familie Weiss waren zögerlich in ihren Entscheidungen und haben sich stets eingeredet, dass es noch schlimmer gar nicht kommen könne. Obwohl sie wussten, was ihnen geschehen wird, sind die Eheleute Josef und Berta Weiss am Schluss der Serie sogar ohne sich zu wehren in die ›Duschen‹ gegangen. Auch Onkel Moses wird genau in dem Augenblick getötet, in dem er sich dazu entschlossen hatte, den Kampf im Warschauer Ghetto nicht fortzusetzen. Die Serie reflektiert damit auch einen Identitätsdiskurs, der bereits während des Kriegs innerhalb der jüdischen Gemeinschaften geführt wurde und die Frage behandelt, ob die Jüdinnen:Juden mit den Deutschen kooperieren sollen, um auf diese Weise so viele Menschen wie möglich zu retten, oder ob sie sich gegen ihre Mörder:innen erheben müssen, um der Barbarei Einhalt zu gebieten. Die Aufforderung des litauisch-jüdischen Partisanenführers Abba Kovner in einem Flugblatt aus dem Jahr 1942, sich nicht »wie die Schafe zur Schlachtbank« führen zu lassen, steht symbolisch für diese Debatte zwischen Judenrat und Widerständler:innen,[10] die später beispielsweise Hannah Arendt in ihrem Bericht vom Eichmann-Prozess erneut aufgriff. Wie Rudi Weiss haben sich die noch lebenden X-MEN entschieden, den Kampf gegen die Sentinels aufzunehmen. Wie beim Aufstand im Warschauer Ghetto leisten sie Widerstand und gehen in den Untergrund. Dabei kommt Kitty Pryde eine besondere Rolle zu. Ihr Geist wird in die Vergangenheit geschickt, wo er in ihrem jüngeren Körper erwachend versuchen muss, die anderen Mutant:innen von der folgenschweren Aufgabe zu überzeugen.

Der eigentliche Grund für die Übernahme der Hauptaufgabe durch Kitty liegt wohl in ihrer jüdischen Herkunft begründet. Erst kurz zuvor überhaupt in die Comicbook-Reihe eingeführt, muss sogar die Frage aufgeworfen werden, ob die Autoren den Charakter nicht speziell für dieses Ereignis erschaffen haben. Denn im Gegensatz zu Magneto ist ihre jüdische Identität seit ihrem ersten Auftritt in UNCANNY X-MEN #129 anhand ihrer Halskette mit Davidstern für die Leser:innen offensichtlich.

10   Vgl. Anita Shapira, Die Begegnung zwischen dem Jischuw und den Überlebenden des Holocaust, in: Fritz Bauer Institut (Hg.), Überlebt und unterwegs: Jüdische Displaced Persons im Nachkriegsdeutschland, Frankfurt a. M. 1997, S. 129–144, hier S. 132 f.

Abb. 11: Kitty Pryde bei ihrem ersten Auftritt in UNCANNY X-MEN #129 (Januar 1980) mit einem Davidstern um den Hals.

11 Vgl. Eckart Conze, Modernitätsskepsis und die Utopie der Sicherheit NATO-Nachrüstung und Friedensbewegung in der Geschichte der Bundesrepublik, in: Zeithistorische Forschungen H. 7/2010, S. 220–239, hier S. 233.

Es ist ein starkes und symbolträchtiges Statement seitens der Autoren Chris Claremont und John Byrne, dass ausgerechnet ein junges jüdisches Mädchen nicht nur die Jüdinnen:Juden bzw. die Mutant:innen, sondern die gesamte Menschheit vor einem »nuclear holocaust« bewahrt – ein Begriff der zugleich auf die weltweite Abrüstungs- bzw. Friedensbewegung an der Schwelle zu den 1980er Jahren verweist.[11] Mit dieser Entscheidung haben Claremont und Byrne dem zur damaligen Zeit noch stark präsenten Bild der passiven Jüdinnen:Juden, die die Unglaublichkeit der Shoa lethargisch über sich ergehen ließen, eine Absage erteilt und ihm das Porträt einer aktiv ums Überleben kämpfenden Gemeinschaft entgegengesetzt. Nicht zuletzt der Klang von Kittys Nachnamen stellt eine Anspielung auf diese stolze Selbstermächtigung des Judentums dar.

Die mehr als deutlichen Entlehnungen von *Days of Future Past* aus der Bildsprache der TV-Serie HOLOCAUST beziehen sich auf Bestandteile, die in engem Zusammenhang mit dem Komplex Ghetto/KZ stehen – sei es die Darstellung des Lagertors oder das Motiv der Überwindung der Grenzen zwischen dem Innen und dem Außen, zwischen dem Gefängnis und der Freiheit. Bezeichnend ist, dass das Comicbook über die imaginierten dystopischen USA kaum mehr Charakteristisches preisgibt als diese Ausschnitte zu den Internierten, ihren Lebensumständen sowie ihrer Gefühlswelt. Die zukünftige Gesellschaft wird also definiert einzig durch die Gefangenen, ihr Lager und die Grenze bzw. Abgrenzung zur Freiheit. Lose anknüpfend an das Zitat Dostojewskis, wonach man den Grad der Zivilisation einer Gesellschaft am Zustand ihrer Gefangenen ablesen kann, reicht auch hier der fokussierte Blick auf den Umgang mit den internierten Mutant:innen, um sich ein umfassendes Bild der herrschenden – in diesem Falle nationalsozialistischen beziehungsweise faschistischen – Verhältnisse auszumalen.

Dr. Andreas Neumann ist wissenschaftlicher Mitarbeiter der Gedenkstätte Berlin-Hohenschönhausen.

GITTER, DIE DIE WELT BEDEUTEN

DAS GEFÄNGNIS IM FILM

Ξ Robert Lorenz

Trübe Farben. Wie bei einer Fabrik erstrecken sich die Gefängnisgebäude über das abgeriegelte Gelände. Im Innern bewegen sich die Menschen gemäß einer ausgeklügelten Mechanik, kaum lebendiger als die Webmaschinen, an denen sie arbeiten, freudlose Bilder wie aus einer Dystopie der ultimativen Arbeitsgesellschaft, in der alles auf ein funktionalistisches Minimum reduziert ist. In der Anfangssequenz von *The Getaway* (1972) komprimiert Regisseur Sam Peckinpah in lediglich fünf Minuten loser Szenen die beklemmende Monotonie des Gefängnisalltags.

Nicht nur ist das Gefängnis eine beliebte Filmlocation. Obendrein sind einige der größten Filmklassiker Gefängnisfilme – *Cool Hand Luke* (1967), *Papillon* (1973), *The Great Escape* (1963), um nur eine Handvoll zu nennen. Und noch mehr: An der Spitze der »IMDb-Charts« – quasi der Weltrangliste des Films – thront seit Jahren *The Shawshank Redemption* (1994), von fast drei Millionen Menschen im Durchschnitt mit 9,3 von 10 möglichen Sternen bewertet. Der beliebteste Film der Menschheitsgeschichte ist ein über zwei Stunden langer Gefängnisfilm.

Das Kino braucht offenbar Gefängnisse mit ihren drastischen Alltagsbedingungen – ein idealer Nährboden für Helden und Antihelden, der Stoff, aus dem Hollywoods Drehbücher sind. In diesem Zusammenhang und angesichts des Verbreitungsgrads von (Hollywood-)Filmen, die teils über viele Generationen hinweg auch noch lange nach ihren Entstehungsjahren geschaut werden, lässt sich fragen: Wie viele Menschen haben jemals ein Gefängnis von innen gesehen, die Haftbedingungen verspürt? Und wie viele Menschen kennen demgegenüber mindestens einen Gefängnisfilm? Zugespitzt: Speist sich das Wissen über Gefängnisse in unserer Gesellschaft nicht überwiegend aus dem Gefängnisfilm – der zudem nicht immer, aber oft reale Geschichten aufgreift? Diese Überlegung allein gibt jedenfalls Anlass genug zu einem Blick auf die lange Historie des Gefängnisses im Film.

Zunächst: Der Gefängnisaufenthalt wird auf der Leinwand zumeist weder verklärt noch romantisiert. Dem schiebt allein schon die Ästhetik einen Riegel vor. Die ersten Gefängnisdarstellungen waren naturgemäß in der ohnehin kälteren, frugaleren Schwarz-Weiß-Kinematografie gehalten und zeigten karge Betten mit dünnen Decken und maroden Matratzen. Triste Wände, in denen Gitterstäbe das Fenster als buchstäblich einzigen Lichtblick verfinsterten. Ein niedriger Tisch oder eine Kiste für Karten- und Brettspiele bildet das kulturelle Zentrum der engen Zweier- oder Viererzellen. In *Brute Force* (1947), einem Klassiker des Gefängnisfilms, hält das in expressionistische Kälte und Düsternis getauchte »Westgate Penitentiary« seine Insassen mit einer kriegstauglichen Wachapparatur inklusive fest installierten Maschinengewehren in den Wachtürmen im Zaum. Oft erblickt die Kamera eine auf maximale Effizienz und Raumnutzung ausgerichtete Zellarchitektur, die sich über mehrere Etagen erstreckt und an Legebatterien erinnert.

Diese klaustrophobische Disposition machte das Gefängnis jedenfalls zu einem idealen Objekt und Hintergrund der Noir-Epoche in den 1940er und 1950er Jahren, anschließend für sozialkritische Anmerkungen jüngerer Regisseure und Drehbuchautoren, die das Filmgefängnis immer wieder gerne als Indiz für die Mängel und Untiefen der Gesellschaft heranzogen. Eine der absurdesten Notizen der Filmgeschichte ist sicherlich Stacy Keach in der Rolle des Jonas Candide, der als *The Traveling Executioner* (1970) im Jahr 1918 die Südstaatengefängnisse abklappert und mit seinem mobilen elektrischen Stuhl für hundert Dollar pro Kopf grausame Hinrichtungen vollstreckt (die Todgeweihten entspannt er zuvor mit einfühlsamen Erzählungen von den »fields of Ambrosia«).

Ganz oft spricht der Gefängnisfilm dem Gefängnis eine seiner elementarsten Funktionen ab – die bezweckte Rehabilitation scheitert entweder an der unverbesserlichen, im Knast allenfalls noch gesteigerten Kriminalität der Verbrecher oder wird von mal gleichgültigen, mal arglistigen Direktoren und Bewachern unterbunden. In *White Heat* (1949) mit James Cagneys psychopathischem Muttersöhnchen oder *The Criminal* (1960) mit Stanley Bakers schlagfertigem Ganovenparvenü ist das Gefängnis eine Brutstätte künftiger Verbrechen, in der unheilvolle Bünde und neue Pläne geschmiedet werden – mithin ein Begegnungsort krimineller Masterminds, die nur darauf warten, auf freien Fuß gesetzt zu werden, um das nächste große Ding zu drehen. Sehr häufig erschweren im Film die Gefängnisse die offiziell angestrebte Rehabilitation, ja teilweise sämtliche Bemühungen der Häftlinge, sich zu bewähren, und machen es, wie in *Convicted* (1950), beinahe unmöglich, sich unter den Haftbedingungen nicht in noch weitere kriminelle Akte zu verstricken. *Convicted* ist einer der wenigen Filme, in denen ein Gefängnisdirektor alles dafür tut, damit ein durch die Inkompetenz seines Anwalts unglücklich in Haft geratener Mann wieder freikommt – und selbst hier droht dies an den Knast-internen Strukturen zu scheitern, weil Glenn Fords Joe Hufford trotz lange Zeit guten Betragens in einem kurzen Moment der Verzweiflung drakonisch bestraft wird und sich obendrein einem Ehrenkodex unverbrüchlicher Solidarität verpflichtet fühlt.

Gefängnisse im Film erschienen jedenfalls oft genug als Inkubatoren, in denen kriminelle Energie nicht abgebaut, sondern aufgeladen wird. Seit den späten 1960er Jahren, ganz im Geiste des gesellschaftskritischen *New Hollywood*-Kinos, das damals heraufzog, porträtierten Gefängnisfilme dann immer stärker miserable, teils unmenschliche Haftbedingungen. In *Cool Hand Luke* schuften werktags die Gefangenen als Straßenbauer, bei Ordnungsverstößen werden sie in die »Box« gepfercht, wo sie in der gleißenden Südstaatensonne brutzeln. In *Bloody Mama* (1970) liefert sich der *Great Depression*-Bankräuber Herman Barker (Don Stroud) lieber ein auswegloses Maschinenpistolen-Shootout mit der Polizei, als noch einmal ins Gefängnis zu gehen. Und in *Papillon,* angelehnt an wahre Begebenheiten, vegetiert Steve McQueen als französischer Häftling an der Küste von Französisch-Guyana in Einzelhaft und ernährt sich von Ungeziefer, während ihn die Einsamkeit und das vorenthaltene Tageslicht zermürben. Auch *Kiss of the Spider Woman* (1985) zeigt menschenunwürdige Lebensbedingungen, unter denen zwei Häftlinge jahrelang auf engstem Raum in einem Gefängnis einer lateinamerikanischen Militärdiktatur klarkommen müssen. An den fettig-verschmierten Wänden kleben eskapistisch Bilder und Zeitungsausschnitte, man kann sich gut vorstellen, was für eine Luft, was für Gerüche dort herrschen müssen – erst recht, als die beiden abwechselnd unter verdorbenem Essen leiden, doch ihre Zelle nicht verlassen können.

Stonehaven, das Hochsicherheitsgefängnis in *Runaway Train* (1985), liegt inmitten der Schneewüste von Alaska und wirkt mehr wie ein Außenposten auf einem fernen Planeten denn eine Justizvollzugsanstalt der USA. Der Knast erscheint als postapokalyptischer Ort, in dem die Gefangenen wie Raubtiere in ihren Zellen lauern und der die Insassen bis hin zur Gewaltexplosion aufheizt, sodass zwei Häftlinge lieber die Flucht durch eine menschenfeindliche Umgebung wagen – als einer von ihnen nach dreijähriger Isolationshaft das erste Mal ans Tageslicht tritt, muss ihm jemand eine Sonnenbrille reichen. Und in *Midnight Express* (1978) wird der US-amerikanische Haschischschmuggler Billy Hayes von der türkischen

146 | GEFÄNGNIS UND GESELLSCHAFT — WIEDERGESEHEN

Justiz zermalmt – das Gefängnis in Istanbul gerät hier zu einem grauenvollen Schreckensort, zum beklemmenden Synonym für aussichtsloses Dahinvegetieren unter seelischen wie körperlichen Torturen. Den Insassen wird bei noch so nichtigen Vergehen systematisch die Menschenwürde aberkannt; der schiere Aufenthalt deformiert mit der Zeit ihre Körper und Seelen. Die Wärter werden als verschwitzte, schmierige Typen dargestellt. Sie prügeln, knüppeln und zeigen keinerlei Mitgefühl; diese Praxis bringt zugleich quislinghafte Mithäftlinge hervor, die sich für keine Niedertracht zu schade sind, solange sie dadurch einen Vorteil erlangen. In Oliver Stones Drehbuch-Fassung von Hayes' literarischer Vorlage, einer realen Leidensgeschichte, begegnen uns jedenfalls bedenkliche kulturelle Stereotype, deren Wirklichkeitsgehalt im Unklaren bleibt – Stone freilich gewann für sein Drehbuch einen Oscar.

Besonders in *The Longest Yard* (1974) verkehren sich die moralischen Fronten: Im Angesicht von brutalen und korrupten Gesetzeshütern finden sich die verurteilten Verbrecher letztlich in der Rolle von Opfern wieder. Eddie Albert spielt den hinterlistigen Knastchef Hazen, der vor rücksichtsloser Gewaltanwendung nicht zurückschreckt und seine Häftlinge in sadistischer Manier zur Knochenarbeit in den Sümpfen verdonnert. Ganz oft stachelt im Gefängnisfilm die Willkürherrschaft und Selbstgerechtigkeit der Gefängnisdirektoren und ihrer Belegschaft eine Gewaltbereitschaft an, die unter den Häftlingen zu noch mehr Verbrechen und Morden führt. Die Tyrannei ist ein uralter Aspekt des Gefängnisfilms: *Brute Force* überraschte 1947 so manchen Kritiker – denn plötzlich übertrafen Staatsbedienstete wie der sadistisch-hinterlistige Chefaufseher Captain Munsey (Hume Cronyn) auf der Leinwand die eingesperrten Verbrecher in Sachen Brutalität und Rücksichtslosigkeit. In *Brute Force* wurde die Sympathie des Publikums nicht mehr nur auf einzelne Personen gelenkt, sondern in den simplen Kategorien des moralisch sittsamen Hollywoodkinos jener Zeit auf das »gute« Häftlingskollektiv versus die »bösen« Wachmannschaften – zwanzig Jahre vor dem ikonoklastischen *New Hollywood*-Kino. Eine der sehenswertesten Szenen dazu findet sich in *Cool Hand Luke,* in dem der damalige Superstar Paul Newman einen aufmüpfigen Kerl in einem Knast in Florida spielt. Im stets bedrohlichen Südstaatensingsang und mit halb geschlossenen Augen setzt der Gefängnischef zu einer Strafpredigt an – als ihn der Protagonist des Films mit einem süffisanten Spruch provoziert, prügelt er ihn eine Böschung hinunter; während der Gefesselte im Staub liegt, ringt der von Strother Martin gespielte Chefaufseher um Fassung und spricht den Satz, der danach

Gefängniszellen und Verhörräume vom Innenhof und Rosengarten aus gesehen.

Foto: Elizabeth Houck-Doering, 2022

zur oft zitierten Sentenz geworden ist und mit dem auch der Guns'-N'-Roses-Song *Civil War* aus dem Jahr 1990 beginnt: »What we've got here is ... failure to communicate.« Auch in *Lock Up* von 1989, in dem Donald Sutherland als Institutionschef Sylvester Stallones redlichen Häftling quält, geht die schlimmste Missachtung der Menschlichkeit vom obersten Glied der Hierarchie einer staatlichen Einrichtung aus, von demjenigen also, der offiziell für die penible Einhaltung der Regularien bürgen soll, letztlich aber der Kopf einer faktischen Monokratie ist. In *Runaway Train* bringt Gefängnischef Ranken (John P. Ryan) diese Konstellation auf den Punkt, als er seinen Häftlingen die Gefängnishierarchie erklärt: »First there's God. Then the warden. Then my guards. Then the dogs out there in the kennel. And finally you – pieces of human waste.«

Auch ficht das Gefängnis im Film – buchstäblich – die Unbestechlichkeit des Staats an. In *Papillon* nutzen Häftlinge Bargeldreserven, die sie in kleinen Tornistern in ihrem Darm versteckt halten, um die Wärter zu bestechen. Mit *Brubaker* (1980), gedreht im investigativen Geist der elitenskeptischen 1970er Jahre, widmete sich ein ganzer Film der Justizvollzugsanstalt als ihrerseits verbrecherischer Einrichtung: Der reformorientierte Gefängnisdirektor Henry Brubaker (Robert Redford) tut alles dafür, innerhalb einer offenbar erstarrten Institution ein illegales System von Korruption und Gewalt zu entlarven – das Gefängnis ist selbst zum Sumpf des Verbrechens geworden.

Dass Gefängnisse im Film bestialische Haftbedingungen nicht nur sporadisch oder, wie in *Ben-Hur* (1959) – wo Mutter und Schwester des Titelhelden im Kerker der Römer schließlich an Lepra erkranken –, als historisch entrückte Phänomene zeigten, sondern dass selbst zu Zeiten des *production code* – Hollywoods bis ans Ende der 1950er Jahre reichender Selbstzensur mit ihren strengen Moralgeboten – im Gefängnisfilm diabolische Figuren wie in *Brute Force* existierten, zeugt eigentlich von einem seit Langem erschütterten Vertrauen in die Infrastruktur des US-amerikanischen Justizvollzugs. Die Isolation und Abgeschiedenheit des Gefängnisses machen es jedenfalls im Film immer wieder zu einem von außen undurchsichtigen Raum, der Machtmissbrauch und Korruption begünstigt.

Aber über diesen – kinodramaturgisch naheliegenden – Aspekt hinaus erscheint das Gefängnis im Film oft genug auch als erstaunliche Kraft- und Inspirationsquelle, die Energien und Erfindergeist freisetzt, genialische Improvisationskunst beflügelt. Da ist zum einen die Gemeinschaftsgenese, die Verinnerlichung eines Kollektiv- und, wenn man so will,

Klassenbewusstseins. In der Trostlosigkeit der türkischen Haftanstalt von *Midnight Express* geben kleine Gruppen den einzigen Halt in einer komplett unwägbaren Lage, in der einfach niemand weiß, wann oder ob er jemals wieder das Licht der Freiheit erblicken wird. In *La Grande Illusion* (1937) bringt die Kriegsgefangenschaft, die Inhaftierung in einer deutschen Festung während des Ersten Weltkrieges, unter den französischen Gefangenen ein starkes Gemeinschaftsgefühl hervor und befördert moralisch weithin gutgeheißene Werte wie Solidarität und Mitmenschlichkeit.

Kiss of The Spider Woman fügt dem Gefängnis als Schule der Gesellschaft noch eine soziale Integrationsleistung, politisch-lebensweltliche Pluralität, hinzu, indem es einen transsexuellen Hedonisten und einen politischen Idealisten auf engstem Raum zwingt, den konträren Wertehorizont des Gegenübers kennenzulernen – die Gefängniszelle nötigt hier also zwei Menschen, die sich im Leben draußen höchstwahrscheinlich niemals begegnet wären, niemals angefreundet hätten, zur Auseinandersetzung mit unterschiedlichen Weltanschauungen, zum vertraulichen Austausch von Werten und Erfahrungen. In *La Grande Illusion* treffen zwei Jagdflieger aufeinander, der deutsche Lagerkommandant und ein französischer Offizier in Gefangenschaft – der Kriegskonstellation gemäß verfeindet, erhalten sie Einblick in den Charakter ihres Gegenüber, respektieren einander. Auch lenken Gefängnisse im Film den Blick auf die Überforderung durch die Gesellschaft – etwa, wenn der Veteran Luke Jackson, der Titel-(Anti-)Held von *Cool Hand Luke,* in der Haft, wie zuvor in der Armee, in feste Strukturen eingebettet ist und diese erzwungene Verminderung seiner Handlungsmöglichkeiten ihn in gewisser Weise zu entlasten scheint.

Ebendieser Luke Jackson steht auch beispielhaft für die Mobilisierung ungeahnter Kräfte und Talente, die der Gefängnisfilm immer wieder innerhalb der Mauern und Zäune hervorhebt. So muss sich Jackson seinen Platz in der Hierarchie seiner Gefängnisbaracke erkämpfen, ist zur Durchsetzungskraft gezwungen, will er nicht untergehen. Im »echten« Leben ein Versager, ein Tunichtgut, der sich selbstgefällig in provokantem Nonkonformismus verliert und den die Justiz wegen der alkoholisierten Beschädigung von Parkuhren eingebuchtet hat, läuft Jackson nur in geschlossenen, klar systematisierten Strukturen zu Höchstleistungen auf – sei es in der Armee, wo er sich zahlreiche Auszeichnungen erworben hat, oder eben im Gefängnis, wo er sich den Respekt seiner Mithäftlinge verdient, indem er binnen einer Stunde fünfzig Eier vertilgt. *The Shawshank Redemption* zelebriert den enthusiastischen Aufbau einer Bibliothek durch und für die Häftlinge und zeigt einen Fluchtversuch, der schier übermenschliche Beharrlichkeit und immense Präzision erfordert. In *The Longest Yard* rekrutiert der Ex-Profi-Quarterback Paul Crewe (Burt Reynolds) auf Anweisung des Gefängnisdirektors einige Mithäftlinge für eine Footballmannschaft, die in einem Spiel gegen das Wachmannschafts-team als Motivationsbooster verheizt werden soll. Statt sich zu unterwer-fen, beschwört Crewe jedoch einen widerständigen Korpsgeist, durch den die strukturell Unterlegenen sich in einer energischen, gewaltsamen Ge-meinschaftsanstrengung schließlich auf dem Spielfeld gegen die willkür-lichen Schikanen ihrer Peiniger auflehnen.

Immer wieder wachsen im Gefängnisfilm Menschen über sich hinaus oder erlangen als informelle Organisatoren des Häftlingsalltags einen sozialen Status, den sie außerhalb der Gefängnismauern nie erreichen würden. *The Loneliness of the Long Distance Runner* (1962) zum Beispiel kreist um Colin Smith (Tom Courtenay), einen Halbwaisen aus dem Pro-letariat im trist-industriellen Norden Englands, der sich im Jugendknast zum Leistungssportler hochtrainiert und schließlich im Wettkampf die besser privilegierten Jungs der Public School abhängt – ein Underdog, der plötzlich das Zeug zum Champion hat. *Birdman of Alcatraz* (1962) erzählt die (wahre) Geschichte von Robert F. Stroud, einem zweifachen Mörder, der am Ende seiner Teenagerzeit in den Knast kam und sich ohne jegli-che Vorbildung durch selbstständige Forschungen und ausgiebige Lektüre immenses ornithologisches Wissen aneignet, mit dem er schließlich zur weltweit führenden Autorität im Bereich der Vogelkrankheiten avanciert, von der Fachwelt respektierte Bücher und Artikel veröffentlicht – nur nicht freikommt. Burt Lancasters Vogelkundler offenbart das Erkennt-nis- und Kreativitätspotenzial, das sich im Options- und Mobilitätsver-lust einer Haftstrafe entfalten kann. In *Bad Boys* (1983) spielt der junge Sean Penn einen unscheinbaren Teenager, der in der Jugendstrafanstalt vom Unterdrückten zum respektierten Anführer aufsteigt. Und in *Kiss of the Spider Woman* sind wenige Quadratmeter, in einem Knast irgendwo in Südamerika, Raum genug für eine ganze Welt aus Fantasie, Sehnsucht und Idealen, wenn Luis Molina (William Hurt) ein erzählerisches Talent entfaltet, mit dem er seinen Zellengenossen Valentin Arregui (Raul Julia) gedanklich in einen seiner Lieblingsfilme entführt, als fiktiven Ausweg aus der monotonen Realität des Lochs, in dem sie leben.

Eine logische Konsequenz des Gefängnisses im Film ist aufgrund ihres dramatischen Potenzials freilich der Ausbruch, die Flucht. Das Freiheits-streben mancher Häftlinge mündet in minutiös koordinierte, auf einem fili-granen Netz der unwegsamen Zusammenarbeit basierende Anstrengungen, die oftmals enorme Organisations- und Kommunikationsfähigkeiten voraussetzen, mit denen den unglückseligen Häftlingen »draußen« eigentlich grandiose Karrieren beschieden wären. Werkzeuge und Waffen werden in die Zellen geschmuggelt, manchmal sogar eine kleine Bombe gebastelt. In *Brute Force* schmiedet Joe Collins (Burt Lancaster), der unangefochtene Anführer seiner Zelle, einen wagemutigen Ausbruchsplan, den er in seiner unbeugsamen Entschlossenheit dann auch ausführt – was in einer martialischen Schlacht gegen die Wachmannschaften gipfelt. In *Escape from Alcatraz* (1979) nötigen die drastischen Bedingungen des berüchtigten Hochsicherheitsgefängnisses auf einem Felsen in der Bucht von San Francisco Clint Eastwoods Häftling Frank Morris zu einer enormen mentalen und technischen Anstrengung, um ausgerechnet dort einen Ausbruchsversuch zu wagen, wo jegliche Ausbruchsversuche qua Design als unmöglich gelten. Auch in *Papillon* stellt die Flucht von der Teufelsinsel besonders heftige Anforderungen an körperliche Fitness, geistige Improvisationskunst und mentale Hartnäckigkeit. Und in dem Kriegsfilmklassiker *The Great Escape* organisieren die internierten Soldaten der alliierten Streitkräfte während des Zweiten Weltkrieges mitten in Deutschland einen Ausbruch, wie ihn ihre Bewacher noch nicht erlebt haben – ein Kollektivakt, der an den Korpsgeist der in japanischer Gefangenschaft gepeinigten Briten in *The Bridge on the River Kwai* (1957) erinnert.

Darin liegt eine der zentralen Ambivalenzen des Gefängnisfilms: Eine Infrastruktur – darauf ausgelegt, Immobilität zu erzwingen – wird auf der Leinwand zum Ort extremer Dynamik, von Gruppen und Ideen. Immer wieder zwingt die drastische, nötigenfalls mit Knüppeln, Prügeln und Wasserschläuchen forcierte Routine die Häftlinge zu Einfallsreichtum und Improvisation, um sich das Bedürfnis nach geheimen Nischen oder dem Griff nach der Freiheit zu erfüllen. Der Aufbau von informellen Parallelstrukturen innerhalb der streng regulierten Haftanstalt bringt eine – nach konventionellen Maßstäben geradezu vorbildliche – Innovationskraft hervor. Erst im Gefängnis, nicht in der Freiheit, entfalten die Individuen ihr originelles Potenzial, erreichen Status und Rollen, die ihnen in der Mehrheitsgesellschaft verschlossen sind. Das ist die eigentlich bedenkenswerte Quintessenz des Gefängnisfilms.

Dr. Robert Lorenz, geb. 1983, ist Politikwissenschaftler und betreibt als *Side Project* die cineastische Plattform Filmkuratorium.de. 2020 war er in der Kategorie »Beste Filmkritik« für den Siegfried Kracauer Preis nominiert. Zuletzt erschien von ihm das Buch *Traumafabrik. Hollywood im Film* (2021).

ANALYSE

WEM GEHÖRT SCHWARZ-ROT-GOLD?

DIE DEUTSCHE RECHTE UND DAS DEMOKRATISCHE »ERBE« VON VORMÄRZ UND MÄRZREVOLUTION 1848/49[1]

Ξ Moritz Fischer

Der Jahrestag zum 175. Jubiläum der Märzrevolution und der Frankfurter Nationalversammlung hat der deutschen Demokratiegeschichte des 19. Jahrhunderts zu neuer Aufmerksamkeit verholfen. Insbesondere Bundespräsident Frank-Walter Steinmeier betreibt seit einiger Zeit aktive Geschichtspolitik, die die Frankfurter Paulskirche als »herausragendes Symbol der deutschen Demokratiegeschichte«[2] fest in der deutschen Erinnerungskultur verankern soll. Ausdrücklich bemüht sich Steinmeier dabei im Namen der deutschen Mehrheitsgesellschaft, eine Okkupation dieser Geschichte durch die nationalistische Rechte zu verhindern. So heißt es in der Präambel des AfD-Grundsatzprogramms von 2016:

»In der Tradition der beiden Revolutionen von 1848 und 1989 artikulieren wir mit unserem bürgerlichen Protest den Willen, die nationale Einheit in Freiheit zu vollenden und ein Europa souveräner demokratischer Staaten zu schaffen, die einander in Frieden, Selbstbestimmung und guter Nachbarschaft verbunden sind.«[3]

Die AfD-Bundestagfraktion nennt ihren Fraktionsraum »Saal Paulskirche« samt eigenem Bilderzyklus, den man in einer eigens erstellten Broschüre betrachten kann.[4] Dieser Traditionsbildung möchte Steinmeier etwas entgegensetzen und erklärt daher apodiktisch, dass sich auf »Schwarz-Rot-Gold« nicht berufen könne, »wer neuen Nationalismus schürt und autoritäres Denken propagiert«: »Wer unsere Demokratie verachtet, hat kein Recht auf Schwarz-Rot-Gold.«[5]

1 Für wertvolle Anregungen und Kritik danke ich Daniel Brewing, Sandra Dresia und Heinrich August Winkler sowie den Teilnehmern des Kolloquiums Neuzeit an der RWTH Aachen.

2 O. V., »Selenskyj kann sehr stolz auf sich sein«, in: Frankfurter Allgemeine Zeitung, 17.05.2023.

3 Alternative für Deutschland, Programm für Deutschland, S. 6, abrufbar unter tinyurl.com/indes234o1.

4 Vgl. AfD-Fraktion im Bundestag (Hg.), Saal Paulskirche. Sitzungssaal der AfD-Bundestagsfraktion, tinyurl.com/indes234o2.

5 Frank-Walter Steinmeier, 175 Jahre Deutsche Nationalversammlung. Rede am 18. Mai 2023 in der Paulskirche, S. 6, abrufbar unter tinyurl.com/indes234o3.

Diese Interpretation des Vormärz und der Revolution von 1848 reiht sich ein in einen historiografischen Trend seit den 1990er Jahren, der diese Ereignisse als Teil einer langen demokratischen Tradition, ja einer »Affäre« der Deutschen mit der Demokratie sieht.[6] 1848 galt hierbei lediglich als »Zwischenstation« einer konstatierten weit zurückreichenden liberalen und demokratischen Tradition der Bundesrepublik.[7] Wie Manfred Hettling jüngst schrieb, »versucht die Demokratiegeschichte eine Fernerinnerung, die sich auf eine positiv zu tradierende Geschichte weit vor 1933 bezieht, mit der Gegenwart zu verbinden«.[8] Er stellt unter anderem fest, dass dabei erstaunlich wenig von der Nation gesprochen werde, obwohl dies einer der Leitbegriffe jener Epoche war. Das verkompliziert die Geschichte, was insbesondere ein Blick auf den Umgang deutscher Rechtsparteien mit dem demokratischen Erbe von Vormärz und Märzrevolution zeigt. Dabei offenbaren sich die blinden Flecken der öffentlichen Debatte, die vor allem das demokratische und freiheitliche Erbe der Revolution betont, aber den darin verwobenen, ambivalenten Nationalismus außer Acht lässt.

DIE DEUTSCHE RECHTE UND DER VORMÄRZ

»Hinauf, hinauf aufs Schloß« titelte im Juni 1988 die Parteizeitung der 1983 gegründeten Republikaner. 1986 hatte die Rechtspartei unter ihrem Vorsitzenden Franz Schönhuber bei der bayerischen Landtagswahl erstmals einen Achtungserfolg erzielt. Im Jahr darauf verabschiedete sie ein neues Programm, das in erster Linie völkisch-nationalistisch und antiliberal war. Fortan wollten die Republikaner keine konservative Partei mehr sein, sondern eine »freiheitliche und nationale Partei« – eine »Gemeinschaft deutscher Patrioten«[9]. Kein Ort schien daher für den am 17./18. Juni 1988 abgehaltenen Parteitag besser geeignet zu sein als das Hambacher Schloss, galt es doch als einer der Geburtsorte des deutschen Nationalismus. Für Harald Neubauer, Generalsekretär der Republikaner und ehemaliger Redakteur der rechtsextremen *National-Zeitung,* war daher klar:

»Die Ortswahl ist ein Brückenschlag in jene Zeit, als sich freiheitsliebende, nationalgesinnte Männer und Frauen gegen obrigkeitsstaatliche Unterdrückung und deutsche Kleinstaaterei wehrten. Daß dieser Brückenschlag am 17. Juni, dem Tag der Deutschen Einheit erfolgt, schafft die Verbindung zur aktuellen Situation: Siegerwillkür hält Deutschland seit 1945 geteilt. Der Versuch der Mitteldeutschen, das kommunistische Joch abzustreifen und die nationale Einheit wiederherzustellen, erstarb 1953 unter den Ketten sowjetischer Panzer.«[10]

6 Vgl. Hedwig Richter, Demokratie. Eine deutsche Affäre. Vom 18. Jahrhundert bis zur Gegenwart, München 2020.

7 Vgl. Manfred Hettling, Die Jagd nach dem demokratischen Anfang. Rückblick auf das Jubiläumsjahr zu 1848, in: Geschichte in Wissenschaft und Unterricht, H. 5–6/2000, S. 302–312, hier S. 305.

8 Ders., Nutzen und Nachteil monumentalistischer Demokratiegeschichte, in: Merkur, H. 893/2023, S. 75–84, hier S. 76f.

9 Programm der Republikaner, München 1987, o.S. [Titelblatt].

10 Harald Neubauer, »Hinauf, hinauf aufs Schloß!«, in: Der Republikaner 6/1988.

Das restaurative europäische Staatensystem von Metternich verglichen die Republikaner also mit der Teilung Deutschlands nach dem Zweiten Weltkrieg, die sie als »Siegerwillkür« betrachteten und vor allem dem verhassten Westen anlasteten. Der am 17. Juni 1953 losbrechende Volksaufstand in der DDR stand nicht für den Wunsch nach Freiheit, sondern für »nationale Einheit«. Das Hambacher Fest bot damit zwei Anknüpfungspunkte für die Republikaner: Zum einen den dort zum Ausdruck gebrachten deutschen Nationalismus; zum anderen aber in geringerem Maße auch die dort zur Schau gestellte »freiheitliche Gesinnung«, die der Republikaner-Vorsitzende Franz Schönhuber einem seiner Meinung nach mittlerweile »verkommenen« westlichen Liberalismus gegenüberstellte.[11] Diese Geschichtskonstruktion bot den Vorteil, sich sowohl in die Tradition des deutschen Nationalismus als auch in die der deutschen Demokratie stellen zu können. Das war einerseits nötig geworden, weil die Republikaner mit der Nationaldemokratischen Partei Deutschlands (NPD) und der Deutschen Volksunion (DVU) zwei bedeutende Konkurrenten im rechtsextremen Spektrum hatten, die sich ebenfalls als legitime Erben der deutschen Revolution sahen. Die NPD rekurrierte in ihrem Programm von 1987 ebenso auf die angebliche »nationaldemokratische Tradition« von Hambach, »in der sich der Wille unseres Volkes zu nationaler Einheit und Freiheit, zur Demokratie und sozialen Gerechtigkeit«[12] manifestiere. Andererseits waren zugleich immer mehr Stimmen laut geworden, die den Republikanern ihre demokratische Fassade nicht abkauften und sie als Antidemokraten brandmarkten.

So konsequent diese Geschichtskonstruktion im Sinne eines radikalen Nationalismus auch erscheinen mag, so wenig selbstverständlich ist sie. Das Hambacher Fest galt unter Konservativen und Nationalliberalen lange Zeit etwa als »undeutsch«. Die Nationalsozialisten verhöhnten Unterstützer des Fests wie Heinrich Heine und Ludwig Börne als »Freiheitsapostel«. Zum 100. Jubiläum hatten sie daher nur Spott für die Feierlichkeiten übrig, die sie als »Fest des ersterbenden Systems« bezeichneten und die Freiheit der Nation in einer dezidiert antidemokratischen und antiliberalen Zukunft sahen.[13] In der Weimarer Republik war die schwarz-weiß-rote Flagge das Erkennungszeichen der radikalen Nationalisten und Republikfeinde, die sich vom Schwarz-Rot-Gold der Revolutionäre des 19. Jahrhunderts abgrenzen wollten. Die wichtigsten rechtsextremen Nachkriegsparteien, die 1952 verbotene Sozialistische Reichspartei (SRP) und die Deutsche Reichspartei (DRP) stellten sich daher in die Tradition der Weimarer Republikfeinde und warben mit den Farben Schwarz-Weiß-Rot. Gleiches galt

11 Vgl. o. V., »Ich stehe für einen menschlichen Patriotismus«, in: Der Republikaner, H. 7/1988.

12 Nationaldemokratische Partei Deutschlands, Nationaldemokratische Gedanken für eine lebenswerte Zukunft, Stuttgart 1987, S. 2.

13 Vgl. Dieter Schiffmann, Das Hambacher Fest – Ein deutscher Erinnerungsort. Die Nachgeschichte des Hambacher Festes im Spannungsfeld von kollektivem Gedächtnis und Geschichtspolitik, in: Joachim Kermann u. a. (Hg.), Freiheit, Einheit und Europa. Das Hambacher Fest von 1832. Ursachen, Ziele, Wirkungen, Ludwigshafen am Rhein 2006, S. 333–386, hier S. 355, 361 f.

für die 1964 gegründete NPD. In der frühen Bundesrepublik, die explizit als Provisorium gedacht gewesen war, machten Rechtsparteien also keinen Hehl aus ihrer Ablehnung des westdeutschen Staats, der sich mit seiner Verfassung auf die Revolution von 1848 zurückbesann. Das änderte sich erst Ende der 1970er Jahre, als die westdeutsche Gesellschaft begann, an einer eigenen bundesrepublikanischen Identität zu arbeiten. Ein deutscher Nationalismus, der sich gegen Hambach, die Märzrevolution und die Republik stellte, war damit inkompatibel, galt er doch als wesentlicher Grund für das Scheitern von Weimar und die Machtübernahme der Nationalsozialisten.

NATIONALISMUS IN DER BUNDESREPUBLIK

Nach 1945 war der Begriff des Nationalismus in Westdeutschland verpönt. Zu schwer wog die Last der Geschichte. Zwar gab es in den 1950er Jahren mit der Deutschen Partei (DP) und dem nationalliberalen Flügel der FDP noch bedeutende politische Kräfte, die den Nationalismus für sich beanspruchten, spätestens ab den 1960er Jahren sammelten sich die dezidierten Nationalisten allerdings jenseits der Union in einer der genannten rechtsextremen Parteien. Als öffentliche Person stand man schnell unter Ideologieverdacht, wenn man öffentlich seinen Stolz zur Nation bekannte. Auf die Frage, ob er sein Land denn nicht liebe, antwortete Bundespräsident Gustav Heinemann 1969 in einem *Spiegel*-Interview daher: »Ach was, ich liebe keine Staaten, ich liebe meine Frau; fertig!«[14] Am ehesten konnten sich vor allem konservative Politiker noch affirmativ auf den Begriff des Patriotismus beziehen, der implizieren sollte, dass man das eigene Land zwar liebe, damit andere Länder und Menschen jedoch nicht abwerte. Franz Josef Strauß hegte den Begriff der Nation dabei aber stets – etwa im Parteiprogramm – mit Begriffen wie dem der Freiheit ein.[15] Besonders stark machte später Bundespräsident Johannes Rau den Unterschied zwischen Patriotismus und Nationalismus.[16]

Der Eigenwert der Nation war in der Bundesrepublik auch aufgrund der Systemkonkurrenz von anderen Werten wie Freiheit oder Frieden abgelöst worden; zudem galt das »Projekt Europa«[17] als neue Zukunftsvision. Die Bundesrepublik war, so die Zeitdiagnose, zu einem postnationalen Staat geworden, zumal eine Wiedervereinigung nicht in Sicht war. Dolf Sternberger und Jürgen Habermas glaubten gerade deshalb, die Westdeutschen von ihrem jeweiligen Konzept des Verfassungspatriotismus überzeugen zu können.[18] Doch gerade in den 1980er Jahren erlebte die »Nationale Frage« eine »Renaissance«[19], was auch mit einer »Schrumpfung

14   O. V., »Nichts anstelle vom lieben Gott«, in: Der Spiegel, 12.01.1969.

15   Vgl. Martina Steber, Die Hüter der Begriffe. Politische Sprachen des Konservativen in Großbritannien und der Bundesrepublik Deutschland, 1945–1980, Berlin & Boston 2017, S. 326 f.

16   Johannes Rau, Ansprache zur Demonstration vor dem Brandenburger Tor. Rede am 9. November 2000 in Berlin.

17   Kiran Klaus Patel, Projekt Europa. Eine kritische Geschichte, München 2018.

18   Vgl. Heinrich August Winkler, Der lange Weg nach Westen. Deutsche Geschichte II. Vom »Dritten Reich« bis zur Wiedervereinigung, München 2020, S. 432–434, hier S. 445.

19   Axel Schildt, Die Renaissance der Nationalen Frage in den 1980er Jahren, in: Aus Politik und Zeitgeschichte, H. 46/2015, S. 19–25.

des Zukunftshorizonts«[20] zusammenhing, also dem Verlust großer positiver Zukunftsvisionen. In der Folge entwickelte eine breite Bevölkerungsschicht eine neue Begeisterung für die deutsche Geschichte. Das zeigte sich insbesondere am Boom von Ausstellungen wie der großen Preußen-Ausstellung von 1981, der Gründung neuer Museen infolge von Helmut Kohls geschichtspolitischen Initiativen und der Errichtung erster Geschichtswerkstätten. Implizit und explizit war diese Entwicklung Teil einer Suche der westdeutschen Gesellschaft nach einer eigenen (nationalen) Identität. Für viele Bundesbürger schien die Überwindung der deutschen Teilung vorerst in weite Ferne gerückt, womit die Bundesrepublik zunehmend ihren provisorischen Charakter verlor.[21]

Für die deutsche Rechte war das nicht hinnehmbar. Während die Mehrheit der westdeutschen Bevölkerung, insbesondere der Mainstream des Konservatismus, eine Identität im Provisorium suchte, hielt die Rechte an ihrer auf Volk und Nation beruhenden Identitätskonstruktion fest, die nur jenseits des Provisoriums Bundesrepublik zu verwirklichen war. Gleichzeitig wollte sie dieses vermeintliche Fenster des nationalistischen Aufbruchs für sich nutzen, weshalb sie sich anpassen und auf die Suche nach neuen Traditionen begeben musste, um sowohl ihrem nationalistischen wie auch ihrem (schein)demokratischen Anspruch gerecht zu werden. Dafür eignete sich nichts besser als Vormärz und Märzrevolution, konnte man hier doch einerseits auf einen vermeintlich unbelasteten, demokratischen Nationalismus verweisen. Andererseits ließ sich damit eine eigene nationale demokratische Tradition begründen, die losgelöst vom und gegen den »liberalen Westen« erzählt werden konnte, in dem die extreme Rechte einen ihrer größten Feinde erblickte.[22] Diese Kombination sollte als Vorbild für einen neuen Nationalismus taugen, der für Freiheit und Volkssouveränität stand und damit das gefährliche geschichtspolitische Terrain zwischen 1871 und 1918 und zwischen 1933 und 1945 umschiffte. Es überrascht daher nicht, dass NPD und Republikaner in den 1980er Jahren wieder die schwarz-rot-goldene Flagge für sich entdeckten. Man wollte zeigen, dass man Teil der bundesrepublikanischen Demokratie war, die man zu retten, ja zu »demokratisieren« vorgab.[23]

DER NATIONALISMUS IM 19. JAHRHUNDERT

Man kann diese krude Aneignung von Vormärz, Märzrevolution und Paulskirche durch die extreme Rechte ebenso wie Bundespräsident Steinmeier als illegitim bewerten. »Schwarz-Rot-Gold« seien »die Farben eines geeinten demokratischen Deutschland« und »untrennbar mit der freiheitlichen

20 Christian Geulen, Bundesrepublikanismus. Überlegungen zur Vorgeschichte der Gegenwart, in: Merkur, H. 893/2023, S. 19–33, hier S. 25. Vgl. dazu ausführlich Elke Seefried, Bruch im Fortschrittsverständnis? Zukunftsforschung zwischen Steuerungseuphorie und Wachstumskritik, in: Anselm Doering-Manteuffel u. a. (Hg.), Vorgeschichte der Gegenwart. Dimensionen des Strukturbruchs nach dem Boom, Göttingen 2016, S. 425–449.

21 Das spiegelte sich auch in Umfragen wider. Vgl. dazu Winkler, Der lange Weg nach Westen, S. 480 f.

22 Vgl. Rolf Kosiek, Einführung, in: Vorstand der Gesellschaft für Freie Publizistik (GFP) e. V. (Hg.), Mut zur Freiheit. 1848–1998: 150 Jahre Kampf um Selbstbestimmung und Einheit, Oberboihingen 1998.

23 Vgl. Geulen, Bundesrepublikanismus. Zum Krisendiskurs bei den Republikanern vgl. Moritz Fischer, Die »Parteienkrise« und die Identität des Konservativen. Die Gründung der Republikaner 1983–1985, in: Felix Lieb & Thorsten Holzhauser (Hg.), Parteien in der »Krise«. Wandel der Parteiendemokratie in den 1980er- und 1990er-Jahren, Berlin 2021, S. 70–83.

Verfassung und mit dem Grundgesetz verknüpft«.[24] Diese Argumentation mag geschichtspolitisch verständlich, wenn nicht sogar geboten sein; dennoch macht man es sich damit zu leicht. Zwar ist nicht zu leugnen, dass Nationalismus und Demokratie historisch betrachtet in einem engen Zusammenhang stehen. Demokratisierung erfolgte stets im Verbund mit Nationalismen. Umgekehrt brauchte der Nationalismus die Demokratie *indes* nicht. Genau das zeigt die Geschichte des deutschen Nationalismus im 19. Jahrhundert. Dieser war eben größtenteils nicht »konsequent subjektiv und politisch« wie in Frankreich, sondern ethnisch fundiert und antiuniversalistisch. Die Paulskirchenverfassung ist daher auch ein Dokument der starken Abgrenzung von Frankreich, Großbritannien und den USA.[25] Dass sie letztlich scheiterte, lag an den in Deutschland besonders starken Gegensätzen zwischen Nationalismus, Liberalismus und Demokratie – oder, wie es Heinrich August Winkler formulierte: an dem »Dilemma« zwischen »Einheit und Freiheit«.[26] Das deutsche Kaiserreich brachte wenig später zwar die nationale Einheit, allerdings nur bedingt die erwünschte Freiheit.

Der Begriff der Freiheit selbst war dabei mehrdeutig. Zum einen konnte er die Freiheit des individuellen Menschen bedeuten, die während des Vormärz stark eingeschränkt war. Hier versprach der Nationalismus einen Zugewinn an individueller Freiheit, insbesondere gegenüber dem Adel. Zum anderen meinte der Begriff aber die Autonomie der Nation, sahen doch viele Bürger der deutschen Staaten die Wiener Friedensordnung und die durch sie entstandenen Institutionen als (neue) Fremdherrschaft an.[27] Dieses Verständnis von Freiheit war der Anknüpfungspunkt für Schönhubers Liberalismus-Schelte in den 1980er Jahren: Nicht der Mensch als Individuum sollte sein Leben frei entfalten können, sondern die Nation, die der Politiker durch die Alliierten geknechtet sah. Ähnliches meint die AfD, wenn sie von Freiheit spricht. Das Schlagwort von »Einheit und Freiheit« war somit mehrdeutig; zudem wird damit verschleiert,

»was im politischen Diskurs des Vormärz, der Revolution und danach allgegenwärtig war: dass das künftige Deutsche Reich eine militärisch potente, imperiale Großmacht sein sollte und dass die deutsche Einigung nicht ohne einen europäischen Krieg zu haben sei.«[28]

Nation vor Freiheit war auch das Ergebnis der Beratungen der Nationalversammlung, bei der »Gott sei Dank, die Nationalität [...] das vorwaltende« Wort gewesen sei, und nicht mehr die »Freiheit«, wie es der liberale Abgeordnete Christian Friedrich Wurm formulierte.[29]

---

24 Steinmeier, S. 6.

25 Vgl. Christian Jansen, Demokratie und Nationalismus: Die deutsche und französische Konstellation bis 1914, in: Ders. & Marianne Zepp (Hg.), Kann es demokratischen Nationalismus geben? Über den Zusammenhang zwischen Nationalismus, Zugehörigkeit und Gleichheit in Europa von 1789 bis heute, Darmstadt 2021, S. 22–53, hier S. 30.

26 Vgl. Heinrich August Winkler, Die Deutschen und die Revolution. Eine Geschichte von 1848 bis 1989, München 2023.

27 Vgl. Christian Jansen & Henning Borggräfe, Nation – Nationalität – Nationalismus, Frankfurt a. M. 2020, S. 37.

28 Christian Jansen, Der deutsche Nationalismus im Vormärz, in: Norbert Otto Eke (Hg.), Vormärz-Handbuch, Bielefeld 2020, S. 195–203, hier S. 200.

29 Vgl. Franz Wigard (Hg.), Stenographischer Bericht über die Verhandlungen der deutschen constituierenden Nationalversammlung zu Frankfurt am Main, Bd. 2, Frankfurt a. M. 1848, S. 1111.

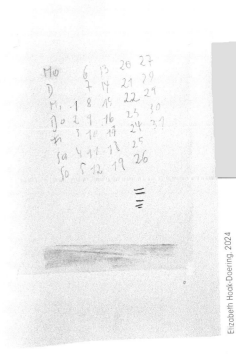

Elizabeth Hoak-Doering, 2024

Einerseits ist daher die Einsicht wichtig, dass grundsätzlich jeder Nationalismus ambivalent ist. Noch 2018 meinte Steinmeier, dass »die Menschen auf dem Hambacher Fest [...] für die nationale Einheit Deutschlands« demonstriert hätten, ohne aber »Nationalisten« zu sein, »die sich gegen andere Nationen stellten«.[30] Mittlerweile sieht er die Wirkungen des Nationalismus kritischer: »Die Idee der Nation demokratisierte den Staat – und brachte doch zugleich auch ausgrenzenden Nationalismus hervor«, so der Bundespräsident 2023. Andererseits darf der Blick bei der historischen Bewertung von Vormärz, Märzrevolution und Paulskirche nicht bei dieser Einsicht stehen bleiben. Bei genauem Hinsehen erweist sich nämlich der Mainstream des deutschen Nationalismus als grundsätzlich nur schwer mit heutigen demokratischen und universalistischen Prinzipien in Einklang zu bringen – und gerade auf dieses heute zielt ja die Erinnerungspolitik.

Die erinnerungspolitisch motivierte und unhistorische Etikettierung dieses frühen Nationalismus als grundsätzlich liberal und demokratisch machte und macht es der extremen Rechten daher leicht, sich darauf zu berufen. Zum einen werden die Begriffe damit nämlich in ihrer historischen

30 Frank-Walter Steinmeier, 175 Jahre IHK Pfalz. Rede am 19. März 2018 in Neustadt an der Weinstraße.

> Notizen, Zelle 329. Die Smileys sind ungewöhnlich, die sehr zart geschriebene Lebensmittelliste ist eher üblich. Von den fünf Kalendern, die im dritten Stock noch vorhanden sind, befinden sich drei in dieser Zelle.

Bedeutung nicht ernst genommen: Die damaligen Liberalen waren beispielsweise größtenteils keine Republikaner, was historisch gesehen folgerichtig war und daher auch nicht wertend gemeint ist. Zum anderen ist »Schwarz-Rot-Gold« historisch betrachtet eben nicht nur die Farbe der Demokraten, sondern auch die der Nationalisten – die keine Demokraten sein mussten. Das bedeutet nicht, Nationalismus zu verdammen, sondern als historische Tatsache ernst zunehmen.

VON 1848/49 ZU 1949? AUSLASSUNGEN UND ABKÜRZUNGEN DER DEUTSCHEN DEMOKRATIEGESCHICHTE

Die Nationalismusforschung in der Bundesrepublik erfolgte lange Zeit im Rahmen des »Sonderweg«-Ansatzes.[31] Demzufolge habe das Scheitern der Revolution von 1848 den vorherrschenden Liberalnationalismus so sehr geschwächt, dass sich ein völkischer Radikalnationalismus durchsetzen konnte, der letztlich in die deutsche Katastrophe geführt habe. Die neuere Nationalismusforschung, vertreten etwa von Christian Jansen, betont hingegen die

»Kontinuität zwischen den territorialen Träumen deutscher Nationalisten von den 1810er Jahren über die Paulskirche und die Einigungsbewegung der 1860er Jahre bis hin zu den alldeutschen Phantasien am Ende des Kaiserreichs«.[32]

31 Jürgen Kocka, Looking Back on the Sonderweg, in: Central European History, H. 1/2018, S. 137–142, hier S. 137.

32 Jansen & Borggräfe, S. 67.

Der deutsche Nationalismus musste also nicht radikalisiert, sondern immer nur aktualisiert werden. Nach 1848 richtete sich dieser zunehmend nicht mehr nur gegen die äußeren »Gegner« der Nation, sondern auch gegen die von innen: Seien es nun Sozialisten, Katholiken oder Juden. Im

Zuge der Reichsgründung verlor der Nationalismus schließlich endgültig seinen emanzipativen Charakter. Es kam zur vollständigen »Usurpation der nationalen Parole durch die konservativen Kräfte«.[33] Diese Tendenz der Radikalisierung und Exklusion war aber schon zuvor fester Bestandteil des vormärzlichen Nationalismus. Die beim Bundespräsidenten und Teilen der Historikerzunft zu beobachtende Nivellierung dieses Faktums und der Versuch, den deutschen Nationalismus ex post zu europäisieren bzw. zu demokratisieren,[34] hat daher weitreichende Konsequenzen. Zum einen öffnet er das Tor für die beschriebene Okkupation der Geschichte durch Antidemokraten, die ihren Nationalismus nun als durch und durch demokratisch etikettieren können. Zum anderen geht damit eine problematische Interpretation der deutschen Geschichte des 19. und 20. Jahrhunderts einher. Vor dieser Tendenz hat bereits Manfred Hettling im Rahmen der Feierlichkeiten zum 150. Jahrestag der Revolution gewarnt: »Die deutsche Teilung, der Nationalsozialismus, die gescheiterte Weimarer Republik, das Kaiserreich – alles wird zur Zwischenstation, wenn sich die heutige bundesdeutsche Republik auf den Demokratieversuch von 1848 bezieht und ihn als Vorgeschichte in Anspruch nimmt.«[35] Dahinter verbirgt sich auch der Wunsch, eine »normale« Nation zu sein, die wie die meisten europäischen Staaten auf eine reiche demokratische Tradition zurückblicken kann, womit der Nationalsozialismus immer weniger als Zäsur erscheint.

Interessanterweise spielt das faktische Scheitern von Revolution und Verfassung dabei kaum mehr eine Rolle (was lange Zeit als Makel der deutschen Demokratiegeschichte galt). Der Vorbildcharakter des Verfassungsentwurfs wird demgegenüber umso stärker betont, wobei man diesen eher als Teil einer langen deutschen Verfassungsgeschichte, denn einer Demokratiegeschichte begreifen sollte. So formuliert es auch das Projekt »100 Köpfe der Demokratie«: »Die Paulskirche symbolisiert wie kein anderer Ort die Tradition einer demokratischen und freiheitlichen Verfassung für die deutsche Nation.«[36] Eine Verfassungstradition alleine vermag es (zumindest in Deutschland) *indes* nicht, Zusammenhalt herzustellen, wie etwa Sternberger und Habermas erfahren mussten.

Wie häufig festgestellt worden ist, versperrt sich die Geschichte des Vormärz und der Revolution von 1848/49 eigentlich gegen einseitige, geschichtspolitisch motivierte Versuche der »demokratiegeschichtliche[n] Vereinnahmung«.[37] Wenn man dieses Recht – wie der Bundespräsident – für sich beansprucht, muss man aber umgekehrt ertragen, dass es Akteure gibt, die dies tun, um »neuen Nationalismus« und »autoritäres Denken«

33 Heinrich August Winkler, Vom linken zum rechten Nationalismus. Der deutsche Liberalismus in der Krise von 1878/79, in: Geschichte und Gesellschaft, H. 1/1978, S. 5–28, hier S. 28.

34 Vgl. etwa Richter, S. 87.

35 Hettling, S. 305.

36 Paulskirche, Frankfurt/Main, in: 100 Köpfe der Demokratie, 2020, tinyurl.com/indes 234o5.

37 Theo Jung, 1848/49 nach 175 Jahren: Kritische Perspektiven auf eine demokratiegeschichtliche Vereinnahmung, in: YouTube (Vortrag), tinyurl.com/indes234o4.

zu propagieren. Eine deutsche Demokratiegeschichte seit 1848 ist daher eine Geschichtsklitterung, die nicht zu erklären vermag, wieso Weimar scheiterte, obwohl die Deutschen eine besondere »Affäre« mit der Demokratie hatten. Eine »Zeitgeschichte des Nationalismus«[38] zu schreiben, bedeutet insofern auch, dessen Wurzeln im 19. Jahrhundert nicht zu vergessen. Zutage tritt dabei, dass das Kontinuum vom frühen 19. Jahrhundert bis 1945 (und teilweise bis hinein in die Gegenwart) keine glorreiche Demokratiegeschichte, sondern der Nationalismus in seinen verschiedenen Ausprägungen war. Zu erklären bleibt der Nationalsozialismus mit seinen Folgen, der sich gegen eine allzu simple Demokratiegeschichte versperrt und stattdessen eine kritische Nationalismusgeschichte nötig macht. Claudia Gatzka ist in ihrer Mahnung daher vollumfänglich zuzustimmen:

»Zu einer demokratischen, das heißt pluralismusoffenen Erinnerungskultur gehörte vor allem, kritisch und bescheiden über die eigene Demokratiegeschichte zu reflektieren – nicht um die Demokratie kleinzureden, sondern um ihrer historischen Form gerecht zu werden: der Unvollkommenheit.«[39]

Eine stärkere Konzentration auf die zentralen Fragen, die die Protagonisten der Märzrevolution beschäftigten – »Was ist das Volk? Wer gehört zur Nation? In welchem Verhältnis stehen Nation und Freiheit?« – verspricht dahingehend mehr Einsichten für die Gegenwart als eine unkritische Demokratiegeschichte. Den Geschichtsklitterungen der AfD kommt man mit einer solchen nämlich in jedem Fall nicht bei.

38 Claudia Gatzka, Nationalismus in der Zeitgeschichte, in: Merkur, H. 886/2023, S. 5–20, hier S. 20.

39 Dies., Die deutsche Demokratiegeschichte und der Blick ins Ausland, in: Lars Lüdicke (Hg.), Deutsche Demokratiegeschichte II. Eine Aufgabe der Vermittlungsarbeit, Berlin-Brandenburg 2021, S. 31–44, hier S. 41.

Dr. des. Moritz Fischer ist wissenschaftlicher Mitarbeiter am Lehrstuhl für die Geschichte der Neuzeit an der RWTH Aachen. Zuvor war er Doktorand am Institut für Zeitgeschichte München–Berlin, wo er zur Geschichte der deutschen Partei »Die Republikaner« zwischen 1983 und 1994 promovierte.

PORTRÄT

DER URVATER DER REMIGRATION

HENNING EICHBERG HAT DIE IDEOLOGIE ENTWICKELT, GEGEN DIE HEUTE MILLIONEN MENSCHEN AUF DIE STRASSE GEHEN.

Ξ Marc Latsch

»Geheimplan gegen Deutschland« heißt der Text, den das Recherchenetzwerk *Correctiv* im Januar 2024 veröffentlicht hat und dessen Inhalt seitdem den politischen Diskurs mitbestimmt. Millionen Menschen haben in den Wochen danach bundesweit an Demonstrationen »gegen rechts« und die AfD teilgenommen. Auslöser waren die Enthüllungen über eine im November 2023 abgehaltene Konferenz rechter Kreise in Potsdam. Besonders im Mittelpunkt stand dabei die Teilnahme von Martin Sellner, einem rechtsextremen Aktivisten aus Österreich, und dem, was er in Potsdam dem Artikel zufolge präsentiert haben soll: Ein Konzept zur »Remigration«, also der massenhaften Ausweisung von Asylbewerber:innen, Ausländer:innen mit Bleiberecht und eben auch »nicht assimilierten Staatsbürgern«.[1] Diesen Überlegungen liegt die Unterscheidung zwischen deutsch und nicht-deutsch nach ethnischen Kriterien zugrunde. Was in Potsdam besprochen wurde, steht in der historischen Entwicklungslinie des »Ethnopluralismus«, eines Konzepts, das Rassismus in ein scheinbar antirassistisches Gewand kleidete und somit auch im Nachkriegs-Deutschland wieder salonfähig machen konnte. Henning Eichberg hat es vor einem halben Jahrhundert entwickelt und damit die Bundesrepublik Deutschland weitestgehend unbemerkt geprägt. Der Mann, der diese Ideologie begründet hat, wurde *indes* wissenschaftlich und in der breiten Öffentlichkeit bis heute kaum beachtet.

[1] Vgl. Marcus Bensmann u. a., Geheimplan gegen Deutschland, in: correctiv, 10.01.2024, tinyurl.com/indes234p1.

Notizen, Zelle 329. Inschriften über oder in der Nähe des großen Türspions der Gruppenzelle - vielleicht an die Wärter gerichtet. »230« könnte § 230 (»Vorsätzlich falsche Aussage«) des Strafgesetzbuches der DDR unter Abschnitt 3 (»Straftaten gegen die Rechtspflege«) meinen (siehe das 1975 revidierte Gesetzbuch von 1968).

Elizabeth Hoak-Doering, 2024

VON DER ALTEN ZUR NEUEN RECHTEN

Als Henning Eichberg am 1. Dezember 1942 in der schlesischen Kleinstadt Schweidnitz geboren wurde, war diese noch Teil des Deutschen Reichs und in der Sowjetunion tobte die Schlacht von Stalingrad. Eichbergs Familie zog nach Kriegsende zunächst in die sowjetische Besatzungszone und dann 1950 weiter nach Hamburg.[2] Seine politische Karriere begann Eichberg bei jenen, die mit dem Ende des Nationalsozialismus nicht einverstanden waren. Er engagierte sich bereits als 13-Jähriger in der Deutschen Sozialen Union (DSU) Otto Strassers, der zuvor dem antikapitalistischen Flügel der NSDAP angehört hatte. Später zog es ihn weiter zu

2   Vgl. Sebastian Maass, Die Geschichte der Neuen Rechten in der Bundesrepublik Deutschland, Kiel 2014, S. 78.

anderen Splittergruppen der Alten Rechten und drei Jahre lang sogar zur CDU.[3] Im Jahr 1966 kam es dann zu einer Begegnung, die für Eichbergs weiteres Wirken entscheidend werden sollte. Eichberg hatte gerade begonnen in der Zeitschrift *Nation Europa* zu publizieren, die vom ehemaligen SS-Sturmführer im Führerhauptquartier, Arthur Ehrhardt, herausgeben wurde. Für Ehrhardt sollte er nun aus einem Zeltlager französischer Nationalist:innen um Alain de Benoist berichten. In Frankreich tat sich Eichberg eine neue ideologische Welt auf, wie er Jahrzehnte später im Interview mit *Endstation Rechts* sagte:

»Hier war man nicht konservativ, sondern ›revolutionär‹ und bezog sich auf sozialistisch-syndikalistische Traditionen. Hier verstand ich erstmals, was den Unterscheid zwischen der ›Alten‹ und der ›Neuen Rechten‹ ausmachte.«[4]

De Benoist war so etwas wie das französische Gegenstück zu Eichberg. Auch er hatte seine Jugend in verschiedenen Organisationen der extremen Rechten verbracht, deren Ideologie er modernisieren wollte. Zwei Jahre nach seinem Zusammentreffen mit Eichberg gründete de Benoist mit vierzig Personen das Groupement de recherche et d'études pour la civilisation européenne (GRECE), einen Theoriezirkel, der sich in der Folge zum Zentralorgan der französischen Neuen Rechten entwickelte.[5] Währenddessen wandelte sich Eichberg in Deutschland seinem Selbstbild nach vom Rechtsradikalen zum Nationalrevolutionär, verbreitete seine Ansichten unter jungen Nationalist:innen und engagierte sich in Studierendengruppen, die sich als rechte Gegenbewegung zum linksalternativen Sozialistischen Deutschen Studentenbund (SDS) verstanden. Das brachte ihm in Anlehnung an den Wortführer der damaligen linken Studierendenbewegung Rudi Dutschke den Spitznamen »Dutschke von rechts«[6] ein.

NEURECHTE IDEOLOGIE

Eine präzise Definition der Ideologie, die Eichberg bei de Benoist so faszinierte und die er in Deutschland weiterentwickelte, lässt sich nur schwer aufstellen. Die zahlreichen Splittergruppen der Neuen Rechten, die sich in den darauffolgenden Jahren herausbildeten, hatten viele ideologische Differenzen. Gemeinsam war ihnen allerdings die Ablehnung der rückwärtsgewandten Alten Rechten, die noch einen an die Zeit des Nationalsozialismus angelehnten klassischen Antisemitismus und Rassismus vertraten. Gemeinsam war ihnen auch der Rückgriff auf zwei ideologische Denkschulen: den Hegemonie-Begriff des eigentlich marxistischen

3 Vgl. Günter Bartsch, Revolution von rechts? Ideologie und Organisation der Neuen Rechten, Freiburg i. Br. 1975, S. 19 f.

4 Henning Eichberg, Über Habitus, Ideologie und Praxis: Im Gespräch mit Henning Eichberg (Teil 1), 05.06.2010, tinyurl.com/indes234p2.

5 Vgl. Michael Böhm, Alain de Benoist und die Nouvelle Droite. Ein Beitrag zur Ideengeschichte im 20. Jahrhundert, Berlin 2008, S. 90 ff.

6 Bartsch, S. 19.

Philosophen Antonio Gramsci sowie die Ideen des Staatstheoretikers Carl Schmitt und der antiliberalen Strömung »Konservative Revolution« aus der Weimarer Zeit. Mithilfe Gramscis (oder zumindest einer fragwürdigen Interpretation seiner Ideen) entwickelte Alain de Benoist sein Konzept einer »Kulturrevolution von rechts«, bei der der Kampf um den gesellschaftlichen Konsens im Mittelpunkt steht. Ihre Ablehnung universalistischer Ansprüche sowie die Verschiedenheit der Völker und ihre Organisation in homogenen, territorial geschlossenen Staatsgebieten untermauerte die Neue Rechte mit der politischen Theorie Carl Schmitts: »Die politische Welt ist ein Pluriversum, kein Universum.«[7] In dieser Auffassung liegt der Ursprung des Eichberg'schen Ethnopluralismus.

Laut Günter Bartsch, dem führenden Chronisten der frühen Jahre der Neuen Rechten in der Bundesrepublik, bestand die neurechte Weltanschauung in ihrer Anfangszeit aus sechs Säulen: Dem Biohumanismus, der den Menschen vorrangig als Naturwesen ansieht; dem biologistischen Menschenbild mit seiner evolutionär-triebgesteuerten Argumentationsweise und einer Unterscheidung zwischen menschlichen »Rassen«; der Okzidentalen Erkenntnistheorie des Logischen Empirismus mit ihrem objektrationalen Ansatz; dem Befreiungsnationalismus, der sich gegen den Einfluss fremder Staaten (insbesondere der USA) richtet; dem Europäischen Sozialismus, das heißt einer Art rechtssozialistischem Antiimperialismus, und dem Ethnopluralismus, der die neurechten Grundüberzeugungen zu einem Konzept verbindet.[8]

DER ETHNOPLURALISMUS UND DIE AKTUELLE DEBATTE

Der Ethnopluralismus bildet das Herzstück neurechter Ideologie und begründet deren Anwendung auf die internationale Realität. In der überschaubaren Fachliteratur zum Thema herrscht Konsens darüber, dass Eichberg der Vordenker dieses Konzepts war.[9] Der Ethnopluralismus ist eine Umdeutung, nicht aber eine vollkommene Ablehnung der nationalsozialistischen Rassenpolitik. Aus ethnopluralistischer Sicht hat der Nationalsozialismus die biologischen Realitäten gesehen, aber missdeutet. Dabei geht es um Unterschiede in der ethnischen Einteilung, vor allem aber um einen entscheidenden Satz: »Es gibt keinen gültigen Maßstab, Rassen in bessere oder schlechtere im moralischen oder sonst einem Sinne einzuteilen.«[10] Eine Unterscheidung zwischen Menschen nach ihren Ethnien wird also vorgenommen, jedoch sind im Unterschied zum nationalsozialistischen Begriff der »Herrenrasse« all diese Menschentypen im moralischen Sinne gleichwertig.

7 Carl Schmitt, Der Begriff des Politischen, München & Leipzig 1932, S. 41.

8 Bartsch, S. 30 ff.

9 Vgl. Michael Venner, Nationale Identität. Die neue Rechte und die Grauzone zwischen Konservativismus und Rechtsextremismus, Köln 1994, S. 29.

10 Richard Stöss, Ideologie und Strategie des Rechtsextremismus, in: Wilfried Schubert (Hg.), Rechtsextremismus in der Bundesrepublik Deutschland. Eine Bilanz, Opladen 2001, S. 101–130, hier S. 117.

Mit diesem Kniff, sei er taktisch oder ernsthaft, konnte Eichberg den Ethnopluralismus in ein nicht- oder sogar antirassistisches Gewand kleiden.[11] Die Ethnopluralist:innen trugen scheinbar lediglich den unterschiedlichen Entwicklungen der einzelnen Völker Rechnung und versuchten auf dieser Grundlage ein friedliches Miteinander zu organisieren. Um das zu gewährleisten, solle demnach jeder Mensch dort leben, wo er herstammt und biologisch hingehört. Dabei lassen sich Ethnopluralist:innen nach Eichberg als befreiungsrevolutionär beeinflusste Antirassist:innen kategorisieren, die den westlich geprägten Liberalismus überwinden wollen, um eine weltweite Friedensordnung zwischen den Völkern zu errichten. In dieser Ordnung habe jeder eine Art natürliches Recht auf seine eigene Nationalität und eine vermeintliche kulturelle Authentizität. Die linken Gleichheitsideologen seien demnach die wahren Rassisten, die einzelne Individuen von ihren Völkern entwurzeln.

Genauso wie einst Henning Eichberg ist auch Martin Sellner ein Meister der Umdeutung. Einen Tag nach Bekanntwerden der *Correctiv*-Recherche veröffentlichte er auf dem Internetportal der neurechten Zeitschrift *Sezession* einen Beitrag zum Thema Remigration. Sellner argumentiert hier ganz im Sinne Eichbergs und deutet ethnisch begründete Vertreibungen zu menschenfreundlichen Konzepten um, die vielerorts ein migrationspolitisches »Ende mit Schrecken« statt eines multikulturellen »Schrecken ohne Ende« gewesen seien. Sellner schiebt zwar ein, dass solch gewaltsame Vertreibung und willkürliche Entrechtung in Europa nicht umsetzbar sind. Das hindert ihn allerdings nicht daran, entsprechende Gedanken weiterzuverfolgen. So nennt er die kulturelle Belastung durch Nichtstaatsbürger:innen einen ausreichenden Grund für Ausweisungen.[12] Es ist eine Argumentation, die wohl bewusst viel Spielraum für Interpretationen lässt und sich ganz am historischen Vorbild der Neuen Rechten der frühen 1970er-Jahre orientiert. Was Sellner hier schreibt, ist nichts anderes als eine moderne Form des Ethnopluralismus – kein Sellner ohne Eichberg.

Die *Correctiv*-Enthüllungen haben eine breite öffentliche Debatte ausgelöst und ein riesiges Medienecho nach sich gezogen. Angesichts der unzähligen Beiträge ist es umso bemerkenswerter, dass Henning Eichberg hierin beinahe überhaupt keine Rolle spielte. Lediglich in der *taz* wurden zuletzt zwei Beiträge veröffentlicht, die dieser Spur folgen. Zunächst ist dort ein Artikel des Kulturredakteurs Ulrich Gutmair erschienen, der angesichts des Potsdamer Treffens die lange Geschichte des Ethnopluralismus erläutert und darin die Bezüge Eichbergs zur – auch von

11 Vgl. Clemens Heni, Salonfähigkeit der Neuen Rechten. »Nationale Identität«, Antisemitismus und Antiamerikanismus in der politischen Kultur der Bundesrepublik Deutschland 1970–2005: Henning Eichberg als Exempel, Marburg 2007, S. 49.

12 Vgl. Martin Sellner, Wiedervorlage: Remigration ist keine Erfindung unserer Zeit, in: Sezession, 11.01.2024, tinyurl.com/indes234p3.

Sellner – verbreiteten Verschwörungstheorie eines großen Bevölkerungsaustauschs herausstellt.[13] Der Rechtsextremismusexperte Andreas Speit verwies in seiner Kolumne zudem darauf, dass ohne den Ethnopluralismus mit seiner scheinbar kulturfreundlichen Argumentation und Henning Eichberg als dessen Wegbereiter eine Remigrationsvision nicht denkbar sei: »Die zugrundeliegende Botschaft, dass Ethnien vor fremden Einflüssen geschützt werden müssten, ist letztlich radikal. Sie bedeutet nichts anderes als: Ausländer raus, Deportation, Remigration.«[14]

EICHBERGS IDEEN GEWINNEN EINFLUSS

52 Jahre vor dem Potsdamer »Geheimtreffen« hatte Henning Eichbergs ideologischer Aufstieg mit einem Richtungsstreit in der Nationaldemokratischen Partei Deutschlands (NPD) begonnen. Der nationalrevolutionär gesinnte bayrische Landesvorsitzende Siegfried Pöhlmann trat am 9. Januar 1972 aus der Partei aus und gründete mit 350 seiner Gefolgsleute noch am selben Tag in München die Aktion Neue Rechte (ANR). Durch Zufall hielt sich auch Eichberg in der Stadt auf und wurde von Pöhlmann spontan mit dem Verfassen des Gründungsmanifests beauftragt. Sein Entwurf wurde bis auf eine Formulierung gegen den amerikanischen Imperialismus angenommen.[15] Eichberg blieb stets auf Distanz zur ANR, die schnell zersplitterte. Dabei entstanden neue Gruppen wie die Sache des Volkes/Nationalrevolutionäre Aufbauorganisation (SdV-NRAO), die Eichbergs Ideologie nahezu eins zu eins übernahm und ein antiimperialistisch geprägtes Manifest im Sinne des Ethnopluralismus entwarf, in dem Sätze standen wie: »Genetik und Kulturanthropologie erhellten die erblichen und erworbenen Verschiedenheiten der Völker und Kulturen.«[16]

Die Splittergruppen blieben allesamt unbedeutend, doch ihr Ethnopluralismus setzte sich über die Jahrzehnte innerhalb der extremen Rechten durch und wurde sogar von Teilen der politischen Mitte und der Linken aufgegriffen. Innerhalb der NPD wandte sich ihm zunächst die Parteijugend zu, bevor auch die Führungsriege die Chance erkannte, die das Konzept ihr bot. Besonders Udo Voigt trieb nach seiner Wahl zum Parteivorsitzenden 1996 eine antikapitalistische und antiamerikanistische Ausrichtung voran, die den Ethnopluralismus für eine positive Umkehr des eigenen Rassismus nutzte. Die Ideologie Eichbergs wurde zum Markenkern der Partei und fand sich in zahlreichen Wahlprogrammen und Handreichungen für Mandatsträger:innen wieder: »Gerne spielen sich die Multikulti-Propagandisten als Menschenfreunde auf, dabei gibt es kaum etwas Völker- und damit Menschenverachtenderes als die multikulturelle Gesellschaft.«[17]

13 Vgl. Ulrich Gutmair, Allein mit den Deutschen, in: die tageszeitung, 21.01.2024, tinyurl.com/indes234p4.

14 Andreas Speit, Angriff auf die Mitte, in: die tageszeitung, 08.02.2024, tinyurl.com/indes234p5.

15 Vgl. Margret Feit, Die »Neue Rechte« in der Bundesrepublik. Organisation – Ideologie – Strategie, Frankfurt a. M. 1987, S. 44.

16 Zit. nach Bartsch, S. 285.

17 NPD-Parteivorstand, Eine Handreichung für die öffentliche Auseinandersetzung – Argumente für Kandidaten und Funktionsträger, Berlin 2006, S. 7.

Auch bei den Republikanern und in Teilen der sonst eher klassisch rechtsextrem argumentierenden Deutschen Volksunion (DVU) fanden sich in ihrer jeweiligen Erfolgszeit zahlreiche Hinweise auf Eichbergs Ideologie.

Außerhalb der extremen Rechten fehlten meist diese direkten und klaren Verweise auf den Ethnopluralismus und die Traditionslinie der »Konservativen Revolution«, doch auch hier existierten immer wieder Anlehnungen in der jeweiligen programmatischen Ausrichtung. Das zeigte sich im Umfeld der frühen Grünen und der späteren Ökologisch-Demokratischen Partei (ÖDP), bei der ökologische Themen mit ethnopluralistischen Ideen zur »Andersartigkeit und Vielgestaltigkeit der Völker«[18] verbunden wurden. Es spielte selbst innerhalb der SPD eine Rolle, in der der 1992 gegründete Hofgeismarer Kreis nationalrevolutionäre Ideen mit Imperialismuskritik verband. Und auch die zur Jahrtausendwende vom damaligen CDU-Fraktionsvorsitzenden Friedrich Merz vorangetriebene Leitkultur-Debatte bewegte sich bisweilen an der Grenze zur Ethnisierung.

DIE NEUE RECHTE UND DIE AFD

Am lebendigsten ist die Ideologie Eichbergs und de Benoists jedoch bis heute in der Identitären Bewegung, deren österreichischer Sprecher Martin bis 2023 war. Sie steht in direkter Traditionslinie der deutschen und französischen Neuen Rechten und hat sich zwar mehr der Muslimfeindlichkeit als der antiamerikanischen und antiisraelischen Ausrichtung Eichbergs verschrieben, ansonsten aber seine Ideologie nahezu vollkommen übernommen. Diese Identitäre Bewegung wirkt trotz aller Unvereinbarkeitsbeschlüsse schon seit Jahren in die AfD und damit auch deren Ideologie hinein. Schon im Bundestagswahlprogramm von 2017 verwies die Partei auf das »Ideal freier Völker und vielfältiger kultureller Identitäten«, setzte »Multi-Kultur« mit »Nicht-Kultur« gleich und betonte ihren Einsatz für die »Selbsterhaltung« des Volkes.[19]

In den vergangenen sechseinhalb Jahren haben nicht nur die ideologischen, sondern auch die personellen Verflechtungen zwischen AfD und Identitärer Bewegung weiter zugenommen. Der Verfassungsschutz verweist in seiner Beobachtung mehrerer ostdeutscher Landesverbände auf den radikalen Flügel rund um den thüringischen Landesvorsitzenden Björn Höcke, auf rechtsextremistische Äußerungen und auf die Politik des Ethnopluralismus, die in der Partei verfolgt werde. Exemplarisch sei hier auch Maximilian Krah, AfD-Spitzenkandidat für die Europawahl 2024 genannt, der regelmäßig ethnopluralistisch argumentiert und enge Verbindungen in neurechte Kreise unterhält.

18 ÖDP, Ökologischer Aufbruch und demokratische Erneuerung jetzt. Wahlprogramm 1990 für den Deutschen Bundestag, Bonn 1990, S. 19.

19 Alternative für Deutschland, Programm für die Wahl zum Deutschen Bundestag am 24. September 2017, S. 6 ff.

DER »LINKE« EICHBERG

Eichberg selbst löste sich Mitte der 1970er-Jahre aus dem Umfeld der Neuen Rechten und wandelte sich nach eigener Aussage vom konservativen zum alternativen Intellektuellen. Er habilitierte sich in Stuttgart als Historiker und lebte nach weiteren Lehrtätigkeiten in Deutschland, Österreich, Frankreich und Finnland seit 1982 vor allem in Dänemark und war dort bis zu seinem Tod im April 2017 vorrangig als Kultursoziologe tätig. Er wurde Mitglied der Socialistisk Folkeparti, engagierte sich innerhalb der politischen Linken.[20]

Ob Eichbergs Wandel authentisch war oder er nur seinem eigenen, vor allem habituell ausgerichteten Links-rechts-Schema folgte, blieb stets umstritten. Eine eindeutige Abkehr von seinem Ethnopluralismus formulierte er nicht. Dass gerade die NPD seine Ideologie zum Erfolg nutzte, irritierte ihn jedoch, wie aus einem Interview mit Toralf Staud deutlich wird:

»Was sie [die ›Neue Rechte‹] damals niederschrieben, steht heute im NPD-Programm. Eichberg guckt ungläubig, als er das hört. ›Wirklich‹, fragt er, schweigt kurz. Dann haut er mit der flachen Hand auf den Tisch und sagt: ›Scheiße!‹«[21]

[20] Vgl. Eichberg Interview (Fn. 4).

[21] Toralf Staud, Moderne Nazis – Die Neuen Rechten und der Aufstieg der NPD, Köln 2005, S. 84.

Bis heute nutzen vor allem Politiker:innen der extremen Rechten seine Ideen, um Konzepte wie Remigration nach außen zu vertreten. Ob willentlich oder unwillentlich: Henning Eichberg hatte einen großen Einfluss auf den Erfolg der extremen Rechten in der deutschen Gegenwart.

Marc Latsch, geb. 1991, ist Politikwissenschaftler (M. A.) und freier Journalist aus Düsseldorf. Er studierte in Aachen, Istanbul und Bonn und beschäftigte sich bereits in seiner Masterarbeit mit Henning Eichbergs Ethnopluralismus. Heute schreibt er für regionale und überregionale Publikationen vorwiegend über politische Themen.

INDES
ZEITSCHRIFT FÜR POLITIK UND GESELLSCHAFT

Herausgeber:
Prof. Dr. Frank Decker

Redaktionsleitung:
Katharina Rahlf (V. i. S. d. P.), Simon Braun

Redaktion:
Dr. Volker Best, Carlo Brauch, Dr. Matthias Micus, Tom Pflicke

Konzeption dieser Ausgabe:
Dr. Matthias Micus

Redaktionsanschrift:
Redaktion INDES
c/o Institut für Politische Wissenschaft und Soziologie
Universität Bonn
Lennéstr. 27, 53113 Bonn
indes@uni-bonn.de
Online-Auftritt: www.indes-online.de

Anfragen und Manuskriptangebote schicken Sie bitte an diese Adresse, möglichst per E-Mail. – Die Rücksendung oder Besprechung unverlangt eingesandter Bücher kann nicht gewährleistet werden.

Die Zeitschrift erscheint viermal jährlich. Es gilt die gesetzliche Kündigungsfrist für Zeitschriften-Abonnements. Die Kündigung ist schriftlich zu richten an:
Brockhaus Kommissionsgeschäft GmbH, Leserservice, Kreidlerstraße 9, D-70806 Kornwestheim,
E-Mail: zeitschriften@brocom.de.
Unsere allgemeinen Geschäftsbedingungen, Preise sowie weitere Informationen finden Sie unter www.vandenhoeck-ruprecht-verlage.com.

Verlag:
BRILL Deutschland GmbH, Vandenhoeck & Ruprecht, Robert-Bosch-Breite 10, D-37079 Göttingen;
Tel.: 0551-5084-40, Fax: 0551-5084-454

www.vandenhoeck-ruprecht-verlage.com

Alle Rechte vorbehalten. Das Werk und seine Teile sind urheberrechtlich geschützt. Jede Verwertung in anderen als den gesetzlich zugelassenen Fällen bedarf der vorherigen schriftlichen Einwilligung des Verlages.

ISBN 978-3-525-80040-9

ISSN 2191-995X

© 2024 by Vandenhoeck & Ruprecht, Robert-Bosch-Breite 10, 37079 Göttingen, Germany, an imprint of the Brill-Group
(Koninklijke Brill BV, Leiden, The Netherlands;
Brill USA Inc., Boston MA, USA; Brill Asia Pte Ltd, Singapore;
Brill Deutschland GmbH, Paderborn, Germany;
Brill Österreich GmbH, Vienna, Austria)
Koninklijke Brill BV umfasst die Imprints
Brill, Brill Nijhoff, Brill Schöningh, Brill Fink, Brill mentis, Brill Wageningen Academic, Vandenhoeck & Ruprecht, Böhlau und V&R unipress.

www.vandenhoeck-ruprecht-verlage.com

Gestaltung, Satz und Lithografie:
SchwabScantechnik, Göttingen
Druck und Bindung: Hubert & Co,
Esser printSolutions GmbH,
Untere Sonnenstraße 5, D-84030 Ergolding

Wissenschaftlicher Beirat:
Prof. Dr. Ursula Bitzegeio
Dr. Felix Butzlaff
Dr. Sandra Fischer
Prof. Sigmar Gabriel
Prof. Dr. Alexander Gallus
Hasnain Kazim
Prof. Dr. Christine Krüger
Dr. Astrid Kuhn
Prof. Dr. Torben Lütjen
Dr. Julia Reuschenbach
Prof. Dr. Jürgen Rüttgers
Prof. Dr. Ulrich Schlie
Prof. Dr. Grit Straßenberger
Prof. Dr. Berthold Vogel
Ulrike Winkelmann

BEBILDERUNG

Die Markierungen in den Zellen in Berlin-Hohenschönhausen sind in Tünche eingekratzt, meist mit dem Fingernagel oder gelegentlich mit einem Werkzeug, und sie sind sehr schwer zu erkennen: Ob morgens oder abends, ob Winter oder Sommer, stets kommen in jedem Palimpsest andere Inhalte zum Vorschein. Sie lassen sich nur mit Mühe auf Fotos einfangen, wie Dirk Vogel, der Fotograf, mit dem ich zusammengearbeitet habe, bestätigen wird. Ich erforsche die Qualität und die Lage der Markierungen, nicht nur ihren Inhalt, und so enthalten meine Feldnotizen Karten und zusammengesetzte Zeichnungen aus den Spuren und Fotos, die ich vor Ort gemacht habe. Im Laufe von vier Jahren habe ich alle handgemachten Markierungen jeglicher Art, die ich in den Gefängniszellen finden konnte, aufgezeichnet – diese Forschung ist der Anstoß für meine Doktorarbeit an der Humboldt Universität zu Berlin. Als Künstlerin betrachte ich die Feldnotizen als ein gemeinsames Projekt mit vielen Häftlingen im Laufe der Zeit. Dies ist ihre erste öffentliche Präsentation.
(Elizabeth Hoak-Doering, März 2024)

Cover: Türspion, Zelle 330. Gruppenzelle mit dem ironischen Vermerk der Aufseher: »Fernsehn-raum«
[sic] Foto: Elizabeth Hoak-Doering, 2017.

Schwerpunkt: Türspion, geschlossen, Zelle 330.
Foto: Elizabeth Hoak-Doering, 2017

Perspektiven: Der Zellentrakt im dritten Stock ist über Flügeltüren mit einem Bereich verbunden, in dem sich Vernehmungsräume befinden. Foto: Elizabeth Hoak-Doering, 2017.

Autor:innenbilder

Simon Braun: © Johannes Peter
Frank Decker: © Uni Bonn / Barbara Frommann
Christine Graebsch: © FH Dortmund / Roland Baege
Marc Latsch: © Andreas Endermann